农村义务教育改革与发展问题研究丛书

丛书主编◎范先佐 雷万鹏

2015 年度教育部人文社会科学青年基金项目 "城镇化进程中农村家庭义务教育需求研究" （项目编号：15YJC880110）

2009年度教育部哲学社会科学研究重大课题攻关项目 "义务教育学校布局问题研究" （项目编号：09JZD0035）

华中师范大学中央高校基本科研业务费重大培育项目 "农村义务教育改革与发展问题研究" （项目编号：CCNU14Z02007）

农村家庭义务教育需求实证研究

——基于农村学校布局调整背景下的考察

叶庆娜◎著

科学出版社

北　京

内 容 简 介

　　本书依据覆盖 10 省（自治区）的问卷调查和深入农村教育场域的个案访谈相结合的混合研究方法，运用经济学的需求理论和家庭教育决策理论，对农村家庭义务教育需求进行实证研究，客观翔实地呈现农村中小学布局调整背景下农村家庭义务教育城乡需求、质量需求、住宿地点需求和小规模学校需求的总体特征及不同类型家庭义务教育需求的差异性。在此基础上，专注于以农村家庭教育需求为导向进行农村义务教育供给改进的路径、方法探寻。

　　本书适合农村教育问题研究者阅读，也可作为教育管理人员的参考资料。

图书在版编目（CIP）数据

　　农村家庭义务教育需求实证研究：基于农村学校布局调整背景下的考察 / 叶庆娜著. —北京：科学出版社，2020.1
　　（农村义务教育改革与发展问题研究丛书/范先佐，雷万鹏主编）
　　ISBN 978-7-03-062734-6

　　Ⅰ. ①农… Ⅱ. ①叶… Ⅲ. ①农村 – 义务教育 – 研究 – 中国 Ⅳ. ①G522.3

　　中国版本图书馆 CIP 数据核字（2019）第 233215 号

责任编辑：付　艳　刘曹苑 / 责任校对：何艳萍
责任印制：李　彤 / 封面设计：润一文化

斜 学 出 版 社 出版
北京东黄城根北街 16 号
邮政编码：100717
http://www.sciencep.com
北京虎彩文化传播有限公司 印刷
科学出版社发行　各地新华书店经销

*

2020 年 1 月第 一 版　开本：720×1000　B5
2020 年 11 月第二次印刷　印张：14 1/2
字数：250 000
定价：99.00 元
（如有印装质量问题，我社负责调换）

"农村义务教育改革与发展问题研究丛书"
编委会

丛 书 序

农村义务教育是我国义务教育极为重要的组成部分。进入21世纪，中国迎来了基本完成义务教育普及工作的"后普九"时代，城乡适龄儿童"有学上"的问题得到基本解决。在这样一个大背景下，广大人民群众对教育的要求也越来越高，已不再简单地满足于"有学上"，而是对"上好学"提出了新的要求。因此，义务教育由确保数量上的达标转向注重均衡发展，这既是新世纪、新时代我国教育发展面临的一个重大的现实问题和战略任务，也是广大人民群众对我国未来教育发展的一种美好期待。但是，长期以来，我国城乡经济社会发展的不平衡不充分，农村义务教育底子薄弱、沉积问题繁多，加之城镇化变迁等问题，令农村义务教育改革更复杂、更艰巨、更具挑战性，农村义务教育进入了改革的深水区和发展的关键期。因此，对我国农村义务教育改革与发展的重点和难点问题进行深入的研究，既有助于我国义务教育的均衡发展，又有助于满足广大人民群众对我国未来教育发展的美好期待，让更多的农村学生享受到公平而又有质量的教育。

我们谈农村义务教育的改革与发展，不能就农村谈农村，它不是孤立的，而是整个经济社会发展和教育事业发展中不可分割的一部分。因此，对于农村教育问题的探讨，需要更宏大的研究视角，要在城乡义务教育均衡发展中去破解农村教育中存在的问题。《国家中长期教育改革和发展规划纲要（2010—2020年）》将推进义务教育均衡发展提升到义务教育战略性任务的高度，要求加快缩小城乡差距，努力缩小区域差距，到2020年基本实现区域内义务教育均衡发展。党的十九大报告更加明确要求，要推动城乡义务教育一体化发展，高度重视农村义务教育。为此，我们组织编写了这套"农村义务教育改革与发展问题研究丛书"，试图在前人研究的基础上，结合我们研究团队的优势，就农村中小学教师队伍建设、农村家庭义务教育需求、流动儿童和留守儿童、寄宿制学校、贫困生资助、义务教育财政体制等关涉农村义务教育改革与发展的重点和难点问题，进行全面、深入的分析研究，并就如何破解这些难点提出若干对策建议，进而促进义务教育均衡发展。

范先佐　雷万鹏

序　言

改革开放以来，我国城镇化进程不断加快，中国特色城镇化发展推动了经济、社会、教育和文化的深刻变革。教育变革本质上是教育供给与教育需求矛盾相互作用的结果。在教育供求矛盾中，效率、公平、质量等多元价值存在冲突和角力，各利益主体的交往、互动、博弈与选择也成为推动教育发展的重要力量。在相当长的时期内，我国教育改革具有显著的供给本位导向，人们将教育发展的重点聚焦于教育体制改革、教育结构变迁和教育资源的配置。但是，当教育供给变革缺乏来自教育需求的讯息时，这种信息支撑不完备的教育变革有可能陷入为改革而改革的窠臼。因此，如何捕捉有价值的教育需求信息，建立以需求为本位的教育变革模式显得十分重要。

当前，中国特色社会主义已进入新时代，社会主要矛盾已经转化为人民日益增长的美好生活需要和不平衡不充分的发展之间的矛盾。从教育发展看，将视野从供给转向需求，考察教育的重要利益主体——家庭的教育需求表达，对于有效地提升教育供给质量，科学制定和评估教育政策，推动城乡教育一体化发展具有重要的现实意义。2001年以来，受集中化办学、规模化办学、城市化办学价值观的引导，部分地区大力实施"撤点并校"政策，大量农村学校被撤并，农村教学点、村小等小规模学校成为撤并的主要部分。1995年至2010年，农村教学点由19.4万所减少至6.5万所，减幅高达66.5%。"撤点并校"导致不少学生上学距离过远，交通安全隐患增加，家庭经济负担加重。在学校布局调整中农村家庭教育需求如何？在求学地点、学校类型与教育质量方面，农村家庭教育需求具有怎样的偏好？如何从家庭教育需求透视学校布局调整政策的改革方向与实施路径，以最大程度地降低教育供给与教育需求之间的错位？农村家庭义务教育需求是一个内涵丰富、外延极广的范畴，在不同的发展阶段，不同的经济、文化、社会背景下，农村家庭义务教育需求多样性、差异性的探索既需要质化研究，更需要量化研究的支撑。叶庆娜博士在该书中，以需求理论和家庭教育决策理论为基础，运用课题组承担的教育部重大攻关项目"义务教育学校布局问题研究"数据，对影响农村家庭义务教育需求因素进行了深入分析。应该说，这种研究是有益的尝试。

　　近年来，华中师范大学课题组在义务教育学校布局研究方面取得丰硕的成果，叶庆娜博士延续了课题组扎根田野、求真务实的研究风格。该书从城乡偏好、教育质量偏好、孩子住宿地点偏好、小规模学校偏好等维度，探索了农村家庭义务教育需求问题。该书中提到的很多观点都很有见地，反映了一位青年学子对农村教育的深刻理解、感悟与不懈探索。随着城乡一体化发展和"美丽乡村"建设的顺利实施，农村家庭的义务教育需求将更具实现的基础和途径。从中央到地方，持续倾斜性政策和资金支持、重点推进的"教育底部攻坚"计划将不断提升农村教育供给质量，增强农村教育的吸引力。建立起农村居民的居住地与儿童求学地相匹配，乡村、乡镇和城区学校各归其位、共同发展的格局，不断增强农村居民的教育获得感和让他们享受到教育改革红利，将成为一个基本的发展趋势。我们可以勾勒出这样的理想图景：义务教育供给充分尊重家庭的教育需求和教育决策权，无论是在县城、乡镇还是在农村就读，无论是就近入学还是在校寄宿，无论是大规模学校还是小规模教学点，都能提供优质的、有特色的义务教育供农村居民选择。

　　供给和需求都是推动教育发展不可或缺的力量，解决义务教育供求矛盾是一项系统工程。如何妥善处理教育城镇化与农村学校发展的关系？如何促进农村寄宿制学校健康发展？如何在"主流的""强势的"教育需求和社会弱势群体的"非主流"的教育需求中寻求均衡？上述问题都值得我们深入思考，研究农村教育需要心底有大爱，需要有济世情怀，需要坚忍不拔的意志力。我希望，更多的学人能够在农村教育领域深入探索，将学术作为志业，探索新时代农村教育发展之路。我亦相信，不久的将来一定会有更多优秀的研究成果呈现。

雷万鹏

目　录

第一章 导 论

第一节 研 究 缘 由

一、现实背景：农村义务教育发展面临的问题

（一）我国城镇化进程加快

城镇化是一个农村社会向城市社会转变、农村人口向城镇转移、农村生产和生活方式向城镇转化、农村文明向城市文明转型的历史过程。美国著名经济学家斯蒂格利茨曾经预言，"21 世纪影响世界进程和改变世界面貌的将有两件事：一是美国高科技产业的发展，二是中国的城市化进程"①。如今，斯蒂格利茨的预言已成为现实。以城镇人口占全国总人口的比重作为衡量城镇化水平的指标，改革开放 40 年来，我国城镇化进程呈加速之势，城镇化率从 1978 年的 17.92%提高到 2017 年的 58.52%②。尤其值得一提的是，2011 年我国城镇化率达到 51.27%，这意味着在总人口中我国城镇人口首次超过农村人口，这是一个具有里程碑意义的标志，"它表明我国已从整体上迈入了城镇型社会的行列，我国城镇化进程也将从此进入一个新阶段"③。

---

① 转引自：李帆. 教育：让民众有尊严地分享改革成果[J]. 人民教育，2007（9）：9-10.

② 新华网. 我国城镇化率升至 58.52%释放发展新动能[EB/OL]. http://www.xinhuanet.com/fortune/2018-02/04/c_1122366246.htm，2018-02-04.

③ 朱宇按照国际通行的传统城乡人口划分原则和标准以及当今城乡界限淡化背景下城乡人口划分和统计的演变趋势，对 2011 年底中国（不含港澳台数据）51.27%的城镇化率进行了分析，他认为，我国现行的城镇化率非但没有高估我国的城镇化水平，反而存在着未能涵盖大量具有相当城镇特性、但仍未被纳入常规城镇人口统计的"准城镇人口"，从而低估实际城镇化水平。参见：朱宇. 51.27%的城镇化率是否高估了中国城镇化水平：国际背景下的思考[J]. 人口研究，2012（2）：31-36.

十九大报告指出，在此之前的五年，我国"城镇化率年均提高一点二个百分点，八千多万农业转移人口成为城镇居民"[①]。我国的城镇化水平将持续提升。李玲和杨顺光推测，到 2030 年，我国的城镇化率约为 69.7%[②]，该数字与中国社会科学院城市发展与环境研究所、社会科学文献出版社共同发布的《城市蓝皮书：中国城市发展报告 No.8 创新驱动中国城市全面转型》中预测的 70%左右的城镇化率基本吻合[③]。

　　城镇化是我国社会结构的一个历史性巨变，对经济社会各方面都产生了深远影响，教育也概莫能外。大规模的农村人口向城镇流动是城镇化的动力。其间，人口尽管有回流，但总的趋向是从农村向城市和县镇集中，使得农村和城镇的人口总量、密度及结构都发生了显著变化，这些变化自发地对学校布局产生影响，使学校向城镇集中。有研究认为，城镇化和人口流动冲击了我国义务教育管理体制和固有的学校布局结构，尤其是在农村地区，随着农民工子女向城镇流动，农村生源数量持续下降，许多农村学校因生源锐减而成为"空壳学校"[④]。因此，在城镇化进程持续推进的背景下，对农村义务教育阶段的学校进行合理布局，既是顺应人口变动趋势、推进城镇化发展的需要，也是合理配置城乡教育资源的重大战略选择。

　　（二）农村义务教育发展面临转型

　　进入 21 世纪以来，我国农村义务教育发生了天翻地覆的变化：2001 年"普九"目标基本实现；2001 年"分级管理，以县为主"的义务教育管理体制确立；自 2006 年起，"农村义务教育经费保障新机制"在全国逐步实施；2011 年我国"两基"目标全面实现；农村义务教育阶段在校生由 2001 年的 11 726.1 万人减少到 2010 年的 7 134.6 万人[⑤]……这些变化预示着我国

---

　　① 习近平. 决胜全面建成小康社会 夺取新时代中国特色社会主义伟大胜利—— 在中国共产党第十九次全国代表大会上的报告[EB/OL]. http://politics.people.com.cn/n1/2017/1028/c1001-29613514.html，2017-10-18.

　　② 李玲，杨顺光. "全面二孩"政策与义务教育战略规划——基于未来20年义务教育学龄人口的预测[J]. 教育研究，2016（7）：22-31.

　　③ 潘家华，魏后凯. 城市蓝皮书：中国城市发展报告 No.8 创新驱动中国城市全面转型[M]. 北京：社会科学文献出版社，2015.

　　④ 雷万鹏. 家庭教育需求的差异化与学校布局调整政策转型[J]. 华中师范大学学报（人文社会科学版），2012，51（6）：147-152.

　　⑤ 自 2011 年起，《中国教育统计年鉴》采用新的城乡划分标准，将原来的城市、县镇、农村三个分类调整为三大类七小类，即城区（含主城区、城乡接合部）、镇区（含镇中心区、镇乡结合区、特殊区域）、乡村（含乡中心区、村庄）。

农村义务教育的发展正在从"有学上"向"上好学"的时代迈进，昭示着农村义务教育由关注数量的外延扩展向注重质量的内涵发展转型。在农村义务教育发展面临转型的背景下，促进"上好学"和"有质量的教育公平"成为国家和地方义务教育发展的重点，十九大报告指出："推动城乡义务教育一体化发展，高度重视农村义务教育……努力让每个孩子都能享有公平而有质量的教育。"①享受优质、公平的义务教育日益成为农村家庭的主要追求目标。然而，从现实来看，正如十九大报告指出的，"中国特色社会主义进入新时代，我国社会主要矛盾已经转化为人民日益增长的美好生活需要和不平衡不充分的发展之间的矛盾"①。这一主要矛盾反映在农村义务教育领域，即呈现为农村义务教育质量提升的速度难以满足农村居民日益增长的对高质量教育的需求，义务教育的非均衡发展成为民众难以公平地享受高质量义务教育机会的重要障碍，而农村义务教育供给决策方式的简单化倾向使得农村义务教育的供给难以满足农村家庭多元化、差异化的教育需求。

（三）农村中小学布局调整带来震荡

在农村义务教育转型的过程中，受城镇化进程加速的影响，对农村义务教育阶段学校进行合理布局，既是推进城镇化发展的重大战略选择，也是合理配置教育资源、提高教育质量的需要。2001 年，《国务院关于基础教育改革与发展的决定》（以下简称《决定》）提出，"因地制宜调整农村义务教育学校布局。按照小学就近入学、初中相对集中、优化教育资源配置的原则，合理规划和调整学校布局"。在《决定》的指导下，全国各地大力推进农村中小学布局调整工作，冀图以学校布局调整作为推动，顺应城镇化发展之大势，提升农村义务教育质量。城镇化及作为一场重要教育变革的农村中小学布局调整给农村义务教育带来了强烈的震荡。

（1）集中举办县镇学校、扩大县镇学校的规模成为一项区域教育发展的经验而大为推广。从各地实践来看，如山东省平原县 2008 年将所有的初中生集中到县城就读②；湖北省崇阳县2010年实现了70%的初中生在县城就读的目

① 习近平. 决胜全面建成小康社会 夺取新时代中国特色社会主义伟大胜利—— 在中国共产党第十九次全国代表大会上的报告[EB/OL]. http://politics.people.com.cn/n1/2017/1028/c1001-29613514.html，2017-10-18.
② 刘成友. 山东平原县农村孩子全部到县城读初中引发关注[EB/OL]. http://www.jyb.cn/basc/ xw/200810/ t20081017_200757.html，2008-10-17.

标[①]；西部某省规定，在"十二五"期间，通过学校布局调整，要将 60%左右的小学生、全部初中生集中到县城就读[②]。从全国范围看，县域内小学学校的城镇化率由 2001 年的 10%上升到 2014 年的 27%；县域内初中学校的城镇化率由 2001 年的 32%上升到 2014 年的 57%。县域内小学在校生的城镇化率由 2001 年的 21%上升至 2014 年的 53%，而初中在校生的城镇化率由 2001 年的 42%上升至 2014 年的 74%[③]。可见，"集中办学、规模化办学、城镇化办学成为新一轮学校布局调整的主导模式，中小学布局调整呈现鲜明的城镇化倾向"[④]。

（2）在农村中小学布局调整的背景下，集中建设寄宿制学校成为农村地区主推的办学模式之一。在农村中小学数量整体上呈大幅下降趋势的同时，农村寄宿制中小学校却大幅增加，仅在 2004~2007 年，7 651 所寄宿制学校出现于中西部农村地区[⑤]。农村义务教育寄宿生的规模不断扩大，2007年我国西部农村初中寄宿生比例已达 53.6%，其中，西藏、广西、云南的初中生在校寄宿比例甚至超过 70%[⑥]。2017 年我国农村小学寄宿生有 934.6 万人，占农村小学生总数的 14.1%[⑦]。

（3）在广大的农村地区，大量撤并农村小规模学校（教学点）是农村中小学布局调整的主要举措。从全国范围看，2001~2010 年，教学点数量由 11.04 万个减少到 6.54 万个，10 年间共减少 4.5 万个，减幅为 40.76%[⑧]。有些地区在当地教育发展规划中，将撤并小规模学校（教学点）作为一项重要的目标任务来抓，并明确规定，"到某某年，争取达到撤并教学点多少个"；有些地区则将撤并小规模学校的数量作为当地政府的教育"政绩"，在年度工作报告中如是总结，"提前完成了撤并多少个教学点的任务"。

---

① 宋志强，佘帅兵，赵忠志，等. 崇阳教育新城：汇幕阜英才 铸崇阳名片[Z]. 2010.

② 陈俊. 我省中小学布局调整十年间学校减少千余所学生增加十多万[N]. 西海都市报，2010-02-24.

③ 邬志辉. 城镇化对城乡教育发展的挑战 [EB/OL]. http://www.sohu.com/a/45628517_100928，2015-12-01.

④ 雷万鹏. 家庭教育需求的差异化与学校布局调整政策转型[J]. 华中师范大学学报（人文社会科学版），2012，51（6）：147-152.

⑤ 吴晶，周婷玉. 我国已在中西部农村地区建成 7651 所寄宿制学校[EB/OL]. http://www.gov.cn/jrzg/2007-11/26/content_816365.htm，2007-11-26.

⑥ 新华网. 中国西部农村初中寄宿生比例已达 53.6%[EB/OL]. http://www.qhnews.com/newscenter/system/2008/02/25/002415103.shtml，2008-02-25.

⑦ 新华网. 振兴乡村教育 2020 年基本补齐两类学校短板[EB/OL]. http://www.moe.gov.cn/jyb_xwfb/xw_fbh/moe_2069/xwfbh_2018n/xwfb_20180511/mtbd/201805/t20180514_335855.html，2018-05-11.

⑧ 庄庆鸿，刘丹. 十年"中国式撤点并校"，农村教育出路何在[EB/OL]. http://theory.people.com.cn/n/2013/0104/c49157-20082235-4.htm，2013-01-04.

对于集中发展县镇学校和寄宿制学校，撤并农村小规模学校，政府及教育行政部门给出的理由多是"基于人民的利益""为了百姓考虑""让更多的孩子接受高质量教育"。如发展县镇学校是为了满足人民群众对县镇优质教育的自发追求，举办寄宿制学校是为了解决学校撤并之后所带来的学生上学路程远及留守儿童的监护问题，撤并农村小规模学校是因为小规模学校代表了一种落后的、效率低下的、已难以满足民众教育需求的教学组织形式。然而，事实果真如此吗？人民群众对于发展县镇学校和寄宿制学校、撤并农村小规模学校的做法满意吗？本书感兴趣的是，在农村中小学布局调整的背景下，农村家庭对孩子接受义务教育有着什么样的需求？当前的教育供给是否能满足他们的教育需求？

（四）农村家庭的分化与义务教育需求的多元化

在农村社会发展早期，尤其是改革开放前，在城乡二元结构下，农村居民的社会流动性较差，他们基本上被固化在农村社区，当时的农村社会在整体上高度同质化，农村家庭之间具有高度的同质性，再加上当时农村义务教育并未达到普及化，在这种背景下，农村家庭对义务教育的需求亦具有高度的同质性。"有学上"是他们的首要追求目标，这种教育需求很容易被作为农村义务教育供给者的政府及其教育行政部门所识别，为农村适龄儿童提供基本的受教育机会成为这一时期政府义务教育供给的主要责任。

当前的中国社会处于急剧的转型过程中。社会转型的一个重要基础是社会分化，与这种社会特征相适应，农村社会也出现了较高程度的分化，原本高度同质化的农户日渐走向异质性。农户异质性具有多方面的体现，但收入、受教育程度、职业、家庭结构等方面的异质性最受关注。此外，随着农民生活水平的不断提高，他们的需求呈现出多样化、多层次、多方面的特点。需求是不断增长的，需求的增长是量的有限性与质的无限性的统一，质的无限性是种类的多样性与层次性的统一。这些社会分化的异质性和农村家庭需求多样化的特点"必然会反映在对教育的不同需求和选择上"[①]。从农村教育的实践来看，农村家庭义务教育需求呈现出多元化和差异性的特点。例如，在县镇学校和农村学校中如何选择，希望孩子接受优质教育的程度怎样，是否希望孩子在校寄宿，是否希望孩子就读于小规模学校等。农村家庭对于义务教育的需求越来越

---

① 吴宏超. 我国义务教育有效供给研究[D]. 华中师范大学博士学位论文，2007.

高、越来越个性化，而既有研究对农村家庭义务教育需求的内部差异缺乏足够的敏感，将农村家庭的义务教育需求等同化、简单化处理。同时，作为农村义务教育供给主体的政府有时无暇顾及农户对义务教育的实际需要，往往通过行政命令的方式实施自上而下的强制性供给。

二、应对之策：农村义务教育供求矛盾的解决思路

在经济学中，供给与需求是一组最基本的概念，也是一对既对立又统一的范畴。二者既有显著差异，即各自有独特的理论基础与内在逻辑，也存在着密切的联系。"供给与需求是经济分析中不可拆分的一对，分割两者如同分隔电池的正负极一样荒唐"[①]，换言之，供给能够创造需求，需求也会倒逼供给，它们共同构成了经济发展的"一体两面"。恩格斯在《国民经济学批判大纲》中描述竞争时提出："需求和供给始终力图互相适应，而正因为如此，从未有过互相适应。双方又重新脱节并转化为尖锐的对立。供给……和需求永远不相适应"，是"一种达不到目的的永恒波动"[②]。因而，供求的矛盾是常态，教育也概莫能外。教育供给和需求是推动教育发展不可或缺的两种力量，但教育供求矛盾存在于任何社会、任何阶段，不同时期、不同研究者对教育供求矛盾的解决策略具有较大差异。理论研究上的观点对立也让我们对现实问题有了重新审视的必要。

（一）限制教育需求的策略

长期以来，我国的教育处于资源约束型状态，由此造成总需求大于总供给的局面，这种矛盾不仅表现在教育机会的供给数量不足，而且表现在教育质量无法满足教育需求。面对教育资源的短缺，国家或地方政府往往通过以供限需的方式来寻求教育供求的平衡，走的是一条"以条件定发展"的教育供求矛盾解决之路。例如，在流动儿童教育问题解决的早期，曾出现了以城市教育资源不足为由而限制流动儿童在父母务工地接受义务教育的现象。不得不承认的是，以供限需的策略是传统的计划经济体制下的短缺经济在教育

---

① 吴敬琏. 供给侧改革：经济转型重塑中国布局[M]. 北京：中国文史出版社，2016：78.
② 中共中央马克思恩格斯列宁斯大林著作编译局. 马克思恩格斯文集（第1卷）[M]. 北京：人民出版社，2009：73-74.

领域中的延续，也是教育供给缺乏弹性时的无奈之举。

然而，随着社会主义市场经济体制的建立，随着我国居民生活水平的日益提高，来自社会、居民家庭、个体的教育需求日趋膨胀，这是不以任何人的意志为转移的客观趋势。而长期以来惯用的以"抑制需求"的方式求得教育供求均衡的路径犹如"削足适履"，其结果非但难以有效满足人们的教育需求，反而可能使教育供求矛盾更为紧张，甚至可能使原有的社会矛盾得以激化。例如，在义务教育阶段，日益增长的对优质教育资源的需求遭遇有限供给，择校便成为部分家庭为子女获得优质教育资源的重要途径，"择校热"成为一种风潮。为限制择校，教育部门的应对方式是采取划片就近入学的政策，禁止学校跨学区招生，限制家长跨学区为子女择校。这种治理"择校热"的思维和方式具有典型的限制需求的特征，只考虑短期内对需求的限制，而不重视从供给侧进行改革，犹如治水，只堵不疏，"决堤"在所难免。时下火爆的为择校改户口、花巨额择校费、"天价学区房"正是这种治理思维和方式的"产物"。限制需求本是为了缓解择校热，却使本已积重难返的"择校热"进一步加剧。

（二）扩大教育供给的策略

有研究者提出，在新形势下应采取另一种路径，即扩大教育供给而非抑制需求的方式，通过广开渠道，积极开拓教育内部和外部两类资源，以满足人们日益增长的教育需求[①]。与以供限需相比，扩大教育供给以解决教育供求矛盾的做法更符合人道主义精神。因此，扩大教育供给是多数学者赞同的解决教育供求矛盾、促进教育发展的必由之路。当前，几乎在所有的问题导向型的教育研究的对策建议中，都会出现"增加经费投入""改善办学条件""加强师资培训"等与扩大各类资源供给相关的字眼。通过扩大教育供给以缓解教育供求矛盾，进而促进教育发展，这种选择是必要的，且在一定时期内起到了积极的作用。然而，扩大教育供给的策略可能遭遇以下挑战。

（1）教育资源的稀缺性及不同层级教育资源分配的竞争性。这意味着扩大教育供给存在着"度"的限制：①受经济增速放缓的影响，公共财政用于教育投入的数量和财政性教育经费的增量将会受到影响。在中国这样的发展中国家，地方政府常常面临预算约束，这就会对增加教育投入形成限

---

① 蒋鸣和. 抑制需求还是扩大供给：我国教育发展思路的探讨[J]. 上海高教研究, 1998（4）: 1-4.

制①。②不同层级、不同类型的教育资源分配存在竞争。在教育"蛋糕"总额既定的前提下，某一层级、某一类型的教育在资源分配中的优势是以抢占其他层级、其他类型教育资源的份额为代价的。因此，扩大供给，多"大"算大？这里涉及扩大供给的"边界"问题。

（2）扩大教育供给不仅耗资较大，而且可能遭遇"投资风险"。这种投资风险既与生源流动性大及生源市场的不确定性相关，也与国家政策相关。例如，在"普九"时期，响应"村村办小学"的政策要求而如雨后春笋般出现的大量村小②，对义务教育的普及作出了巨大贡献，然而，其随着生源的减少及向城市流动、农村中小学布局调整政策的实施而闲置；又如，在当前阶段，流动儿童的义务教育问题引起社会的广泛关注，流动儿童在流入地城市缺乏足够的受教育机会，如果通过扩大教育供给的方式，如新建农民工子弟学校，确实可以高效地解决他们的入学问题，但是流动儿童的流动性大决定了新建的学校可能面临生源在一夜间蒸发的尴尬，导致教育资源的极大浪费。

（3）教育供给的效率问题。许多国家的经验表明，即使花费了大量的财力和人力，用来发展那种耗资巨大的学校模式，也远未达到预期的结果。教育资源利用效率低的问题困扰着教育发展。诚如瑞士教育家特德斯科所提出的："国际比较表明，即使是在资金充足的情况下，教育的结果也同样不能令人满意。"他以美国为例进行说明，在教育开支增加三倍的背景下，学生成绩非但没有提高，反倒下降了。据此，他建议，"美国不能期望靠多花钱就能改变教育的方向……美国实行的改革必须彻底地改变花钱的方式"③。改变花钱的方式，意味着要提高经费的使用效率。因此，即使是扩大教育供给，也要讲究供给的低成本、高效率，否则，"大水漫灌"式地增加供给，虽可以在短期内推动教育发展，但同时也会造成巨大的资源浪费，降低资源的使用效益。

（4）教育供给的有效性与民众教育需求多元化的矛盾。随着家庭可支

---

① Buchmann C, Hannum E. Education and stratification in developing countries: a review of theories and research[J]. Annual Review of Sociology, 2001, 27（1）: 77-102.

② 村小是指中心小学下属的小学，包括"完全小学"（简称"完小"）和"非完全小学"（简称"非完小"）。"完全小学"是指从小学一年级到六年级的学校，"非完全小学"是指年级并不完整的小学。

③ 特德斯科 J C. 当今教育改革的趋势[C]//联合国教科文组织. 为了21世纪的教育：问题与展望. 王晓辉，赵中建译. 北京：教育科学出版社，2002：67-68.

配收入的普遍提高，人民群众的教育需求更趋多元化，且家庭对优质、个性化的教育需求日益高涨。当前以温饱型为主的教育供给已经明显滞后于新的教育需求，教育资源和服务的供给与民众优质而多元化的教育需求之间矛盾突出。此时，"若只是以整体推进的方式扩充供给总量，不仅无法解决供需错配的问题，还会在经历现有的低效供给后，进一步加剧教育结构性失衡的局面"[①]。

（三）有效教育供给的策略

以上分析表明，以供限需不但难以真正实现教育供求均衡，而且这种方式与民主社会的要求相悖；扩大教育供给受到资源约束、面临投资风险的限制、受资源使用效率制约及面临教育供给的有效性与民众教育需求的多元化相矛盾。那么，如何解决供求矛盾？有研究者提出，通过减少现实中教育的低效供给甚至无效供给，提高教育供给的有效性而实现教育供求矛盾的解决[②]。正如弗里德曼所提出的，"目前被广泛地提出的意见是：学校教育大量需要的是金钱，因为它可以被用来建造较多的设备，也可以为了招聘更好的老师而给老师以较高的工资……问题主要并不在于我们花钱太少——虽则我们可能如此——而是我们从每花一美元中所获得的太少。或许在好多学校中花费在雄伟的建筑和奢侈的场地上的钱数被正式地划归为学校教育的开支"[③]。与一味地扩大教育供给相比，有效供给的方式对于提高教育资源的使用效率、提高资源配置的科学性有着重要的价值和意义。

"有效供给"的支持者们强烈地认为，缓解义务教育供求矛盾的关键在于供给方。然而，他们又承认，教育供给是否"有效"是以对教育需求的满足程度为判断依据的[④]，即"有效供给"应突出供给的"有效性"，确保"教育供给的数量、质量和效率应在现有的经济实力内最大限度地适应和满足教育需求"[⑤]。此时，新的问题又出现了：如若我们不了解个人、家庭、社会的教育需求，又谈何满足他们的需求？当无法满足他们的需求，又谈何有效供给？因

---

① 周海涛，朱玉成. 教育领域供给侧改革的几个关系[J]. 教育研究，2016（12）：30-34.
② 参见：叶忠. 略论教育的有效供给[J]. 教育评论，2000（3）：17-20；范凤山. 中国基础教育有效供给研究[D]. 西南财经大学博士学位论文，2005；吴宏超. 我国义务教育有效供给研究[D]. 华中师范大学博士学位论文，2007.
③ 弗里德曼 M. 资本主义与自由[M]. 张瑞玉译. 北京：商务印书馆，1986：48-49.
④ 叶忠. 略论教育的有效供给[J]. 教育评论，2000（3）：17-20.
⑤ 吴宏超. 我国义务教育有效供给研究[D]. 华中师范大学博士学位论文，2007.

此，在对需求缺乏足够了解的背景下，"有效供给"方式的效用值得怀疑。换言之，缺少需求方的参与，有效教育供给的"有效性"就难以衡量。

（四）将视角转向教育需求

不可否认，通过以供限需、扩大供给、有效供给的策略解决教育供求矛盾的方法都曾在特定时期立下汗马功劳。然而，无论是以供限需、扩大教育供给的策略，还是有效教育供给的策略，都是在中国特定的历史背景下，从供给层面着手的，都属于"供给型"的改革[①]。长期以来，"教育改革最重要的特点之一是其重点放在供给的变革上。需求的作用一直被低估，或者只是在变革过程的某些初级阶段得到过考虑"。而实际上，任何促进或限制供给的措施都不可能不触动需求的"脉搏"[②]。不在需求管理上下足功夫，供给管理就会成为无稽之谈[③]。

当以限制需求、扩大供给、有效供给的方式解决教育供求矛盾均遭遇尴尬时，是否可以转换视角，将探究教育供求矛盾解决的路径指向对教育需求的分析，通过教育需求来调整义务教育的供给行为，从而找到适宜的问题解决之道？答案是明确的。义务教育供给和需求有效良性互动的前提是对需求有足够的了解。因为"需求决定发展，不知道需求就不了解发展"[④]。尤其是随着劳动力市场的变化，以需求为导向，以需求定发展是教育发展的必然趋势[⑤]。在本书中，笔者的兴趣是在探求解决教育供求矛盾时，唤起对需求的思考。

实际上，研究者们已经注意到教育需求在教育发展及教育问题解决中的巨大作用。在流动儿童教育问题的解决上，雷万鹏主张，分析流动儿童的多元需求是有效解决流动儿童教育问题的现实选择[⑥]；杨晓丽提出，必须依据农

---

① 庞丽娟，杨小敏. 关于教育供给侧结构性改革的思考和建议[J]. 国家教育行政学院学报，2016（10）：12-16.

② 陶一桃. 需求与供给之间的选择——供给学派对扩大"内需"的启示[J]. 学习与探索，2000（3）：12-16.

③ 张务农. 从经济学命题到教育学命题——供给侧改革之于高等教育发展意义审思[J]. 江苏高教，2017（3）：30-34.

④ 张铁明. 论中国教育需求趋势与巨大市场空间[J]. 信息技术教育：陕西，2004（11）：14.

⑤ 蒋鸣和. 抑制需求还是扩大供给——我国教育发展思路的探讨[J]. 教育发展研究，1998（4）：1-4.

⑥ 雷万鹏. 从多元需求看流动儿童教育政策选择[J]. 华中师范大学学报（人文社会科学版），2005（3）：12-16.

村的实际和教师的具体情况，建构需求导向的农村教师教育体系①；张东山等在研究河南农村基础教育时，提出了应从农民的需求出发，"自下而上"地配置农村教育资源②；马萌也提出，在教师教育技术培训方面，同样应该建立面向教师需求的培训模式③……这些研究对笔者以教育需求为关注点解决教育供求矛盾提供了较大的启示。需要注意的是，义务教育是公共品，所以对它的研究无法像私人品一样，基于严格的市场机制假设求解均衡，但不得不承认的是，义务教育需求应该如私人品一样，是供给的决定性因素。

农村义务教育的服务对象是农村家庭，农村家庭的教育需求理应成为农村义务教育供给的重要参考。对于农村家庭而言，他们有什么样的教育需求？不同家庭的教育需求是否存在差异？哪些因素影响他们的教育需求？该如何根据这些需求提出农村义务教育良性发展的因应之策？迄今为止，由于缺乏应有的关注，既有研究尚不足以对这些重要而又亟须解答的问题做出令人信服的回答。然而，如果对这些关键问题不能做出回答，其将可能成为制约农村义务教育发展的瓶颈。基于此，本书将从需求的视角出发，在农村学校布局调整的背景下，以需求理论、家庭决策理论为理论基础，对农村家庭义务教育需求问题进行系统的探讨。

三、个人背景：研究者的个人旨趣

米尔斯曾说过："有名望的学者从来不把研究工作与日常生活割裂开来，他们舍不得冷落任何一方，以至于不能容忍这样的分割，并且力图使两者相得益彰。"④米尔斯的意思是，任何研究都必须是研究者的一种生命运动，都必须建立在研究者已有生活和学习的基础上，能够从现实中获得经验，并能有所感悟。如果一个研究者所选择的研究课题脱离了既有经验，不能引起其生命和学术的"共鸣"，那么很难期望他对该研究课题全身心地投入和产生令人信服的研究结果。笔者不是一个有名望的人，自称"学者"也

① 杨晓丽. 建构需求导向的农村教师教育体系——湖北省751位农村教师调查问卷分析[J]. 社会主义研究，2006（6）：48-50.
② 张东山，杨永芳，张鹏岩. 河南农村基础教育资源需求意愿调查与问题分析[J]. 地域研究与开发，2009（3）：31-36.
③ 马萌. 面向教师需求的教师及时培训模式研究[D]. 东北师范大学博士学位论文，2011.
④ 米尔斯 C L. 社会学的想象力[M]. 陈强，张永强译. 北京：生活·读书·新知三联书店，2005：211.

有些惴惴不安，但笔者仍然按照有名望的学者所做的那样，不将研究工作与日常生活相割裂，将日常生活作为学术研究灵感的策源地。

笔者对农村教育问题的兴趣由来已久。就个人生活背景和教育经历来看，笔者出生在农村，发蒙于村小，而后进入镇一中（初中）、县一中（高中）、省属高校（本科）、部属高校（硕博）就读。尽管自从上大学以来就进入城市学习和生活，至今已有近 20 年的光景，但是生于农村、长于农村、在农村奠定教育基础的笔者，身上的每个细胞似乎都凝结了厚重的"农村情结"。2005 年，笔者进入华中师范大学教育学院，开始了为期三年的硕士阶段教育历程。在硕士三年的学习期间，笔者曾多次参与和农村义务教育相关的实地调研，如"留守儿童问题研究""农村代课教师问题研究""农村教师队伍建设研究""农村学校布局调整问题研究"等，多次的田野调查加深了笔者对农村教育问题的情感，更深化了笔者对农村义务教育的理解和认识。尤其是在"农村学校布局调整问题研究"的实地调研中，笔者目睹了县镇学校的繁荣和乡村学校的凋敝，深切感受到农村家庭对优质教育的渴求，体悟到农村家庭对寄宿制学校又爱又恨的纠结，聆听了部分农村家庭对小规模学校的需求和面临学校撤并的无奈。时至今日，十年前，那个秦岭偏远山区的农村留守小女孩远远地、怯生生地看着笔者，对笔者细细地说了一句"早上要起得很早，眼睛小小的，睁不开！"还时常浮现在脑海。她们如今都已长大，基础教育起跑线上的落后一步，对她们的人生会带来多大程度的影响？这些所见所闻促使笔者不断思考：在新一轮学校布局调整中，发展县镇学校是农村家庭的主动追求还是被动选择？不同家庭对优质学校需求是否存在差异？农村家庭是否希望孩子在校寄宿？撤并农村小规模学校是促进教育公平还是违背教育公平？最终，笔者选择了从"教育需求"的视角对这些现象和问题做出解释。

如果说与生俱来的农村情结是笔者选择农村教育问题作为研究视域的初始动机，那么历次的田野调查经验促使笔者将对农村义务教育问题的研究兴趣逐渐聚焦到农村家庭义务教育需求。作为一个教育理论研究者，笔者深感有责任、有义务去探究农村家庭有怎样的义务教育需求，从而为农村教育的有效供给转型提供参考。

吴康宁认为，"一个真正'好的'研究问题，无论对教育理论发展或教育实践改善来说，还是对研究者自身发展来说，都应当是'真'问题。"他对"真问题"的界定是，"（该问题）既是教育理论发展或教育实践改善过程的'真实的'组成部分，也是研究者自身生命运动的'真实的'组成部分"[①]。通过以上分析可知，农村家庭义务教育需求不仅是笔者感兴趣的"私己的问题"，更是促进农村义务教育发展、丰富教育供求矛盾解决理论的一个重要问题。换言之，它是一个迫切需要研究的"真问题"。

　　然而，令人遗憾的是，长期以来学术界却缺乏对农村家庭义务教育需求的深入研究，农村家庭义务教育需求非但不是一个研究热点，反而是一个受到忽视和冷落的问题。在农村中小学布局调整的背景下，对农村家庭义务教育需求的研究已到了一个非常关键的时期——农村家庭义务教育需求研究不仅可以为教育决策提供极富价值的信息，成为影响政府教育决策的重要力量，也可以作为改善微观的学校教育供给行为的有效线索。

第二节　核心概念界定

　　农村家庭义务教育需求的研究涉及一些基本概念。事实上，这些概念并非不证自明，而是需要认真、明晰地进行界定。进行核心概念的界定是研究的基础工作，因为无论是明确地表述问题，还是检验假设，一个根本性的前提就是需要清晰的概念。根据研究目的，下文对"农村""农村家庭""教育需求""义务教育需求""农村家庭义务教育需求"等核心概念进行界定，以保证研究有明确的边界。

一、农村

　　以"农村家庭义务教育需求"为主题的研究首先应该明确的是"农村"。然而，令人遗憾的是，对于"农村"这个平素司空见惯的字眼，其概念似乎清楚但不明晰，研究者往往对"农村"的理解不一致。笔者首先对既有研究中常见的农村概念进行梳理，之后提出"农村"在本书中的概念所指。根据常见的分类标准，对"农村"的界定通常有"空间地域性质的农村"和"经济功能属性的农村"两个维度。

[①] 吴康宁. 教育研究应研究什么样的"问题"——兼谈"真"问题的判断标准[J]. 教育研究，2002（11）：8-11.

（一）具有空间地域性质的农村

具有空间地域性质的农村是从地理空间的视角对农村的界定。按照"农村"所涵盖的空间范围的大小，可分为广义的农村、中观的农村和狭义的农村三个层次。

（1）广义概念的农村。是指城市以外的一切领域，它是一个非常辽阔的空间。具体而言，包括县城、乡镇和乡村。杜育红指出，国内对农村教育的通常定义——中国的农村教育是指县和县以下的教育，包括县、乡（镇）、村的教育——是一个典型的地域概念[①]。

（2）中观概念的农村。是指县城以下（即不含县城）、包括乡镇和乡村（屯）的广大地区。刘自团根据我国区域规划习惯，将大一学生家庭居住地合并为"农村"和"城市"两类。具体合并办法是，将农村和乡镇合并为"农村"，将县城、地级市、省会或者直辖市合并为"城市"[②]。刘小锋将农村概念界定为县（或县级市）以下的地区，并以自然村或中心村落为基础的人们所组成的社会生活共同体[③]。

（3）狭义概念的农村。狭义的农村是指与"县镇""城市"相并列的概念。在这种分类中，"农村"所指的是"乡村"，包括村、屯等，以居住分散、自然形成的村落为存在方式。雷万鹏认为，从中国社会发展的脉络看，"县城"和"乡镇"在社会经济发展水平、户籍制度和社会福利政策等方面与"乡村"存在巨大差异。因此，他将"县城"和"乡镇"纳入城市范畴[④]。熊巍以乡镇以下的地区作为农村，并将焦点集中于直接进行农业生产的村落[⑤]。

（二）具有经济功能属性的农村

强调经济功能属性的农村的出发点是将农业作为农村赖以存在、发展的前提，认为没有农业，农村就不复存在。这是基于生产方式、生活方式的角

---

① 杜育红. 农村教育：内涵界定及其发展趋势[J]. 华南师范大学学报（社会科学版），2013（1）：21-24，159.

② 刘自团. 我国不同群体大一学生的择校原因差异之调查研究[D]. 厦门大学博士学位论文，2009.

③ 刘小锋. 基于农户视角的农村公共产品需求研究——以福建省为例[D]. 浙江大学博士学位论文，2009.

④ 雷万鹏. 中国大陆高等教育需求中的城乡差异研究[D]. 香港中文大学博士学位论文，2004.

⑤ 熊巍. 我国农村公共产品供给分析与模式选择[J]. 中国农村经济，2002（7）：36-44.

度对农村的界定。诚然，传统的农村是以农业生产为基础的，因此，国际和国内大多数学者主要从经济功能的视角来考察农村的概念。例如，美国学者米格代尔认为，"只有农业生产是主要收入的社区才能称之为农村"[①]，我国学者陆学艺更是简明地将农村概括为"农民生产生活和居住的社区"[②]。具有经济功能属性的农村代表着一种不同于城市的经济活动方式。

还有研究者从更为综合的层面对"农村"进行界定，如我国著名农村问题研究专家贺雪峰认为，作为农村政策研究主要对象的"一般农村"的农民数占全国农民数的 80%以上，这些"农村"是中国农村中的一般和普通类型。这类"农村"主要具备以下特征：发展精耕细作的农业；人口密度较大（每平方千米超过 100 人）；工商业不发达；非城郊，农村土地未从城镇发展中获得增值收益[③]。

（三）本书对农村的界定

中国社会的复杂性特征决定了对"农村"进行界定的复杂性，而"不同的界定方法会导致我们在一些重大社会政策问题上出现不一致的结论"[④]。选择什么样的界定标准，是首先需要考虑的问题。在本书中，主要根据空间地域性质的特点而非经济功能的属性对农村进行界定，其理由在于：在传统的经济分工格局下，农村的典型特征是以农业生产活动为基础，然而，随着城乡社会之间的相互渗透，农村经济结构日益多样化、综合化，在这种背景下，农村的经济属性定义只能代表早期对传统农村的理解，而与现代农村的内涵相去甚远，以传统的"农业生产"来表征农村越发显得不合时宜。换言之，农业生产只是农村成其为农村的一个必要条件，而绝非充分条件。因此，在当前及今后，从经济功能属性出发对农村进行界定已不太合适，除非是专门研究"三农"问题。

具体而言，本书采用的是狭义的农村概念，即将"农村"看作与"城市"（县级以上）、"县镇"相并列的概念，指城市和县镇以外的地区，主

① 米格代尔 J. 农民、政治与革命——第三世界政治与社会变革的压力[M]. 李玉琪，袁宁译. 北京：中央编译出版社，1996：16.

② 陆学艺. 中国三农问题的由来和发展前景[EB/OL]. http://finance.sina.com.cn/economist/jingjixueren/20070622/12423716453.shtml，2007-06-22.

③ 贺雪峰. 什么农村，什么问题[M]. 北京：法律出版社，2008：103.

④ 柯政. 略析农村教育研究中常见的两个方法问题[J]. 全球教育展望，2012（4）：73-78，83.

要包括行政村和自然村。这样操作的理由在于：

（1）与我国现行教育事业统计口径相统一，以保证数据处于同一层次，方便数据的借鉴和比较。我国现行教育事业统计中的农村基本上是狭义的概念，执行的是"城市、县镇、农村"三级标准。

（2）从中国社会发展脉络看，尽管与"城市"（县级以上）相比，"县镇"也可被划入"农村"的范畴（既有研究中这样的范例俯拾皆是），但"县镇"与"乡村"在社会经济发展水平、户籍制度和社会福利政策等方面存在巨大差异。因此，本书未将"县镇"列入"农村"的范畴。

（3）最重要的是出于研究目的的需要。本书置于农村中小学布局调整的背景下，在学校布局调整的过程中，被撤并的学校主要是村小、教学点等位于村落的小规模学校，而对县镇学校的影响不大，因此，这些小规模学校的服务对象可能成为学校布局调整中利益受损最严重者，由于他们远离决策中心，他们的教育需求因为得不到充分的表达而无法彰显出来，从而成为"沉默的大多数"。正是由于这一特殊群体引起笔者的关注，所以笔者将目光投向远离决策中心地的他们。

二、农村家庭

在《辞海》中，"家庭"是指，"以婚姻和血统关系为基础形成的社会生活的基本单位，包括父母、子女和其他共同生活的亲属在内"[①]。在本书中，"农村家庭"是指，生活在农村地区、由一对夫妇（或其中一方）及其子女或者一对夫妇、子女及其夫妇一方中的父母（祖父母）所构成的社会基本单位。在"农村家庭义务教育需求研究"中，"农村家庭"既是"义务教育需求"的主体，也是本书的分析单位（analysis unit）。换言之，本书研究的是"农村家庭"而非"个人"（如家长或受教育者个体）的教育需求，这是由以下因素决定的。

（1）由"家庭"在中国社会的重要性决定。家庭是人类社会生活中最基本的细胞，它以血缘为纽带构成稳定的利益团体。尤其对于中国社会而言，家庭的重要性甚于其他国家，在以儒家思想为底蕴的传统文化浸润下，中国人的生活始终是以家庭为核心的。费正清曾将中国比作"家庭制度的坚

---

① 家庭_在线汉语辞海查询，http://cihai.supfree.net/two.asp?id=98614，2013-04-02.

强堡垒"，并指出"中国家庭是自成一体的小天地，是个微型的邦国。社会单元是家庭而不是个人"①。李强认为，如果说西方文化是以个体为本位的，那么中国人则是以家庭为本位的。中国人的家庭是一个整体单位，个人尤其是儿童，在这个家庭中并没有太强的独立性②。

（2）由家庭教育决策的现实决定。关爱与责任是家庭的根本逻辑。从农村家庭对于子女的价值看，"其利益还不限于子女成长需求的满足，它还包含因子女受教育而改变家庭经济和社会地位可能性的增值"③。在农户子女教育的决策问题上，家庭联合决策的现象普遍存在。对于某一个具体家庭而言，教育是一件大事，教育决策的行为是由受教育者及其家庭成员共同完成的，无论是对于尚不具备独立决策和经济支付能力的未成年人，还是具有独立决策与支付能力的成人，均是如此。也正因为如此，教育经济学在研究教育的成本、收益以及教育的投资决策时，基本上是将"家庭"作为基本的分析单位④。然而，不得不承认的一个事实是，假如某一家庭成员具有优于其他家庭成员的地位或者具有超越其他家庭成员的权利，该成员则是家庭的代表，由家庭代表做出的个体决策也可以被认为是家庭决策，因为虽然做出决策的人可能是家长（或其他个体），但是"他的选择是以家庭为基础的"⑤。

（3）由家庭的"黏合剂"作用所决定。家庭是联结个体和社区的基本单位，以家庭作为分析单位，有利于把社区、家庭以及个人的相关因素都纳入研究的过程，便于在分析各自变量对因变量直接影响的同时，了解这些不同层面的自变量之间内在的数量关系，进而估计它们对因变量的作用。

正是基于以上原因，本书强调"农村家庭"而非个人的教育需求，从农村教育的重要利益相关者——农村家庭的角度出发，来了解当前农村家庭对农村义务教育的需求，把握他们对农村教育的潜在需要，从不同侧面了解和把握农村家庭作为农村义务教育需求主体的现实性和复杂性。需要注意的是，在学术研究中，学者们常常将"家庭"（family）和"户"（household）

① 费正清. 美国与中国[M]. 张理京译. 北京：世界知识出版社，1999：21-22.
② 李强. 心理二重区域与中国的问卷调查[J]. 社会学研究，2000（2）：42-46.
③ 叶澜. 当代中国教育变革的主体及其相互关系[J]. 教育研究，2006（8）：3-9.
④ 孙志军. 中国农村的教育成本、收益与家庭教育决策：以甘肃省为基础的研究[M]. 北京：北京师范大学出版社，2004：4.
⑤ 邓大才. 在社会化中研究乡村——中国小农研究单位的重构[J]. 社会科学战线，2009（5）：35-44.

混用，而在现实生活中，"家庭"既包括家，也囊括户。前者是以血缘和姻缘关系为基础形成的基本生活单位；而后者则是国家的一个行政管理的概念。尽管笔者承认二者之间存在差异，但对这两个概念进行区分在本书中不重要，也并非本书的主要任务。因此，在本书中，笔者有时会同时使用"家庭"和"户"这两个概念。

三、教育需求

（一）教育需求的既有界定

从既有的文献看，对教育需求的概念界定有三种。第一种，将经济学的需求概念延伸至教育领域。在经济学中，需求是指兼具购买意愿和购买能力的需要。范先佐认为，尽管"教育需求"不是一个纯经济学的范畴，但是，将"支付能力"引入教育需求的概念中，能够把握教育需求的实质。更进一步地，他将教育需求界定为国家、社会、企业和个人对教育有支付能力的需要[①]。

笔者认为，当从经济学领域借用"需求"这一概念时，就应注意原有概念的"适宜性"问题——既然是借用的概念，它所揭示的现象已脱离了原词本意，因为研究领域和研究对象均发生了变化。因此，"教育需求"概念的复杂性超过了"教育+需求"的简单类推。正如约翰·希恩曾告诫人们的那样："研究教育的需求，把需求理论应用于社会和教育现象，必须记住需求理论在联系到这类现象时它的概念是十分抽象的。传统的价格理论是一种静态理论，现在则必须用它来说明一些生动和复杂的社会过程。"[②]在一般的商品需求中，价格是调节需求量的重要工具，价格上升的结果可能是商品需求量的减少。如果将该逻辑引入"教育需求"中，其意味着当教育价格（学杂费）[③]上升时，教育需求量就减少；反之，当教育价格下降时（尽管这种情况很少见），教育需求量则增加。而实际上，教育需求量（常用受教育年限来表示）对价格及时做出反应的现象并不多见。理论分析与实际经验

---

① 范先佐. 教育经济学[M]. 北京：人民教育出版社，1999：145.

② 希恩 J. 教育经济学[M]. 郑伊雍译. 北京：教育科学出版社，1981：13.

③ 虽然"学杂费"不是真正意义上的教育产品的"实际价格"，但是，对于个人（家庭）而言，学杂费却是他们购买教育服务所需支付的价格。在一般情况下，只有支付了学杂费，才能获得教育机会。

相矛盾的原因在于研究假设与现实不符，理论分析的前提是假定教育质量和消费者偏好保持不变，然而，在分析教育需求时，不能把教育质量和消费者偏好作为某种已知的特定参数，然后简单地将价格（收入）作为自变量、数量作为因变量来阐明二者之间的这种关系。因为，当"入学和在校是义务性质的，与之有关的（至少从需求这一方面来看），不是经济方面而是法律和人口有关方面的"[①]。所以，即便是对教育的需求进行估量，问题也决不仅仅限于列出一张阐明需求数量同价格、收入或投资回报率（如果把教育看成是一种投资的话）之间的某种函数关系的需求表格。

第二种，微观层面的教育需求研究，主要涉及家庭（个人）对教育的选择。将教育需求界定为需求主体希望（子女）接受哪一层次的教育，或者需求主体是否愿意（子女）接受某一层次的教育。张本波以北京市为调研区域对城镇个人教育需求进行了研究，他将教育需求定义为对不同文化程度的预期需求。该研究发现，"大专"是城镇居民能够接受的教育程度的底线[②]。岳昌君和邢惠清分析了预期收益对不同级别教育需求的影响[③]。张素罗将教育需求界定为"您（农户）是否愿意子女接受高中、中专或以上学历的教育"。调查结果显示，88.4%的农户愿意供子女接受高等教育，其中，65%的农户表示不论有没有条件都要想办法供子女上学，进而得出农民对教育需求尤为迫切的结论[④]。薛欣欣和冯华经研究发现，劳动力市场对教育需求产生了负激励，他们把教育需求界定为劳动力进入不同学段的概率[⑤]。

第三种，将"教育支出"看作教育需求。杨明等对广东居民收入变化与教育需求进行了实证分析[⑥]；张永强和杨中全同样将教育需求定义为教育支出，并给出影响教育需求的公式：

$$D(t) = f\left(P_a, P_x, Z, \text{SES}\right)$$

式中，$D(t)$ 是 t 时期的教育需求，用教育支出表示；P_a 是受教育者的个体特征向量；P_x 是家庭因素向量；Z 是学校的环境向量；SES 是经济社会因

① 希恩 J. 教育经济学[M]. 郑伊雍译. 北京：教育科学出版社，1981：18-19.

② 张本波. 我国城镇居民个人教育需求分析——北京市调查报告[J]. 人口与经济，2001（3）：7-14.

③ 岳昌君，邢惠清. 预期收益对不同级别教育需求的影响[J]. 教育理论与实践，2003（17）：15-18.

④ 张素罗. 需求导向的农村公共产品供给问题研究[D]. 河北农业大学博士学位论文，2007.

⑤ 薛欣欣，冯华. 刘易斯转折对我国农村教育需求的影响[J]. 山东社会科学，2016（3）：132-138.

⑥ 杨明，刘毅，赵细康. 广东居民收入变化与教育需求的实证分析[J]. 学术研究，2003（5）：99-103.

素①。尽管用教育支出水平作为教育需求的替代变量具有重要意义，但对于义务教育而言，随着免费义务教育政策的实施，难以从农户的教育支出（至少是校内的教育支出）来揭示农户的义务教育需求。

此外，刀福东和郭建如从多个角度界定教育需求，如"希望接受的教育程度""是否打算报名参加中考""是否经常有辍学的念头"②。由此可见，由于关注点和研究目的的差异，研究者对教育需求的界定呈现出多元化的倾向。

（二）本书对教育需求的界定

Leagans曾将需求划分为三种状态：实际需求（actual need）、可能需求（possible need）和有价值的需求（valuable need）。其中，"实际需求"是需求的当前状态；"可能需求"是需求的潜在状态，是当前需求的扩展；而"有价值的需求"则是需求的应然状态③。可见，第一种需求是显性需求，而后两种需求是隐性需求。罗永泰和卢政营认为，显性需求是指消费者为保证基本生存和发展需要或现时有具体满足物的、已经意识到的、能够明确清楚表达出来的、用以达到基本期望的一种内在要求和行为状态④。具体到农村家庭的义务教育需求，"外显需求"是彰显农村家庭实际教育选择特征的需求，如某家庭将孩子送到县城学校就读，就可以说该家庭对县城学校存在需求。隐性需求是客观事物或刺激通过人体感官作用于人脑所引起的一种潜意识，能够实现或超越消费者期望的一种心理要求和行为状态。隐性需求具有主观性、潜在性、多元性、诱致性等特性。

实际上，农村家庭对教育的最终选择是多种因素调和后的结果，可能并非代表农村家庭的真实教育意愿。因为农村家庭对义务教育学校的选择是一个连续的过程，从教育需求偏好的表达，到孩子正式进入学校就读，中间要经历若干环节。以此观之，现有研究把选择结果（外显需求）作为农村家庭的教育需求是欠妥的。正是由于以上原因，本书虽然也对农村家庭的现实教

① 张永强，杨中全. 中国西部农村家庭教育决策实证研究[J]. 中国青年政治学院学报，2010，29（6）：112-117.

② 刀福东，郭建如. 少数民族个人教育需求研究——一个基于边疆少数民族地区的调查分析[J]. 教育学术月刊，2008（7）：70-73.

③ Leagans P J. A concept of needs[J]. Journal of Extension，1964（2）：89-96.

④ 罗永泰，卢政营. 需求解析与隐性需求的界定[J]. 南开管理评论，2006，9（3）：22-27.

育需求进行了一定的论述，但将重点放在隐性需求——教育需求意愿的分析上。

在本书中，笔者将教育需求界定为主体对教育的隐性需要，它是一种"潜在的"或者意愿形态的教育需求，是主体教育偏好的表达。这样界定的理由如下。

（1）义务教育不同于一般的私人物品，将经济学的需求概念迁移到教育领域时应有所变通。在经济学中，了解消费者需求的目的主要是用来测定市场的供求状况。在私人物品市场，消费者的出价行为可作为其需求偏好的表达，价格机制可以有效地将消费者偏好信息向供给方传递并引导实现市场供需均衡。但对于教育服务的获得而言，远比一般商品的获得更为复杂。对于一般商品而言，只要具有需求意愿并具有支付能力即可获得，而具有需求意愿且具有支付能力并不是获得教育服务的充分条件。对于非义务教育而言，受教育者的学习能力、天赋是影响其能否获得教育服务的重要因素，因为义务后优质教育的获得面临着较为严格的筛选；而就义务教育而言，能否获得教育服务除了受制于以上各因素外，还可能受制于国家政策的相关规定，如就近入学政策对学生受教育地点的规定。因此，如果从支付能力的角度进行教育需求的研究，就将问题简单化了。

（2）"办好让人民满意的教育"成为我国教育发展的历史使命。党的十九大报告再次强调："教育强国是中华民族伟大复兴的基础工程，必须把教育事业放在优先位置，深化教育改革，加快教育现代化，办好人民满意的教育。"[1]陶西平认为，人民满意的教育应在三个方面有所考虑——公平的教育机会、优良的教育品质、可满足的教育选择需求[2]。换言之，人民满意的教育至少应是满足民众需求的教育，教育政策的出发点和落脚点应着眼于满足民众的教育需求。因此，不受预算约束的教育需求，理应成为实证研究的重点之一。然而，有研究者认为，"受经济利益驱使的农户总会试图以最有利的方式来利用自身的需求信息，而不把真实的信息传递给政府，这样的结果便是造成需求信息在政府与农户之间分布的不对称"[3]。但笔者认为，

---

① 习近平. 决胜全面建成小康社会 夺取新时代中国特色社会主义伟大胜利——在中国共产党第十九次全国代表大会上的报告[EB/OL]. http://politics.people.com.cn/n1/2017/1028/c1001-29613514.html，2017-10-18.

② 陶西平. 让人民选择——引导与服务选择性教育需求[J]. 人民教育，2014（3）：8-11.

③ 刘小锋. 基于农户视角的农村公共产品需求研究——以福建省为例[D]. 浙江大学博士学位论文，2009.

对于教育需求而言，这种担心有些多虑了，因为义务教育直接关系到农村家庭的前途、孩子的未来，农村义务教育是农村家庭急需的公共产品，是他们不愿或较少隐瞒其真实偏好的产品。换言之，农村家庭对义务教育偏好的显露具有真实性。

（3）用"需求意愿"代替现实教育需求（选择）的做法并非笔者首创，很多学者在讨论教育需求的问题时，更多的是从需求意愿而非现实需求的角度进行研究的[①]，因为教育需求意愿分析所提供的信息有助于教育供给行为的调整[②]。正是基于以上原因，本书着重探讨农村家庭义务教育需求意愿问题，但需要指出的是：①为了行文的方便，将"农村家庭义务教育需求意愿"简称为"农村家庭义务教育需求"。如不加特殊说明，本书中的"教育需求"均指此意。②教育需求意愿是需求主体主观偏好的表达，"偏好甚至是入学决策并不完全是实际行为可靠的风向标"[③]，需求意愿同时也是需求主体在多种选择中基于综合考虑所做出的教育选择。因此，在书中，研究者将教育需求意愿、教育需求偏好等概念不加区别地使用。

四、义务教育需求

在笔者所查询到的资料范围内，学界对教育需求的研究主要囿于高等教育领域，而对义务教育需求的研究较为薄弱。在义务教育需求的研究中，按照内容分析法，可将既有研究划分为两大类：①义务教育社会需求研究，该类型的研究可以视为预测一国或一地区义务教育的社会需求数量及变化趋

---

① 此类文献见：丁小浩. 高等教育的个人需求和政府的宏观调控[J]. 高等教育研究，1998（4）：39-42；雷万鹏. 中国大陆高等教育需求中的城乡差异研究[D]. 香港中文大学博士学位论文，2004；周金燕，钟宇平，孔繁盛. 全球化背景下的教育不平等：中国高中生留学意愿影响因素的研究[J]. 清华大学教育研究，2009（6）：28-35；王一涛，钱晨，平燕. 发达地区农村家庭高等教育支付能力及需求意愿研究——基于浙江省的调查[J]. 高等教育研究，2011（3）：46-50.

② 此类文献见：雷万鹏. 中国大陆高等教育需求中的城乡差异研究[D]. 香港中文大学博士学位论文，2004；钟宇平，陆根书. 高中生高等教育需求的经济动因分析[J]. 高等教育研究，2005（6）：28-33；许善娟，丁小浩，钟宇平. 香港高中学生的社会资本对高等教育需求的影响分析[J]. 清华大学教育研究，2006（1）：77-84，95；张智敏，唐昌海，姚延芹. 影响农村人口职业技术教育需求的因素分析[J]. 中国农村经济，2007（3）：21-31.

③ 克特勒 P，福克斯 K F A. 教育机构的战略营销[M]. 庞隽，陈强译. 北京：企业管理出版社，2005：243.

势①。希恩认为，教育社会需求预测的意义在于，"在考虑到人口、政策和总的经济趋势对教育机构中的自愿和义务入学可能会产生影响的情况下，一种试图弄清今后对教育设施的需要而进行的工作"②。②个体（家庭）的义务教育需求，这是基于微观数据对个体家庭义务教育需求的具体分析。由于本书的侧重点是农村家庭义务教育需求，因此，义务教育的社会需求不是本书的主要关注点。

"是否有义务教育需求"（即选择在学还是辍学）、"有什么样的义务教育需求"是农村家庭义务教育需求的两个基本问题。孙翠清和林万龙认为，已有的对农村家庭义务教育需求的研究主要集中于农村孩子的辍学问题上，并着重分析影响辍学的因素③。显然，对农村学生辍学问题的研究主要是对"是否有义务教育需求"这一问题的解释。需要明确的是，本书的关注点不在于"是否有义务教育需求"，而在于"有什么样的义务教育需求"。之所以这样操作，并非是因为对前者的研究缺乏现实根基，事实上，辍学问题仍然是困扰当前我国农村地区义务教育发展的一大难题；也并非因为辍学问题的研究价值不大，这可以从学术界对该问题研究人数之众、研究时间之久、研究成果之丰得以证明。

本书重点关注"有什么样的义务教育需求"主要是出于以下考虑：①"有什么样的义务教育需求"这一课题因为不具备诸如辍学那样明显的社会影响力，所以是一个尚未过多进入研究者视野的但非常重要的新课题。然而了解农村家庭教育需求至关重要，因为它将成为评估学校布局调整政策实施效果的重要指标，也关系到我国未来农村义务教育发展的相关政策安排。②从我国农村义务教育的发展阶段来看，在尚未普及免费义务教育的背景下，研究儿童入学和辍学问题十分紧迫。Lloyd 认为，在一个国家经济和教育发展的最初阶段，教育的效率并非取决于那些致力于提高认知能力的因素，而是取决于

① 代表性研究见：段成荣，杨书章，高书国. 21世纪上半叶我国各级学校适龄人口数量变动趋势分析[J]. 人口与经济，2000（4）：38-45；李祖超，徐文. 城镇化进程中的教育需求预测分析[J]. 教育研究，2005（11）：83-91；王金营，石玲. 北京市未来人口发展下的教育需求预测[J]. 北京行政学院学报，2007（4）：62-66.

② 希恩 J. 教育经济学[M]. 郑伊雍译. 北京：教育科学出版社，1981：19.

③ 孙翠清，林万龙. 中国农村公共服务需求问题研究——基于农户的视角[M]. 北京：经济科学出版社，2011：92.

那些致力于提高入学率的因素①。但当前我国已全面普及九年制义务教育，在这种背景下，研究"上好学"形成的问题（包括对义务教育的需求问题）比"有学上"的问题（辍学问题）更具有紧迫性和时代价值。

五、农村家庭义务教育需求

在明确了农村、农村家庭、教育需求、义务教育需求等概念后，再来界定"农村家庭义务教育需求"。与一般意义上的教育需求概念相比，农村家庭义务教育需求的特殊性主要表现在"农村家庭"和"义务教育需求"这两个概念上。

（1）农村家庭的义务教育需求不是个体化的而是家庭的教育需求。个体镶嵌在家庭中，由家长在考虑了家庭的预算约束、家庭规模、文化偏好等各种约束条件的情况下做出教育决策。尤其是在农村，农村社会的基本单位不是个人，而是家庭，家庭是中国农村社会的基石，农户的家庭观念历来比较强烈，一系列重要的决策（包括教育决策）也通常基于家庭整体决策而形成。即使在决策的最后，"拍板者"是个体，但"农民作为家庭成员所产生的个体决策通常也在家庭整体决策的约束下产生"②。农村家庭义务教育需求由家长表达出来。因为对于尚未成年的义务教育阶段的学生而言，家长是他们最合适的"代言人"，家长做出的教育需求是在综合考虑了各种限制下做出的。需要说明的是，本书仅仅讨论家长对子女接受义务教育的需求偏好，"家长个人"的教育需求并非本书所关注的内容。

（2）农村家庭义务教育需求的侧重点在于"义务教育需求"。对于一般的教育需求，从需求的逻辑性及内容看，可能表现在以下几个方面：①是否愿意接受教育；②什么时间接受教育及接受多少年限的教育；③在什么地点接受教育；④接受什么质量的教育；⑤希望在什么类型的学校接受教育。但具体到我国，义务教育的强制性特征既对接受义务教育是每个公民的应尽义务做了规定，同时还对儿童的入学年龄（六周岁）及接受教育的年限（九年）做了明确规定。因此，"是否接受教育""什么时间接受教育及接受几

---

① Lloyd C B, Mensch B S, Clark W H. The effect of primary school quality on school dropout among Kenyan girls and boys[J]. Comparative Education Review, 2000, 44（2）: 113-147.

② 王春超. 转型时期中国农户经济决策行为研究中的基本理论假设[J]. 经济学家, 2011, 1（1）: 57-62.

年教育"已不具有争议。农村家庭义务教育需求主要表现在受教育地点、教育质量和学校类型的选择上。

　　基于以上分析，笔者将着重从需求内容的角度对农村家庭义务教育需求进行界定。农村家庭义务教育需求主要是指农村家庭对子女接受义务教育的地点、质量及学校类型三个方面的主观需求。在这里，对受教育地点的需求主要是指对农村学校还是县镇学校的偏好；对受教育质量的需求是指农村家庭对孩子接受更好教育的意愿；对学校类型的需求是指农村家庭希望孩子就读于寄宿学校还是其他学校以及是否希望孩子就读于农村小规模学校。

第二章 理 论 基 础

Ostrom 曾这样强调理论的重要性，"理论不仅影响解释时所使用的特定假设，还影响到问题的设计方式。问题的设计方式影响询问什么问题和在实证调查中寻求什么"①。对于农村家庭义务教育需求而言，一方面，因其涉及需求因素，经济学中的需求理论为本书奠定了理论之基；另一方面，农村家庭的教育需求在一定意义上是在多种约束条件下的家庭教育决策，因此，家庭教育决策理论也是本书重要的理论基础。本章将对需求理论、家庭教育决策理论进行简要阐述，并对采用家庭教育决策理论进行教育需求研究的文献进行梳理，以建立本书的研究架构。

第一节 需 求 理 论

"需求"是社会科学的基本概念之一。对"需求"的研究，涉及心理学、经济学、教育学等各个学科领域，不同的学科对"需求"的界定不同。例如，在心理学中，Clark 将"需求"定义为个体在知识、态度、技能或经验方面欠缺或不足的一种状态②。我国学者朱智贤主编的《心理学大辞典》对"需求"的解释是：（需求是）个体和社会的客观需要在人们头脑中的反映，它是个人的心理活动和行为的基本动力，通常以一种"缺乏感"体验

---

① Ostrom E. Governing the Commons：The Evolution of Institutions for Collective Action[M]. Cambridge：Cambridge University Press，2006：46.

② Clark J. Community education and the concept of need[J]. International Journal of Lifelong Education，1986，5（3）：187-205.

着，并以意向、愿望的形式表现出来，最终成为推动人活动的动机①。尽管其他学科对需求的研究可以启发思维，但本书主要是从经济学的角度分析农村家庭义务教育需求。因而，对经济学中有关需求的知识进行着重介绍。需求理论是经济学中最重要也是最基本的理论，思想深刻、内容丰富。需要说明的是，本书只是根据研究需要，有目的地选择了需求理论的部分内容进行介绍。

一、需求的概念

需求是经济学中出现频率最高的词汇之一。Froyen 指出，在经济学中，需求可以理解为：在特定时间内和不同价格水平下人们愿意购买某种商品或服务的数量。因此，时间期限、价格和数量是需求概念中三个最重要的变量②。欧阳北松提出，研究者对需求概念的理解常因强调重点的不同而产生差异。西方主流经济学更多关注的是"价格"与"数量"存在的变动关系，强调经济理性并愈益抽离掉价值判断和感情因素；而现实层面的需求，则愈益关注"愿意"和"能够"所涵盖的更加丰富的其他因素③。

现实层面的需求实际上是亚当·斯密所提出的"有效需求"。斯密曾这样表述："每一个商品的市场价格都受支配于它的实际供售量和愿支付它的自然价格（或者说愿支付它出售前所必须支付的地租、劳动工资和利润的全部价值）的人的需要量这二者的比例。愿支付商品的自然价格的人可称为有效需求者，而他们的需求可称为有效需求。因为这种需求也许使商品的出售得以实现。此种需求与绝对需求不同。一个贫民在某种意义上也许可以说有一辆六马拉大马车的需求，他这种需求并不是有效需求，因为那马车绝不是为满足他的这种需要而送往市场出售的。"④由此可见，有效需求的形成有两个最基本的条件：其一，消费者有购买意愿；其二，消费者有支付能力。仅有第一个条件，只能被看作"欲望"或"需要"，而不是"需求"，需要是人的本能，是人们的心理欲望；而需求是一种有支付能力的需要。可见，需求是以购买力为

① 朱智贤. 心理学大辞典[M]. 北京：北京师范大学出版社，1989：808.
② Froyen R T, Greer D F. Principles of Microeconomics[M]. New York：MacMillan，1989：56.
③ 欧阳北松. 对需求多重境界的考察与探究[J]. 社会科学战线，2006（5）：72-77.
④ 斯密 A. 国民财富的性质和原因的研究（上）[M]. 郭大力，王亚南译. 北京：商务印书馆，1972：24.

支持的欲望，当个体拥有了购买力时，欲望则转化成需求。对此，斯蒂格利茨做出的说明是："经济学家所关心的不仅仅是人们所想要的。而是在他们的预算约束所限定的支出和各种商品价格已知的条件下所选择购买的。"[①]

二、需求函数

在经济学中，商品的需求数量和影响该需求数量的各种因素之间的关系可以用需求函数（demand function）来表示。

（一）基本需求函数

在经济学中，"需求"不仅是指想要的，而且是指想要且具备购买能力的，它是购买意愿与购买能力的统一。那么，怎样才能具备购买能力呢？主要看两点：①可支配收入的多少；②物品价格的高低。在固定的时间内，个人或家庭可供支配的收入相对固定，"价格"就成为将购买意愿转化为购买行为的决定性因素。在经济学中，需求分析经常被简化为，在假定其他要素不变的前提下，仅考虑价格对需求量的影响，任何物品的需求量都是在给定的价格下购买者将选择购买的总量。在其他条件不变时，一种物品的价格与该物品的需求数量之间存在着一定的关系，这种关系可以用需求表（demand schedule）表示，霍格认为："需求是由买者愿意并且有能力购买的某种商品的所有可能的（不同的）数量构成的一个清单或列表。"[②]他给出了一个需求列表，如表 2.1 所示。

表 2.1　洗发水的价格–数量需求表

价格/（美元/瓶）	需求量/瓶
10	0
8	1
6	3
4	5
2	8

资料来源：霍格 A J. 经济学导论[M]. 刘文忻译. 北京：华夏出版社，2004：49.

需求与价格的关系除了用需求表来表示外，还可以用图形表示。用图形

---

① 斯蒂格利茨 J E. 经济学（上）[M]. 姚开建，等译. 北京：中国人民大学出版社，1997：73.
② 霍格 A J. 经济学导论[M]. 刘文忻译. 北京：华夏出版社，2004：48-49.

表示的价格与需求的关系就是需求曲线。图 2.1 是私人产品的需求曲线示意图，即求曲线表示，当所有影响需求的变量保持不变时，物品的价格与其需求量之间的关系。可见，需求量是随着价格的变动而发生变动的。当一件物品的价格下降，而其他一切条件保持不变时，商品的需求量就增加；反之，则需求量减少。这种价格与需求量呈反方向变动的关系可以归纳为经济学中的一个重要法则——需求定律。需求定律约束着价格与需求量之间的关系。

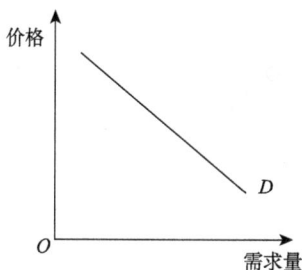

图 2.1　私人产品需求曲线示意图

需求定律假定其他条件保持不变，仅分析商品价格的变化对该商品需求量的影响。商品价格与需求量之间关系的表达就是需求函数。需求函数如下。

$$Q_d = f(P) \qquad (2.1)$$

式中，Q_d 代表商品的需求量；P 代表商品的价格。

在其他条件不变时，商品价格变化引起的需求量变化是替代效应和收入效应所致，以商品价格上升引起的需求量减少为例予以说明。其一，替代效应（substitution effect）的影响。当一种商品价格上升时，消费者可以用其他具有类似效应的商品替代该商品，如当可口可乐的价格上涨时，可以选择百事可乐。其二，收入效应（income effect）的影响。商品价格上升，意味着消费者的实际收入减少，购买力下降，对该物品的需求量自然会减少。

（二）扩展的需求函数

价格是影响需求的重要因素，但并不是唯一的因素。实际上，消费者的偏好、收入以及其他相关商品的价格等因素都会影响需求的变化。弗里德曼根据分析目的的需要以及关于相关要素及其影响等经验知识，将那些除了价格之外的、通常被视为既定的、影响需求的因素分成三类①：第一类是能显著影响所要研究的变量 A，并会受到 A 显著影响的那些事物。换言之，所要研究的变量和这些变量之间相互影响，如替代品和互补品。第二类是能显著影响所要研究的变量 A，但并不受 A 显著影响的那些因素。换言之，这类变量单方面影响所要研究的变量 A，如消费者的嗜好、偏好、货币收入、所有其他商品的平均价格、财富和收入分配等。第三类是对所要研究的变量没有显著影响，又不受所研究变量显著影响的那些事物，除第一和第二类因素外，所有其他因素都可囊括在第三类之中。在进行了上述分类之后，弗里德曼将以上各要素都整合在需求函数之中②。

$$Q_x = f\left(P_x P_y P_z, I, P_0, W, T \cdots\right) \qquad (2.2)$$

式中，Q_x 代表对商品 x 的需求量；P_x 代表商品 x 的价格；P_y 和 P_z 代表与 x 有密切关系的商品 y 和 z 的价格；P_0 代表其他商品的平均价格；I 代表收入及其分配；W 代表财富及其分配；T 代表消费者的偏好。

对于大多数商品（即正常品）而言，其需求与收入正相关，收入水平的提高将增加对这些物品的需求，导致需求曲线向右移动；相关商品（互补品或替代品）同样会影响商品的需求，当互补品价格上升时，商品的价格也会上升，对商品的需求量可能会减少；当替代品价格上升时，可能增加对某商品的需求；在价格、收入等因素都已考虑在内以后，需求的变化通常就要归因于消费者偏好的变化。在经济学中，经济学家并不去解释个人偏好从何而来、如何形成，也不解释哪些因素会促使偏好发生改变，"经济学家关心的是爱好变化带来的后果以及出现这些后果的道理"③。例如，当个人对饮料的偏好发生变化时，可能放弃酒精饮料而选择碳酸饮料，从而导致对酒精饮料需求的减少和碳酸饮料需求的增加。消费者对某种商品的偏好程度增强时，就会增加对该商品的需求量。反之，则减少。

需要强调的是，尽管需求受多个因素影响，但不应否认价格对需求的影响。换言之，在多个因素影响需求的同时，价格和需求的反向变动关系依然存在。需求是在多个因素的复合作用下变动的，然而，对于某一物品的需求而言，价格是更为根本的因素，所以经济学仍然把价格作为特别关注的对象。

---

① 弗里德曼 M. 价格理论[M]. 鲁晓龙，李黎，等译. 北京：商务印书馆，1994：38-39.

② 弗里德曼 M. 价格理论[M]. 鲁晓龙，李黎，等译. 北京：商务印书馆，1994：39.

③ 利伯曼 M，霍尔 R. 经济学导论[M]. 程坦主译. 大连：东北财经大学出版社，2003：55.

三、需求理论对本书的价值和启示

从产品属性上看，义务教育是一种典型的地方公共品。然而，对于个体家庭而言，义务教育是一种具有私人效用的物品。家庭通过支付一定的成本①获得义务教育的机会，并享受义务教育带来的效用。因此，与其他物品的需求无异，农村家庭义务教育需求受多种因素影响。可以用应用经济学的需求理论对农村家庭义务教育需求进行分析。

义务教育需求作为农村家庭的一项重要需求必定受多种因素的影响，经济学的需求理论为分析农村家庭义务教育需求的影响因素提供了重要启示：除了教育价格（教育费用）外，其他要素，诸如家庭的偏好等主观因素也可能是影响农村家庭做出教育选择的重要因素。然而，研究教育需求，把需求理论应用于教育现象，必须记住需求理论在联系到这类现象时它的概念是十分抽象的。因此，在将需求理论迁移到农村家庭义务教育需求时应该注意：其一，经济学的需求理论往往将问题简单化处理，即将个体或者单个的家庭视为分析对象，而尚未考虑家庭的结构，而本书在分析农村家庭教育需求时，虽然也将家庭作为分析的单位，但是独特的家庭构成是必须要考虑的因素。其二，经济学的需求理论着重关注的是需求数量和其他要素的关系，而农村家庭义务教育需求的分析关注的是需求类型与其他要素的关系。

第二节　家庭教育决策理论

一、理论之考虑

有研究者运用人力资本模型和家庭教育决策模型对家庭的教育需求进行研究。人力资本模型主要是在比较教育成本与预期收益后，做出是否（让子女）接受某一级或某一类教育的决策，该模型多是在研究高等教育需求的范畴中展开，因为与基础教育相比，高等教育的成本和预期收益更直接且更容

---

① 尽管当前的义务教育是免费的，但是"免费"并不代表不需要支付费用，家庭实际上也需要支付一定的成本才能获得相应的教育。

易被衡量。有研究者认为，在更为一般的意义上，家庭教育决策即为"教育需求"，只不过是在不同语境下有不同的表达而已[①]，因此，对家庭教育需求的研究可以使用家庭教育决策模型。

　　家庭教育决策模型是家庭经济学的发展，来源于经济学家对家庭内部资源配置的微观经济分析。孙志军认为，儿童的入学决定虽然和政府的教育和财政政策相关，但在根本上仍是一个家庭决策问题。国内外对教育决策的微观研究都强调决策主体是作为一个利益共同体的家庭，即教育决策往往是以家庭为单位而非以个人为单位做出的[②]。由家庭进行教育方面的联合决策，原因可能是：一方面，接受义务教育的子女年龄较小，其决策更多由监护人代理；另一方面，教育决策直接牵涉家庭其他成员的利益[③]。对于当前中国广大的农村家庭而言，希望孩子在县镇还是农村学校上学，上什么质量的学校，在哪里住宿，是否就读小规模学校等都属于典型的家庭教育决策行为。因此，家庭有什么样的教育需求，从本质上而言是一种教育决策行为，研究农村家庭的义务教育需求问题离不开家庭决策理论的支撑。

二、基于新古典家庭模型的家庭教育决策模型

　　既有文献对家庭教育决策行为进行了微观经济学分析，主要形成了两个家庭决策理论模型，分别是新古典家庭决策模型和讨价还价模型。前者基于传统的联合偏好函数，后者以博弈论为基础。在新古典家庭决策模型中，家庭成员的偏好被假定为是统一的，家庭通过一系列的决策，以达到家庭联合效用函数最大化的结果。在该模型中，个体的偏好是固定的、外生的，父母或其他家庭成员的行为具有"利他性"；与新古典家庭决策模型具有明显差异的是，讨价还价模型的假设前提是家庭成员之间的偏好存在差异性，从而形成了多个效用函数，家庭决策是经过成员间讨价还价的过程决定的，个体的讨价还价能力在这一决策模型中具有重要意义，讨价还价能力实际上反映

---

　　① 孙志军. 中国农村的教育成本、收益与家庭教育决策：以甘肃省为基础的研究[M]. 北京：北京师范大学出版社，2004：12.

　　② 孙志军. 中国农村的教育成本、收益与家庭教育决策：以甘肃省为基础的研究[M]. 北京：北京师范大学出版社，2004：137.

　　③ 吕开宇. 外出务工家庭子女教育决策机制及其政策内涵——以甘肃农村为例[D]. 中国农业科学院博士学位论文，2006.

的是对于家庭重大问题进行决策的权利，个体的讨价还价能力取决于家庭成员所拥有的相对资源的多少。对于夫妻而言，"配偶中具有教育、职业和金钱收入等主要资源优势的一方将拥有更多的决策权，而资源较少的成员在家庭中的地位较低，对家庭重大事务的决策具有较少的话语权"[①]。在家庭内部，个体讨价还价的能力越强，在重大家庭事务决策中所起的作用就越大。

在家庭决策的上述两种模型中，本书选用了新古典家庭决策模型作为理论根基，主要基于以下考虑。①从中国农村家庭决策的现实看，受传统思想影响，中国农村的家庭观念比较强烈，家庭重要的决策（包括教育决策）通常是基于"家庭整体利益最大化"而形成的，家庭才是决策的主体，这既符合新古典家庭决策模型中追求家庭联合效用函数最大化的目的，也符合关于家庭成员统一偏好的假定。所以，在研究中国家庭内部的资源配置时，通常设定"单一"的合作模型进行研究，正如 Hung 所指出的，中国传统文化强调家庭和睦，而非家庭成员的主导权。只要家庭内部不存在严重的分歧，家庭决策在谁主导下进行，通常并不那么重要[②]。②两个模型虽然基本假定不同，但研究者承认讨价还价模型是对家庭内部个人偏好（如孩子父母）的进一步讨论，是新古典决策模型更为一般化的形式[③]。更有研究者发现，尽管新古典家庭决策模型与讨价还价模型存在一定的假设差异，但推导出的实证模型基本上是一致的[④]。③最重要的是基于研究目的的考虑。本书的目的并非是探究家庭成员间讨价还价能力的差异对教育决策的影响，而是在遵循新古典家庭决策模型的基本假定——家庭成员偏好一致的基础上，探究农村家庭义务教育需求呈现出哪些特征，并受哪些约束条件的影响及影响程度。

新古典家庭决策模型来源于经济学家对家庭内部资源配置的微观经济分析。与传统理论假设个人作为决策主体不同，新古典决策理论以家庭为分析单位，使用标准的微观分析，将经济学的研究扩展到家庭物质生活以外的内容，诚如贝克尔所言，"我的构想更为远大，我力图用研究人类物质行为的工具和理论框架去分析婚姻、生育、离婚、家庭内的劳动分工、威望和其他

---

① 杨雪燕, 鲁小茜, 李树苗. 中国转型社会中的农村家庭购买决策: 基于文化规范理论的解释[J]. 妇女研究论丛, 2011（4）: 27-36.

② Hung J K M. The Family status of Chinese women in the 1990s[J]. China Review, 1995（12）: 1-24.

③ 孙志军. 中国农村的教育成本、收益与家庭教育决策: 以甘肃省为基础的研究[M]. 北京: 北京师范大学出版社, 2004: 127.

④ Glick P, Sahn D E. Schooling of girls and boys in a West African country: the effects of parental education, income, and household structure[J]. Economics of Education Review, 2000, 19（1）: 63-87.

非物质行为"①。

　　新古典家庭模型强调家庭成员的偏好具有一致性，家庭有一个效用函数。在家庭内部，资源被集中起来，收入被共同使用。在家庭教育决策问题上，在给定的家庭资源约束条件下，由父母对当前的资源在子女教育方面的分配做出决策，以使联合效用函数最大化。这一模型的本质是，在一个联合的效用函数上，"家庭"决定了资源的配置问题。

　　对于具体的家庭而言，教育是一种重要的人力资本投资形式。家庭对教育的投资直到教育的边际收益等于边际成本时为止。考虑到教育投资收益的滞后性和风险性，家庭教育决策受制于家庭收入、孩子相关特征、父母个人及家庭特征、学校教育质量等多种因素。

三、家庭教育决策理论在教育需求研究中的应用

　　与早期经济学对单个居民户的研究相似，早期对家庭教育决策的研究将之看作个体的行为。正如 Mincer 所指出的，一个追求效用最大化的个体会持续不断地把时间和钱财用于能增加人力资本的教育中，直到现在的成本等于未来的收益为止②。到后来，出现了把"家庭"作为决策基本单位的研究。与将"个体"作为家庭教育决策的主体相比，以"家庭"作为决策主体与现实的契合度更高，因为对于家庭而言，教育是一项"重大安排"，在是否进行教育投资、对谁进行教育投资、投资到何时等事项的决策上，家庭而非个体是实际的决策主体。这两者的区别不仅表现为决策人数的差异，更表现为决策过程的差异：与个体作为决策主体相比，家庭作为决策主体的情况更为复杂—— 不仅要在教育投入和其他消费之间的资源配置上进行总体的权衡，而且在教育资源配置上面临着选择，尤其是在资源不足的情况下，多子女的家庭面临着在几个孩子之间如何分配有限资源的问题。因循以上逻辑，研究者建立了家庭教育决策的微观经济模型。例如，孙志军将孩子性别考虑在内，用家庭决策模型推导出家庭教育需求决定函数③。

---

　　① 贝克尔 G S. 家庭论[M]. 王献生，王宇译. 北京：商务印书馆，2009：1.

　　② Mincer J A. Individual Acquisition of Earning Power[M]. New York：Columbia University Press，1974：5-23.

　　③ 孙志军. 中国农村的教育成本、收益与家庭教育决策：以甘肃省为基础的研究[M]. 北京：北京师范大学出版社，2004：122.

$$S_{B(G)} = F(Y, V, P_C, P_B, P_G, W_B, W_G, N_B, N_G, X, Z) \qquad (2.3)$$

式中，$S_{B(G)}$ 分别代表儿子（女儿）的受教育年数；Y 是父母劳动所得收入；V 是非劳动所得收入；P_C 是消费品的价格；P_B 和 P_G 分别是儿子和女儿的平均教育价格；W_B 和 W_G 分别是儿子和女儿预期的市场工资；N_B 和 N_G 分别是儿子和女儿的数目；X 是教育投入向量；Z 是家庭特征向量[①]。由该公式可知，家庭的教育需求依赖于家庭收入、教育价格（成本）、其他商品的价格、儿童相关特征、家庭背景等特征。

家庭教育决策模型认为，儿童最优的教育水平是在一定的约束条件下、家庭追求效用最大化的过程中决定的。这些约束条件既包括微观方面的，如家庭的经济条件、父母的受教育程度、孩子的特点等，也包括宏观层面的，如政策影响。许多研究者利用家庭决策模型对家庭教育需求（决策）问题进行了广泛的实证研究。下面是一些研究成果。

（一）孩子相关特征与家庭教育需求

关于孩子相关特征与家庭教育需求关系的研究主要集中在儿童年龄、就读学段等方面。

（1）孩子年龄与家庭教育需求的关系。杜鑫的研究发现，随着年龄的增长，儿童失学概率增加，并在1%的水平上具有统计显著性[②]。常宝宁对免费义务教育政策实施背景下西部3省9县数据的分析表明，在学生个体特征中，入学年龄越大，学生辍学的可能性就越大[③]。梁宏和任焰在珠三角地区的调查结果表明，农民工子女年龄越大，越可能被留守于农村接受教育[④]。曹东勃基于"千村调查"的研究显示，不同年龄段的人群面临的教育需求存在差异[⑤]。

（2）孩子就读学段与家庭教育需求的关系。许召元等的研究发现，农

① 孙志军. 中国农村的教育成本、收益与家庭教育决策：以甘肃省为基础的研究[M]. 北京：北京师范大学出版社，2004：122.

② 杜鑫. 中国农村青少年失学的影响因素分析[J]. 中国农村经济，2008（3）：50-56，64.

③ 常宝宁. 免费政策实施后儿童辍学问题实证研究——基于 COX 比例风险模型的分析[J]. 青年研究，2010（6）：39-45，95.

④ 梁宏，任焰. 流动，还是留守？——农民工子女流动与否的决定因素分析[J]. 人口研究，2010（2）：57-65.

⑤ 曹东勃. 论农村教育需求的年龄分层——基于"千村调查"的研究[J]. 教育与经济，2011（2）：27-31.

民工子女就学地点的选择呈现出学龄阶段越高，越倾向于留在农村上学的趋势[①]。雷万鹏将孩子就读年级划分为三个学段：1~3 年级段、4~6 年级段和 7~9 年级段，研究发现，孩子就读学段越低，家长对孩子在县镇学校读书的需求越低[②]。

除了年龄和就读学段外，孩子的性别[③]、学习成绩[④]也是影响农村家庭教育需求的重要因素。

（二）父母个人及家庭特征与家庭教育需求

在父母个人及家庭特征影响家庭教育需求方面，研究者一般从父母职业、父母受教育程度、家庭经济状况、父母是否外出务工这几个变量着手。

1. 父母职业对家庭教育需求的影响

Tansel 在土耳其的研究发现，与其他职业类型相比，父母从事家庭生产经营（包括农业或私营企业）对孩子的教育有负面影响，其原因可能是，这些家庭的儿童上学的机会成本较高[⑤]。苏群和丁毅的研究发现，务农家庭子女辍学的概率要高于非农家庭。他们做出的解释是，从事非农职业的家庭，一方面，家庭总收入的增加降低了其面临的经济约束；另一方面，从事非农职业所带来的见识可以使户主更加明确教育对就业和收入的重要作用，从而制止子女过早离开学校[⑥]。许召元等利用 2007 年对北京、广州、南京、兰州和亳州 4 000 多名农村进城务工人员的调查数据，发现农民工所从事的职业对其子女是否随迁就读具有影响，农民工从事采矿业和建筑业对其子女进城

① 许召元，高颖，任婧玲. 农民工子女就学地点选择的影响因素分析[J]. 中国农村观察，2008（6）：12-21，80.

② 雷万鹏. 家庭教育需求的差异化与学校布局调整政策转型[J]. 华中师范大学学报（人文社会科学版），2012（6）：147-152.

③ 孙翠清，林万龙. 中国农村公共服务需求问题研究——基于农户的视角[M]. 北京：经济科学出版社，2011：110-111.

④ 张永强，杨中全. 中国西部农村家庭教育决策实证研究[J]. 中国青年政治学院学报，2010（6）：112-117.

⑤ Tansel A. Determinants of school attainment of boys and girls in Turkey: individual, household and community factors[J]. Economics of Education Review，2002（21）：455-470.

⑥ 苏群，丁毅. 初中阶段农户子女辍学行为影响因素分析——以闽北农村地区为例[J]. 中国农村经济，2007（6）：39-45.

上学有负向影响[①]。雷万鹏的研究发现，家长职业等级越低的家庭，对孩子在城镇学校就学的需求意愿越弱[②]。

2. 父母受教育程度对家庭教育需求的影响

几乎所有的对家庭教育需求影响的实证研究都涉及"父母受教育程度"这一因素。不仅如此，研究者还一致认为，父母受教育程度对家庭教育需求有极其显著的影响。王小龙的研究发现，家长中"是否至少有一人读过初中"对农户子女就读概率影响的系数估计值为 3 个百分点，且在 5%的显著水平呈显著性[③]。苏群和丁毅的研究发现，父母受教育程度的提高对初中阶段子女辍学有明显的抑制作用，但父亲教育程度的影响要显著强于母亲[④]。张永强和杨中全在控制了其他因素的条件下，父亲受教育年限每增加 1 年，孩子辍学的可能性就下降1.64个百分点，而母亲的受教育水平对孩子辍学的影响却不如父亲那么显著[⑤]。高梦滔、和云的研究发现，父母受教育程度的提高对于降低孩子辍学率具有显著的正向影响，尤其是母亲教育程度的作用更大[⑥]。杜鑫[⑦]和刘泽云[⑧]的研究发现，母亲受教育程度对孩子教育所起的作用要强于父亲受教育程度。可能的解释是，父亲由于担负着家庭的经济重担，从而对子女教育的关注较少；也或许是与父亲相比，母亲更善于与子女沟通与理解，从而其影响力更大[⑨]。

3. 家庭经济状况对家庭教育需求的影响

家庭经济状况是研究家庭教育需求时的关键变量，因为正如研究者所假

① 许召元，高颖，任婧玲. 农民工子女就学地点选择的影响因素分析[J]. 中国农村观察，2008（6）：12-21，80.

② 雷万鹏. 家庭教育需求的差异化与学校布局调整政策转型[J]. 华中师范大学学报（人文社会科学版），2012，51（6）：147-152.

③ 王小龙. 义务教育"两免一补"政策对农户子女辍学的抑制效果——来自四省（区）四县（旗）二十四校的证据[J]. 经济学家，2009，4（4）：52-59.

④ 苏群，丁毅. 初中阶段农户子女辍学行为影响因素分析——以闽北农村地区为例[J]. 中国农村经济，2007（6）：39-45.

⑤ 张永强，杨中全. 中国西部农村家庭教育决策实证研究[J]. 中国青年政治学院学报，2010（6）：112-117.

⑥ 高梦滔，和云. 教育质量与西部农村孩子辍学率：云南省的经验证据[J]. 中国人口科学，2007（4）：80-87，96.

⑦ 杜鑫. 中国农村青少年失学的影响因素分析[J]. 中国农村经济，2008（3）：50-56，64.

⑧ 刘泽云. 农村儿童为何失学？——基于多层模型的经验研究[J]. 北京师范大学学报（社会科学版），2007（2）：70-80.

⑨ 杜鑫. 中国农村青少年失学的影响因素分析[J]. 中国农村经济，2008（3）：50-56，64.

定的，教育和其他活动一样，存在经济约束。贝克尔曾指出，"美国的经验证据构成了这样一些含义：当非人力资本不被继承与它被继承时相比，孩子的教育更加依赖于父母的收入"①。吴伟等将家庭收入水平称作"需求的激励"因素②。

衡量家庭经济状况的指标通常有家庭人均收入、家庭总收入、家庭绝对收入和相对收入几种。苏群和丁毅将"家庭人均纯收入"作为家庭经济状况的替代变量，他们研究发现，家庭人均纯收入与子女辍学概率负相关，且影响显著，但其边际效应很小。这意味着家庭收入水平的提高虽有助于降低农户子女辍学的概率，但其作用非常有限③。杜鑫将家庭经济状况分解为"家庭年纯收入"和"家庭净资产"两个指标，他发现，家庭年纯收入与家庭净资产对青少年失学概率所起的作用正好相反，其中，家庭年纯收入系数估计值符号为正，但其显著性非常低；家庭净资产系数估计值为负，且在5%的水平上具备统计显著性率④。王小龙以"家庭财富状况"作为家庭经济状况的替代变量，研究发现，家庭财富状况为"好"和"较好"的农户的子女就读概率分别高于家庭财富状况为"差"的农户子女6个和3个百分点⑤。孙翠清和林万龙的研究发现，农户家庭收入水平对于农村家庭是否为孩子选择进城借读没有显著影响，但却显著影响到农户为子女支付借读成本能力的高低⑥。常宝宁同样用"家庭年纯收入"作为家庭经济状况的替代变量，并划分为"中等及以上"和"偏下"。他得出的研究结论是，家庭经济状况对儿童辍学的直接影响并不显著⑦。陶然等并未观测到流动家庭人均收入对其子女就学地选择的显著影响，但他们发现，农民工家庭收入的构成与子女就学地点的选择相关——农民工家庭非农收入在家庭总收入中所占份额越大，其子女被带到父母务工城市就读的可能性

① 贝克尔 G S. 家庭经济分析[M]. 彭松建译. 北京：华夏出版社，1987：137.

② 吴伟，安康，蔡慧. 影响高等教育个人需求的经济因素分析：综述与展望[J]. 现代教育管理，2009（2）：28-31.

③ 苏群，丁毅. 初中阶段农户子女辍学行为影响因素分析——以闽北农村地区为例[J]. 中国农村经济，2007，29（6）：39-45.

④ 杜鑫. 中国农村青少年失学的影响因素分析[J]. 中国农村经济，2008（3）：50-56，64.

⑤ 王小龙. 义务教育"两免一补"政策对农户子女辍学的抑制效果——来自四省（区）四县（旗）二十四校的证据[J]. 经济学家，2009，4（4）：52-59.

⑥ 孙翠清，林万龙. 中国农村公共服务需求问题研究——基于农户的视角[M]. 北京：经济科学出版社，2011：110-111.

⑦ 常宝宁. 免费政策实施后儿童辍学问题实证研究——基于 COX 比例风险模型的分析[J]. 青年研究，2010（6）：39-45，95.

越大[①]。

4. 父母外出务工与家庭教育需求的关系

在城镇化背景下，农村劳动力外出务工已呈常态化。父母外出务工改变了家庭的经济生态和教育生态，因此，也可能对家庭的义务教育需求产生影响。王小龙对四省（自治区）四县（旗）二十四校的经验研究发现，与父亲在本地务农相比，父亲外出务工（无论是在本地务工还是在外地务工）对子女在学有显著影响。同时，计量结果显示，母亲的务工经历并未对子女在学产生显著影响[②]。许召元等的研究发现，与夫妻中只有一人在外打工的家庭相比，夫妻双方同时外出打工家庭的子女在父母务工地上学的概率比前者高 19.8 个百分点[③]。

（三）非家庭的先赋条件与家庭教育需求

非家庭的先赋条件也可能对家庭的教育需求产生影响，如家庭所处地理环境影响家庭义务教育需求。王远伟的研究发现，不同地理环境下的家庭对孩子住宿地点的需求存在差异，在其样本中，家处山区、平原和丘陵地区学生在校寄宿的比例分别是 91.6%、81.8%和 76.9%[④]。

（四）政策因素与家庭教育需求

除了子女个人因素、父母个人及家庭因素、非家庭的先赋条件外，还有研究者将政策因素纳家庭入教育决策研究的模型中，如王小龙[⑤]、常保宁[⑥]研究发现，"免费义务教育政策"对农村家庭辍学决策产生了抑制效果。陶然等研究发现，流动人口的流出地和流入地的教育政策对流动人口子女就学地点的决策

---

① 陶然，孔德华，曹广忠. 流动还是留守：中国农村流动人口子女就学地选择与影响因素考察[J]. 中国农村经济，2011（6）：37-44.

② 王小龙. 义务教育"两免一补"政策对农户子女辍学的抑制效果——来自四省（区）四县（旗）二十四校的证据[J]. 经济学家，2009，4（4）：52-59.

③ 许召元，高颖，任婧玲. 农民工子女就学地点选择的影响因素分析[J]. 中国农村观察，2008（6）：12-21，80.

④ 王远伟. 中小学寄宿制引致的差异现象对寄宿学校与寄宿生的影响研究[R]. 北京师范大学博士后出站报告，2011：65.

⑤ 王小龙. 义务教育"两免一补"政策对农户子女辍学的抑制效果——来自四省（区）四县（旗）二十四校的证据[J]. 经济学家，2009，4（4）：52-59.

⑥ 常宝宁. 免费政策实施后儿童辍学问题实证研究——基于 COX 比例风险模型的分析[J]. 青年研究，2010（6）：39-45，95.

有重要影响[1]。

由以上研究可知，以家庭决策理论为基础对农村家庭教育需求进行研究的文献丰富。家庭的教育需求受制于孩子相关特征、父母个人及家庭特征、非家庭的先赋条件、政策因素等方面。这些研究对研究农村家庭义务教育需求在理论和方法上有较大的借鉴和启示意义。然而，笔者认为，以上影响农村家庭义务教育需求的因素均是客观因素，除此之外，农村家长的态度这种主观因素也可能对教育需求产生影响。例如，那些对"在县镇集中办学"持支持态度的家长的城镇化教育需求可能更强烈。因此，除了以上四种客观要素外，还应该将农村家长的主观态度这一关键要素纳入模型中来。因此，在本书中，笔者将影响农村家庭义务教育需求的各因素操作化时，既借鉴了既有研究的标准，更遵循数据的要求和研究目的的需要。

到目前为止，以需求理论、家庭教育决策理论为基，并借鉴其他研究的经验，给出农村家庭义务教育需求的模型。

农村家庭义务教育需求 $=f$（孩子相关特征，父母个人及家庭特征，父母认知态度，非家庭的先赋条件，政策因素）

本书的研究目的在于：以农村中小学布局调整为背景，以农村家庭义务教育需求为研究对象，在借鉴已有研究成果和方法的基础上，运用经济学的需求理论、家庭教育决策理论，以农村家庭微观调查数据和部分个案为主要资料来源，采用混合研究方法，客观翔实地呈现农村中小学布局调整背景下农村家庭义务教育需求的总体特征以及不同类型家庭义务教育需求的差异性，在此基础上，探寻影响农村家庭义务教育需求的主要因素。

---

① 陶然，孔德华，曹广忠. 流动还是留守：中国农村流动人口子女就学地选择与影响因素考察[J]. 中国农村经济，2011（6）：37-44.

第三章 研 究 设 计

第一节 研 究 问 题

一、从研究兴趣到研究问题

研究问题是在研究兴趣确定之后，对研究兴趣的进一步明确和细化，提出了研究的侧重点和角度。有学者曾作了这样一个生动形象的比喻，把选择一个"研究兴趣"比作一个拍摄场景，研究"不是要拍整个公园或者研究每一个拍摄对象的所有角度"[①]，而需要将研究范围逐渐缩小、聚焦，使问题的讨论成为可能。将研究兴趣聚焦为研究问题，其目的是确定研究的边界，使研究具有针对性。因此，研究问题更像是具体的目标，而非抽象的目的，由"研究兴趣"到"研究问题"的细化过程是一个由发散思维到收敛思维的过渡过程。正是明确的研究问题使得某项具体研究区别于同一兴趣的其他研究，这也在某种程度上决定了研究可能具有的价值。

本书以"农村家庭义务教育需求"作为研究兴趣，但是其范畴实在太"大"，因为农村家庭义务教育需求涵盖的内容太广，如对学校的需求、对课程的需求、对教师的需求等。如果将其视为一个整体来测度并不现实，它大大超出了资料收集的范围及笔者的可驾驭能力，因此，"我们在这里只能够对一个所涉范围更加广泛的问题中的某个特殊方面进行讨论"[②]。到目前为止，还没有一个完整的需求分析框架能够纳入教育需求的所有特征，更不用谈农村家

---

① 马奇 L，麦克伊沃 B. 怎样做文献综述——六步走向成功[M]. 陈静，肖思汉译. 上海：上海教育出版社，2011：9.

② 哈耶克 F A V. 经济学与知识[C]//邓正来. 哈耶克读本. 北京：北京大学出版社，2010：5.

庭义务教育需求了。因此，研究者只能从不同侧面来揭示农村家庭义务教育需求的表征，需要选择具体的问题和分析视角来切入农村家庭义务教育需求这个庞杂的体系。鉴于此，本书以全国10个省（自治区）为调研区域，以农村家庭义务教育需求为研究对象，以农村家庭不同维度的教育需求为分析重点。

二、研究问题的确定及其依据

农村家庭义务教育需求可以有不同的衡量指标，本书力求从城乡需求、质量需求、住宿地点需求和小规模学校需求四个方面探讨农村家庭义务教育需求问题。其理由如下。

1. 与农村家庭的现实选择相关

一般而言，农村家庭对义务教育的需求面临一系列选择行为：一是在哪里就读；二是在什么质量的学校就读；三是孩子就读期间在哪里住宿；四是是否希望孩子就近就读于小规模学校，这是一种特殊的需求。这四个方面的选择行为构成了本书农村家庭义务教育需求研究的主要内容。

2. 坚持教育研究的实践取向

对农村中小学布局调整背景下农村家庭义务教育需求进行研究，就要凸显"本土"特征，在教育研究与本土的现实生活之间建立一种直接的联系，这种联系使得该研究获得了坚实的现实根基。因此，就要对那些农村中小学布局调整背景下农村义务教育实践场域中特别敏感、特别重要的问题予以关注。

农村家庭义务教育城乡需求、质量需求、住宿地点需求和小规模学校需求与当前国家的教育政策和农村中小学布局调整的实践紧密相连。在农村中小学布局调整的过程中，把撤并农村小规模学校、发展县镇学校和集中举办寄宿制学校作为当前区域义务教育发展的重要经验。决策者的假设前提是：与农村学校相比，县镇学校具有无可比拟的优势；在义务教育基本普及以后，对优质教育的需求成为农村家庭的主导需求；寄宿制学校是解决农村中小学布局调整后学生上学远及农村留守儿童问题的重要举措；农村小规模学校质量低下，难以满足农村家庭义务教育的需求，是一种逐渐失去吸引力的教育组织形式。可以说，选择这几个维度是在教育理论研究与本土的教育现实生活之间建立一种直接的联系，是"教育研究应奠基

于教育生活世界"的要求①。在数据的衬托下,这几个主题连在一起共同
勾勒出农村家庭义务教育需求框架。

本书将沿着以下几个方面平行展开,四个研究问题的表述如下。

(1)农村家庭义务教育需求:城乡偏好。

(2)农村家庭义务教育需求:质量偏好。

(3)农村家庭义务教育需求:住宿地点偏好。

(4)农村家庭义务教育需求:小规模学校偏好。

对于以现实问题关注作为研究问题确定的分类标准的做法,笔者承认有
不妥之处,因为各维度之间有耦合,未遵循常规分类的互斥性原则,如县镇
学校多是质量较高的学校和寄宿学校。但需要指出的是,对"问题本身"的
关注是我们的着眼点,而"对分类的关注却不是我们的终极目的。像所有的
分类一样,社会科学中的分类方法对于我们想解释的任何东西来说只是一种
安排事实的便利方法而已"②。

第二节 研究方法

一、混合研究方法之考虑

(一)定量研究方法和定性研究方法之简述

根据研究目的的不同,社会研究方法可分为定量研究(也可称为量化
研究)和定性研究(也可称为质化研究)。袁振国认为,定量研究旨在确
定关系、影响、原因,而定性研究旨在理解社会现象③。对于定量研究而
言,其强调较大规模的资料收集,研究者希望把从样本中得出的结论推广
到抽取这些样本的整个人群④。定量研究方法重在对现象的内在规律进行
客观分析,提出具有逻辑一致性的解释结论,并利用经验资料对这些结论

① 李太平. 当前教育研究中需要注意的几种倾向[J]. 幼儿教育,2007(5):49.

② 哈耶克 FAV. 社会科学的事实[C]//邓正来. 哈耶克读本. 北京:北京大学出版社,2010:125.

③ 袁振国. 教育研究方法[M]. 北京:高等教育出版社,2004:11.

④ Rosier M. Survey research methods[C]//Keeves J. Educational Research. Methodology and Measurement:An International Handbook. Oxford:Pergamon,1998:107.

进行适当检验。定量研究通常采用问卷调查的方式收集信息，不仅可以以较低的时间成本方便、快捷地获得大量信息，而且可以提高研究的代表性。然而，问卷信息只能很好地刻画整体特征，但无法提供生动丰富的案例，也不能提供更多的经验材料和地方性知识，缺乏深入探寻，因此难以展现社会事实的多样性和特殊性。换言之，通过问卷所获得的信息并不能完全地告诉我们在教育的"现场"发生了什么，也无法勾勒出隐藏在问卷背后丰富的细节"故事"。因此，以访谈和观察为主要手段的定性研究方法也应在研究中得以推广。

Sherman 和 Webb 认为，定性研究意味着对"活生生的"、"感受的"或"经历的"经验的直接关心[1]，它尽可能详尽地考察较少数目的案例，这些案例被认为是有趣的或具有启发意义的。与定量研究不同，定性研究的目标着眼于"深度"而非"广度"。每一个收集到的故事都能够邀请读者参与到其中，去感受和理解真实的教育情境。"虽然从这种'故事'里无法归纳出其他人的生活所必须遵循的规律，但它提供了一个富有教益的实例：这种事是可能的，或者这种事是常有的。"[2]因此，在本书中，通过问卷调查获得具有"广度"的面上的信息后，笔者将信息收集的目光转向细节——具体的农村家庭的义务教育需求问题，企图获得有"深度"的细节信息，正如福柯所言："任何细节都是重要的，因为在上帝眼中，再大的东西也大不过一个细节，再小的东西也要受到他的某种意愿的支配。"[3]

（二）混合研究方法的选择

本书主要采用以定量研究为主、定量研究与定性研究相结合的混合研究方法。其原因如下。

（1）这是由研究方法的特征决定的。袁振国认为，定性和定量研究各有它们自己的特征，但在教育研究的运用中，二者的"连续性"多于"两分性"[4]。对于某项具体的教育研究而言，采用"纯粹定量"或"纯粹定性"

[1] Sherman R，Webb R. Qualitative Research in Education：Forms and Methods[M]. Lewes：Falmers Press，1998：7.
[2] 科恩 N C. 自我论：个人与个人自我意识[M]. 佟景韩，范国恩，许宏治译. 北京：生活·读书·新知三联书店，1986：265.
[3] 福柯 M. 规训与惩罚[M]. 刘北成，等译. 北京：生活·读书·新知三联书店，2003：158.
[4] 袁振国. 教育研究方法[M]. 北京：高等教育出版社，2004：11.

研究方法者少之又少，而多是这两种方法的综合，只是在重心上偏重某种方法而已。从社会科学研究的国际趋势看，当前很少有研究者将自己的研究绝对地划分到定量研究或定性研究的领域，更多研究实际处于二者构成的连续统一体之中。一种单一的方法即便是它再有用，也好比一个"独行侠"，因为它的能力是极其有限的，而使用两种或更多方法，可以验证正在收集的信息的可靠性。

（2）这是由研究的进程和研究的问题所决定的。在定量研究和定性研究两种研究方法中，并不存在哪一种方法具有更接近真理的排他性，最重要的意义在于，如何根据拟解决的问题来决定合适的研究方法。正如 Punch 所认为的，在这些情况下，最好的建议是，不要过早考虑方法（和工具）的问题，而应多考虑一些研究目的和研究的问题[1]。正像人们经常提出的那样，"你的研究问题应该决定你的方法"，而非相反。

混合研究方法以"问题"为中心，强调研究方法服务于研究目的的需要。本书关注的是农村家庭义务教育需求问题，从表面上看，这属于微观层面的研究问题，然而，对于作为一个整体的农村家庭在义务教育需求方面应呈现出怎样的特征的把握，以及哪些因素影响了家庭教育需求决策，这些问题需要将研究建立在大规模的量化数据的收集和统计分析的基础上；而对于具体的个体家庭的教育需求决策需要进行深度挖掘。任何单一的方法都无法对上述议题做出充分的回应。为此，本书采用了混合研究方法。

二、混合研究方法之运用

本书采用的是混合研究方法[2]。混合研究方法以实用主义为哲学基础，它是指"在同一研究中综合调配或混合了定量和定性研究的技术、方法、手

---

[1] Punch M. Introduction to Social Research：Quantitative and Qualitative Approach[M]. London：Sage，1998：245.

[2] Johnson 和 Onwuegbuzie 根据研究的分类以及开展一项混合研究考虑的方面而将混合方法研究划分为两种类型，即混合方法设计（mixed method design）和混合模型设计（mixed model design）。二者的相同点在于均是将量化和质化方法的路径融合在同一单项的研究中；而不同之处在于，混合模型设计将量化和质化方法路径的融合贯穿于研究的各个阶段，包括确定研究目标、收集数据并进行数据的分析和解释，而混合方法设计对混合方法的使用偏重于某一个阶段。具体区分见：Johnson R B，Onwuegbuzie A J. Mixed methods research：a research paradigm whose time has come[J]. American Educational Research Association，2004，33（7）：14-26. 在本书中，我们弱化了混合模型设计和混合方法设计的区分，而模糊地将兼具量化和质化特征的方法统称为"混合研究方法"。

段、概念或语言的研究类别"①。在本书中，混合研究方法的使用不仅体现在研究方法的总体设计上，而且切实地贯彻到研究的每个阶段，包括资料的收集、分析。

（一）资料收集阶段的方法

总体而言，本书的资料收集经历了两大阶段，在每个阶段，均采用了不同的混合研究方法。

1. 资料收集第一阶段：以量化为主的并行嵌套式策略

资料收集可以采用量化的方式进行（主要通过问卷调查的途径），也可通过质化的方式（主要通过深入田野展开具体的观察和访谈）。对于本书，在资料收集的第一阶段，采用了并行嵌套式策略（图 3.1），即量化数据的收集和质化资料的收集同时进行，并以前者为主。采取这种资料收集策略的理由如下。

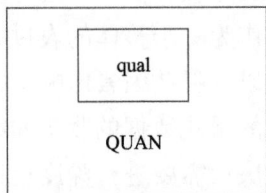

图 3.1　资料收集第一阶段的可视图

QUAN（quantitative 的缩写形式），代表定量研究；qual（qualitative 的缩写形式），代表定性研究；大写代表处于突出地位，而小写代表处于从属地位；方框代表定量和定性的数据收集。这些符号代表的意义在本书中其他可视模型中同样适用，因此在后面，相同符号的代表意义不再赘述

（1）由于农村家庭存在地理环境（如山地、丘陵和平原等类型）、经济区域（如东部、中部和西部的划分）等方面的巨大差异，为了获得尽可能全面丰富的农村家庭样本，以增强研究的代表性和提高研究结论的概推度，唯有通过对农村家庭义务教育需求的客观考察，特别是借助于大规模问卷调查的方法获取信息。也正因为如此，在资料收集的初期，笔者所在的课题组采用了"问卷调查"这种量化研究最重要的资料收集方式，对全国 10 个省（自治区）的不同区域、不同地理环境的农村家庭展开了大规模的问卷调

---

① Johnson R B, Onwuegbuzie A J. Mixed methods research: a research paradigm whose time has come[J]. American Educational Research Association, 2004, 33（7）: 14-26.

查，获得了大量的第一手信息资料。在剔除无效样本后，课题组获得的有效样本量为 6 105 份。

（2）在问卷调查的同时，调研人员对学校周边的农村家长采取偶遇式的访谈或者由学校组织家长进行焦点小组座谈，以弄清个案家庭在为孩子进行学校选择时是基于哪些方面的考虑，在这些因素中，何者的作用更大。然而，由于调研时间紧、任务重，这个阶段的访谈只是作为问卷调查的补充。

2. 资料收集第二阶段：以质化为主的混合研究方法

通过第一阶段以问卷调查为主的量化数据收集，可以对农村家庭义务教育需求有一个整体的判断，在此基础上，本书将农村家庭义务教育需求逐渐聚焦于受教育地点的城乡偏好、教育质量偏好和住宿地点偏好三个方面。通过对家长的访谈，笔者发现，不同家庭对以上几种教育需求的决策存在差异，但由于在资料收集的第一阶段，量化资料的收集是主要目的，运用访谈的方法并未收集到更多更详细的关于农村家庭进行学校选择的信息；此外，在访谈中我们发现，部分农村家庭对小规模学校也有较强的需求，而在家长问卷的设计中，并未对农村家庭小规模学校需求进行过多的涉及。在重新设计问卷不太现实的条件下，需要采集更多更详尽的信息来扩展或解释最初收集到的数据资料（图 3.2）。这也正是在资料收集的后期，笔者选择观察和访谈这种质化研究最常用的方法的原因。

图 3.2　资料收集第二阶段的可视图
虚线方框表示实际未进行，但是有现实影响；箭头表示数据收集的顺序；其他符号的意义同图 3.1

笔者以自身为研究工具，深入田野之中，通过对受访者的访谈，深入了解他们的内心体验、生命历程和生活意义。访谈是一种研究性交谈，通过访谈，研究者与被研究对象之间开展了一场持续深入的对话，研究者通过有目的地与受访者的对话收集有意义的信息。在访谈中，在征得访谈对象的允许后，笔者主要采用录音或纸笔记录的方式记下信息。与纸笔这种传统的信息记录方式相比，录音不但效率更高，而且不会影响访谈的进度。

（二）资料分析阶段的方法

实地调研的结束仅仅是研究工作的起点，它是资料收集的过程，但是对收集到的资料分析整理才是研究工作更为关键的环节。德国著名社会学家阿特斯兰德曾经这样告诫人们，原始资料绝对不会进行自我解释，数据需要被解释[1]。换言之，数据本身不是研究的最终目的，数据本身无价值，如何对数据进行分析，赋予其经济学、社会学的意义，这才是最重要的。解释数据的过程即进行资料分析的过程。在资料分析阶段，研究者同样采用了混合研究的方法，对不同问题采取不同的分析方法。

1. 量化分析方法

量化分析的最大特点是让数据说话，用数据去还原、再现现实中发生的故事，发现故事背后隐藏的规律。在本书中，量化分析包括描述性统计和推断性统计。描述性统计分析是一种不可或缺的方法，同时也是研究者普遍采用的一种分析方法。本书的描述性统计分析包括单变量分析和双变量的二元交互分析。对样本基本特征的描述采用的是单变量分析，如农村家庭在对受教育地点的选择上呈现出什么样的整体特征；二元交互分析将提供自变量与因变量之间是否存在关联及存在怎样关联的信息。在本书中，对不同家庭义务教育需求的差异性分析主要采用双变量二元交互分析的方法。

推断性统计分析也是本书采用的一种分析方法，它是在控制了其他因素的前提下探讨自变量与因变量之间的独立关系。在本书中，对影响农村家庭义务教育需求的因素进行计量分析时，依赖于研究目的和数据特点，主要采用的是二元 Logistic 回归分析和有序 Logistic 回归分析的方法，以确定哪些因素影响农村家庭对义务教育的需求，众多影响因素中究竟哪些因素对农户义务教育需求发挥主要作用，其作用的机制及其背后的原因是什么。本书应用了多种统计分析方法和模型，以期很好地挖掘数据的价值，获得更深刻的研究结论。

2. 质化分析方法和行文

通过定量分析，可以观察到农村家庭义务教育需求的结果。例如，在受

---

① 阿特斯兰德 P. 经验性社会研究方法[M]. 李路路，等译. 北京：中央文献出版社，1995：1.

教育地点的城乡需求上，研究发现，近80%的农村家庭希望子女就读于县镇学校，然而，从量化分析中很难洞察农户进行教育决策的过程。换言之，量化分析虽然能对农村家庭义务教育需求进行一个整体轮廓的勾画，但却很难对农村家庭义务教育需求的过程给予细腻、完整、淋漓尽致的呈现，因为一个静态的描述是无力表达动态的历史和现实的。这只能借助于质性资料的分析予以呈现。

与量化信息的条理性和规范化不同，质化信息量大且庞杂。例如，同样是对于农村小规模学校的问题，不仅不同的利益相关者（如教育行政官员、校长、教师、家长）的态度具有较大的差异，甚至是同一群体内部（如家长）的意见也是复杂的。怎样用有用的和有意义的方式整理这些质性资料成了重要的问题。质化资料的整理是一个长期且反复的过程，正如列维·斯特劳斯所提出的："一个情境的真相并不能在日常的观察中看到，而是要在一种有耐心的、一步一步慢慢来的蒸馏过程中去寻找……探险并不是单纯的走过很多表面上的距离，而应该是一种深入的研究：一件一闪即逝的小插曲，一片风景的片面，或是一句偶然旁听到的话，可能就是了解及解释整个区域的唯一关键所在，如果缺少那个关键，整个区域可能就不具任何意义。"[①]

与对量化资料的分析不同的是，对质化资料的分析延续整个研究过程。具体而言，经历了以下几个阶段：①对单个个体或一次访谈的资料进行初步整理。在访谈时，主要采用录音的方式，然而，录音只是整个研究"战斗"中的一小部分，在每次访谈结束后，笔者会及时地将录音资料转换成电子文本，然而，将录音转换成文字耗费的时间和精力难以想象。一般情况下，对一小时的录音资料花上三四倍的时间进行整理是很正常的，因为录音中可能涉及访谈对象以外的其他人名、地名，还可能涉及令人费解的需要研究者猜测的方言，这时作为研究者的笔者会通过电话访谈等方式向受访者求证。受访者在接受访谈时所表现出来的坦诚、认真和信任让笔者觉得在录音资料整理中所投入的时间和精力是值得的。②对常见因素和不同观点按照主题进行编码分类，这个表面看起来异常耗时的步骤对于分析农村家庭义务教育需求的几个重要议题是大有裨益的。③概括个案之中具有重要意义的特征，对其意义进行提炼和升华，在理论上加以提升，

---

① 斯特劳斯 L. 忧郁的热带[M]. 王志明译. 北京：生活·读书·新知三联书店，2000：24.

以实现"走出个案"的学术抱负[①]。

在对质性资料分析的行文过程中，笔者尽可能采用被访者的原始语言，引用访谈中的原话，通过"研究对象自身的理解而不是通过外部观察者的理解来把握现实"[②]。这样操作的好处在于：①使用生活中的朴素的语言有助于使研究从抽象的观念化的世界回归到具体的生动的现实世界中去。通过使用受访者的原话，能够知道他们的所思所想，真实地呈现出一幅生动的农村家庭义务教育需求的画卷。②引用受访者原话的部分原因来自这样一种信念，即相信用他们（即农村家长）自己的理解和表达方式来关注他人的经验在政治上和认识论上具有重要意义。③从最普通大众的利益出发，产生一种对抗来自外部的高高在上的主流话语的愿望。在这个主流话语框架中，弱势群体常常被表现为被动的客体，不能为自己辩护，也缺乏为自己辩护的话语权和能力。

需要指出的是，尽管在行文中尽可能地引用受访者的原话，然而在具体的引用过程中，采取的形式是多样的：有时以整个"故事"的形式出现，以凸显故事的完整性。"故事"是通过语言、图像予以传达的一个场景，该场景由一个或多个行动者与一个情节——行动者、事件、时间和地点之间按某种顺序建立起来的特殊关联；有时却是以"片断"的形式出现，片段是一句话甚至一个短语，选择这些"片断"，是因为它们在某些方面能够反映农村家长叙述的典型性或代表性的东西，它们概括了对许多人来说是共同的或个别化的经验信息，或者是因为它们以简洁的方式传达和唤起了有关那些经验的"感觉"。笔者选择了这些引文，将它们置于文本之中，以便达到特殊的效果。

笔者相信，通过对量化数据和质化信息这些既相互独立又相互重叠的关联数据的分析，会加深读者对农村家庭义务教育需求几个主题的领悟和理解。

在本书中，研究方法可以通过可视图 3.3 显示。作为研究方法的一张"快照"，这张可视图清晰地展示了各阶段的主要研究方法及其产出结果。

---

① Walton J. Making the theoretical case[C]//Charles C R. Howard S B. What Is a Case ? Exploring the Foundations of Social Inquiry. Cambridge：Cambridge University Press，1992：122.

② 杰华 T. 都市里的农家女：性别、流动与社会变迁[M]. 吴小英译. 南京：江苏人民出版社，2006：8.

研究阶段	研究方法和工具	研究产出

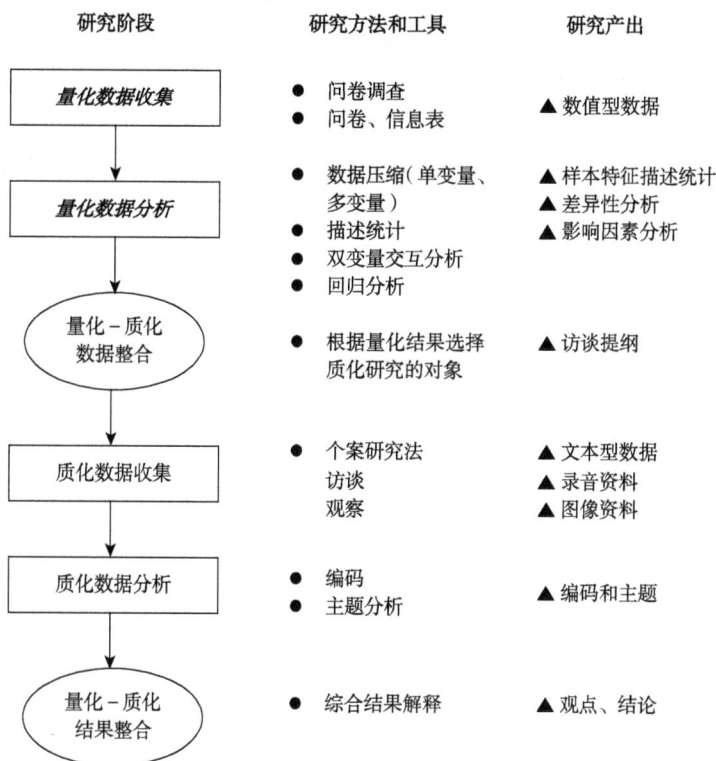

量化数据收集
- 问卷调查
- 问卷、信息表

▲ 数值型数据

量化数据分析
- 数据压缩(单变量、多变量)
- 描述统计
- 双变量交互分析
- 回归分析

▲ 样本特征描述统计
▲ 差异性分析
▲ 影响因素分析

量化－质化数据整合
- 根据量化结果选择质化研究的对象

▲ 访谈提纲

质化数据收集
- 个案研究法 访谈 观察

▲ 文本型数据
▲ 录音资料
▲ 图像资料

质化数据分析
- 编码
- 主题分析

▲ 编码和主题

量化－质化结果整合
- 综合结果解释

▲ 观点、结论

图 3.3 本书研究方法的可视图

方框表示研究的阶段，椭圆表示两种方法的整合；加粗表示占优先地位的研究方法，箭头表示研究实施的顺序

第三节 资料来源和样本选择

一、资料来源

本书所用数据信息主要有两大类型：量化数据和质化信息。不同类型的资料有不同的来源。

（一）量化数据的来源

本书量化数据主要有两大来源：其一，国家权威统计机构出版或公开发行的统计数据，包括国家统计局出版发行的《中国统计年鉴》；教育部出版发行的《中国教育统计年鉴》；其二，也是本书中最主要的数据，来自华中师范大学雷万鹏教授所承担的教育部哲学社会科学研究重大课题攻关项目"义务教育学校布局问题研究"。为从多个利益主体的角度收集更丰富的信息，课题组根据既有研究文献和研究目的的需要设计了相关调查问卷和调查信息表①。调查问卷分为三种："义务教育学校布局调查（学生卷）"（简称"学生卷"）、"义务教育学校布局调查（家长/监护人卷）"（简称"家长卷"）和"义务教育学校布局调查（教师卷）"（简称"教师卷"）；调查信息表有两种，分别是"义务教育学校布局调查（县市信息表）"（简称"县市信息表"）和"义务教育学校布局调查（学校信息表）"（简称"学校信息表"）。"学生卷""家长卷""教师卷"分别由所抽取的样本学生、家长/监护人、教师填写；"县市信息表"是对调研样本省（自治区）内所有县（市）的普查，发放对象是 10 个样本省（自治区）县教育局，由县（市）教育局负责人或者主管基础教育工作的负责人作答；"学校信息表"同样采取普查方式，在每个样本县（市）内，对所有义务教育阶段的学校进行调查，其填写对象是学校校长或学校其他负责人。

"农村家庭义务教育需求"是"义务教育学校布局问题研究"重点关注的系列主题之一。在本书中，主要使用来自"家长卷"的信息，因为学生作为义务教育这一公共服务的直接消费者，那么家长便是学校教育的"间接消费者"，家长作为子女的监护人，自然需要对子女接受义务教育的地点、学校质量、住宿地点及学校类型进行选择并具有发言权。家长的意见和态度对地方教育改革起着无可替代的作用。"家长卷"的内容包括家长个人特征、子女个人特征、家庭社会经济背景、家长对子女义务教育需求的意愿、家长对学校布局调整的态度、家长对学校布局调整效果的评价等内容。

（二）质化信息的来源

本书主要数据来源于笔者所在的课题组对全国 10 个省（自治区）学校布局调整研究中涉及农村家庭教育需求议题的相关数据，由于调研问卷并

---

① 在调研工具的设计中，来自教育部基础一司、教育部教育发展研究中心、北京大学、北京师范大学、中国人民大学、中国农业大学、华中师范大学等单位的领导、专家和学者，为本书研究提供了极有价值的建议，在此表示感谢！

非专门为研究农村家庭义务教育需求而设计，难免会出现信息缺失或不足的情况。笔者采用的方法是，对于问卷中未涉及或涉及有限的信息，通过实地的田野调查方式获得信息；另外，通过田野调查和个案对问卷中的信息进行验证。

量化研究数据"是用来表达总数和平均数的，而这种总数和平均数就必然掩盖了其中的差别和差距，这种差别和差距也许是很大的"[①]。因此，如果要对农村家庭义务教育需求进行更深入的分析和研究，就必须进行更深入的观察和访谈。为此，笔者和所在研究团队走向田野，对湖北、河南、山西、陕西等地的农村家庭义务教育需求进行了深入的实地调研，"在自然情境中"，通过与农村家长的互动、倾听、对话、观察等方式来获取第一手研究资料。尤其是随着调查的深入，笔者发现除了在问卷中所涉及的农村家庭义务教育的城乡需求、质量需求、寄宿制学校需求之外，还存在一种重要的需求——小规模学校需求。因此，笔者将这种需求类型补充到研究中，主要通过实地访谈的方式收集资料。

二、样本选择

（一）量化样本选择

一般而言，对于量化研究而言，研究者不可能穷尽对所有目标群体的研究，即使在总体数量不太大的情况下亦是如此。研究者通常的做法是：选择部分具有代表性的样本，期望从这些具有代表意义的样本中所获得的研究结论概推到总体中。因此，如何选择最能代表总体的样本就成了关键。

本书使用的信息主要来自"家长卷"，因此，这里所说的样本选择主要是对家长样本的选择。毫不夸张地说，与对学生、教师、教育行政人员的调查相比，对学生家长的调查要困难得多。尤其是随着城镇化进程的加快，越来越多的学生因家长流向城市务工而成为"留守儿童"，他们由祖父母、外祖父母或其他临时监护人代为监护。基于这一原因，本书的"农村学生家长"既包括学生的父母，也包括非父母的其他监护人[主要是（外）祖父母辈监护人]。但为了行文方便性的考虑，在下文中若无特殊原因，一律将

---

① 联合国教科文组织. 学会生存：教育世界的今天和明天[M]. 华东师范大学比较教育研究所译. 北京：教育科学出版社，1996：49.

"家长"和其他"监护人"统称为"家长"。

1. 家长样本选择的基本方法

　　了解农村家庭的义务教育需求是农村义务教育有效供给的重要途径，而了解农村家庭义务教育需求的最简便方法就是通过精心设计的问卷询问农户的义务教育需求意愿。一般而言，对学生家长的样本选择可以采用两种方法。方法一，间接选样法。基本流程如下：按照一定的标准选取学校，以学校为单位随机抽取一定的班级，继而对选定班级的学生进行整群抽样，这些所抽取的学生家长即为家长样本，由学生将问卷转交给他们的家长，由家长填答问卷。方法二，直接选样法。根据一定的选样标准选择具有典型代表性的农村，由调查人员直接深入农村和农户中去，直接向家长派发问卷，由他们作答（图3.4）。

图 3.4　农村家长认真地作答问卷

　　以上两种选样方法各具利弊。间接选样的方法简捷方便，减少了研究者样本寻找的困难，但其缺点也很明显，它增加了问卷的"流通"环节，如果由学生将问卷带回家，学生的粗心或担心[①]可能导致问卷的"丢失"，或者学生未将问卷交给家长，反而自行填答，从而影响调查的可信度；直接选样方法的优点是直接面向学生家长，针对性强，更方便调研人员与学生家长的

----

　　① 在调研中我们发现，有的学生，尤其是成绩处于下游的学生，一见到纸质的类似考卷的东西就有所恐惧。

直接沟通，既有利于家长更充分地了解问卷内容，又有利于调研人员收集问卷中尚未涉及的信息。此外，由于问卷填答是在调研人员直接指导下完成的，故回收的问卷基本上是有效问卷。然而这种方法比较费时、成本较高、效率较低，在一定程度上会影响样本的覆盖面。在实际的调研过程中，综合使用直接和间接两种调查方法进行家长样本的选择，其中，以间接选样为主，直接选样为辅，使其优势互补，以获取更全面真实的信息。

2. 样本选择过程

能否有效选择研究样本，是实证研究成功与否的关键。样本选择有多种方法，根据是否遵循概率论的随机原则，抽样可分为非概率抽样和概率抽样。尽管这两种抽样方式各具特点，但是对于大规模的调查而言，非概率抽样存在较大的局限性和缺陷，而按照概率论原则所做的抽样以缜密的数学原理为依据，相对精确。概率抽样又可具体划分为简单随机抽样和分层抽样（stratified sampling）。其中，分层抽样是研究者根据有关信息按照一定标准先将目标总体划分成若干层次，然后从各层次中随机抽取个体以组成总的样本。因此，与简单随机抽样相比，分层抽样的样本代表性更强，由该样本得出的研究结论的概推度也越高。程黎等认为，采用分层随机抽样的样本选择原则，选择的家长样本群体便是社会公众群体的一个缩影，他们对教育的意见和建议具有广泛的代表性[①]。分层随机抽样正是本书进行家长样本选择的基本原则。间接样本选取包括调查省（自治区）、县（市）、乡（镇）、学校的选取、学生及家长的选择，采取逐步推进的样本选取策略，即先抽取省（自治区）、省（自治区）抽县、县抽乡（镇）、乡（镇）抽学校、学校抽班级。

（1）省（自治区）样本选择。调查要在全国范围内具有代表性，因此样本的省（自治区）分布非常重要。综合考虑我国地区间经济、社会、地理环境和教育方面的差异，共选取东、中、西部 10 个省（自治区）。按照学界普遍认同的区划标准，其中，东部地区包括浙江省、山东省；中部地区包括山西省、河南省、湖北省、湖南省、黑龙江省、安徽省；西部地区包括广西壮族自治区和青海省。

（2）县（市）及乡镇样本选择。在样本省（自治区）确定下来以后，再按照选取样本省的标准，在每个样本省（自治区）选择 3~5 个样本县。在确定

---

① 程黎，冯超，韦小满. 北京市公众基础教育满意度问卷编制[J]. 教育学报，2011（3）：85-91，104.

样本县（市）时，听取各样本省（自治区）教育厅的建议。之后，按照同样标准确定样本乡镇，每个县选取 3~5 个乡镇。样本省（自治区）及县市的样本分布见表 3.1[①]。

表 3.1 调研省（自治区）、县（市）样本分布

地区	样本省（自治区）	样本县（市/区）
东部	浙江省	玉环县、椒江区、临海市
	山东省	临邑县、钢城区、曲阜市、莒县、博兴县
中部	山西省	阳泉县、祁县、和顺县
	河南省	襄城县、新县、汇源区
	湖北省	五峰县、阳新县、洪湖市
	湖南省	新邵县、隆回县、岳阳县
	黑龙江省	肇源县、青冈县、富锦市、伊春市林业局、道外区
	安徽省	居巢区、无为县、芜湖县
西部	广西壮族自治区	隆安县、平果县、钦南区
	青海省	大通县、共和县、贵德县、乐都县、泽库县

（3）样本学校的选择。在县（市）及乡镇样本确定后，在每个乡镇分别选取 3~5 所学校。为使研究更具代表性，在进行学校样本的选择时，分别从学校类型（包括初中、九年一贯制学校、完全小学、村小和教学点等）、学校位置（农村、乡镇和县城）几个角度分层随机抽样。

（4）家长样本的选择。在样本学校确定下来后，在每个样本学校，首先按照年级分层抽样，原则上以高年级为主[②]，但也包括低年级；接着，在选定的年级随机抽取班级（这是针对每个年级存在两个及以上班级的情况，对于只有一个班级的年级则不存在该问题）；最后，对所抽取的班级采取整群抽样，每个学生都包括在其中，由他们将问卷带给家长填答。样本选择顺序见图 3.5。

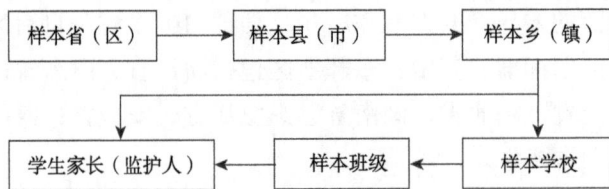

图 3.5 样本选择顺序

---

① 根据数据到达情况，内蒙古自治区的"家长/监护人"数据不在此次数据分析之列。
② 为了不同样本数据的匹配，我们在调研中主要选择了小学高年级及以上的义务教育阶段的学生，因为与小学低年级学段的学生相比，小学高年级及以上的学生能够独立填写问卷，表达自己的观点。

在问卷调查中，由调研人员给调研对象讲解问卷调查的意义和填写的注意事项。为提高问卷回收的效度，调研人员对学校领导、班主任及学生提出不同的要求。对于非寄宿生而言，将问卷直接发放给学生，由家长填答后，再由学生带回，当日或次日将问卷上交给班主任；而对于在校寄宿的学生，由班主任在周末学生回家时将问卷集中发放给他们，待学生返校时再统一回收。班主任将收齐的问卷交给相应的调研人员。无论是寄宿生还是非寄宿生，调研人员都对其提出几点要求：①"家长卷"调查以家庭为单位，且必须由父母或其他监护人（如祖父母、外祖父母等）作答，而不能由学生个人自行作答；②如果家长确实无法作答，便要求学生将空白问卷带回、上交；③小学高年级及初中生可以帮助文化程度较低的家长阅读问卷、指导其作答，但是填写内容应是家长的真实意思表示。

（二）质性样本的选择

与问卷样本的选取方法不同，笔者采用立意抽样的方法选择质性样本。对于质性资料的选取，调查者的主要考虑"不是把研究发现概推到广泛的群体或宇宙，而是最大限度地发现具体研究语境中出现的异质模型和问题"[①]。笔者作为研究者，为挑选质性研究对象确立了原则，这些原则既有助于研究目的的实现，又有助于确定研究者和研究对象之间的关系。当然，这些原则也掺杂着一些笔者个人的"偏见"。

1. 进入调查现场方便性的考虑

在质的研究中，进入调查场景的途径同样是实地调研中需要考虑的重要问题，因为研究者进入现场的途径和方式在很大程度上决定了调查的难易程度以及研究的效度。田野调查经验丰富的学者曹锦清曾对入场方式的重要性有精彩的论述："要使调查到的农村社会生活保持如其所是的那个样子直接显现在调查者的眼前，调查者进入调查现场的方式及其主观态度起着决定性的作用。"[②]调查者是采用"官方"途径还是"民间"途径，调查者是放下姿态向受访者学习还是高高在上，这些都与进入研究现场的途径相关。

① 欧兰德森 D A，哈里斯 E L，史克普 B L，等. 做自然主义研究：方法指南[M]. 李涤非译. 重庆：重庆大学出版社，2007：60.

② 曹锦清. 黄河边的中国——一个学者对乡村社会的观察与思考[M]. 上海：上海文艺出版社，2000：15.

做过田野调查的研究者，尤其是没有政府工作人员引领进入现场的研究者都有这样的感受：田野调查过程就是不断碰壁的过程。曹锦清曾这样描述田野调查的感受："到处都是墙，到处都是封地，到处都是忌讳，到处都是防范。正是这些无形的围墙、封地、忌讳与防范把社会生活的真实裹得严严实实。一个学者的社会调查，竟像是刺探军事情报的特务似的，反正觉得不太光明磊落。"①为避免和减少这种猜疑和不信任，曹锦清是通过朋友、熟人的介绍进入不同的村庄，从而收集到翔实而宝贵的资料，最终完成其经典之作《黄河边的中国——一个学者对乡村社会的观察与思考》。在调查中，他的一个"线人"——一个当地的朋友曾一针见血地指出："朋友、熟人与陌生人；亲人、自己人与外人；圈内人与圈外人之间区分十分明显，总觉得有一道无形的墙。只有在亲友圈内，我们才感到无拘无束，谈起话来也才无所不说，无所顾忌；在陌生人、圈外人间，总有意无意地加以设防，或不知所措。"②正是因为有了私人关系的介入，这种顾忌和猜疑才会减少，交流才会变得顺畅。作为一个经验相对丰富的田野调查者，笔者也曾经历过因"身份"被误解而闹出笑话的尴尬③。

由于在实地调查中采用的是以研究者本人作为工具、凭借私人亲友关系网络进入研究现场的方式，因此在一个具体的调研场景中只有笔者与受访者，而不用担心他人尤其是政府人员的干预。因为一旦有政府介入，"不管有多么宽松和地方化，所有研究都是在某种程度上的官方监视的情况下进行的。这意味着所有访谈皆为公共事件，受访者很明确至少是在他们自己的村里为公共事件做陈述"④。在选择个案时，尽量选择能够方便沟通的个案。例如，在对农村小规模学校需求进行研究时，主要是以湖北省 B 县 Y 镇 Z 村为例，这里是笔者丈夫的家乡，再加上他的父亲是一位有着三十多年教龄的镇中心学校教师，在当地有丰富的人脉关系，我在他的介绍下，较顺利地选取所需要的样本，并相对容易地进入村民家中进行访谈，而不需要将时间和精力用来处理与研究无关的人际关系上。

---

① 曹锦清. 黄河边的中国——一个学者对乡村社会的观察与思考[M]. 上海：上海文艺出版社，2000：415.

② 曹锦清. 黄河边的中国——一个学者对乡村社会的观察与思考[M]. 上海：上海文艺出版社，2000：487.

③ 叶庆娜. 农村留守女童弱势地位研究——基于西湾村的调研[D]. 华中师范大学硕士学位论文，2005.

④ 朱爱岚. 中国北方村落的社会性别与权利脚[M]. 胡玉坤译. 南京：江苏人民出版社，2004：14.

2. 个案代表性的考虑

在过去近一百年的时间里，经由人类学、社会学的共同推动，个案研究已经成为人文社会科学研究中最重要的研究取向之一①。研究者谨慎选取一个或少数几个关键个案来彰显某个议题，并对之进行深入分析研究。尽管几乎没有学者会宣称个案就是个案本身，研究者都试图对一个或少数几个个案中得出的信息进行某种形式的概括。但由于研究个案数量的局限性，再加上个案研究注重描述和细节、对特殊性情有独钟，任何个案研究都很难实现"由窥个别而看全貌"的效果。尤其是对中国这样地域差异如此广大、社会关系异常复杂、社会变革如此急剧的国家，如果试图通过某项实地调查来对中国的总体特征进行推导，就会犯以偏概全的错误。然而，按照费孝通先生之类型学的观点，本书所反映出的问题至少代表了某一种类型，典型个案就是总体的微缩景观，可以通过微观反观宏观。因此，即使是特殊个案也会有某种普遍性的意义。

于是，对于研究者而言，选择那些会使自己获得最大收获的个案就显得尤其重要。例如，在陕西省 S 县进行调研时，笔者发现 D 教学点极具代表性：一个教师，21 个学生，在一间教室里开展从幼儿园到小学二年级的复式教学，在其他地方因被认为是落后的教学组织形式而逐渐失去市场的教学点，却得到党家沟村村民的高度认同。尽管当天的调研任务重、时间急，但笔者及同行人员仍驱车几十里路，踩着泥泞，专门奔赴该教学点进行了实地考察，并对教学点教师和农村家长进行了认真的访谈。结果发现，这确实是一个难得的具有代表性的个案。

第四节 样本基本特征

本书所使用的数据来自华中师范大学雷万鹏教授承担的教育部哲学社会科学研究重大课题攻关项目"义务教育学校布局问题研究"调研的大型数据库。本次调查的对象包括家长/监护人、教师、学生、学校行政人员和县市

---

① 卢晖临，李雪. 如何走出个案——从个案研究到扩展个案研究[J]. 中国社会科学，2007（1）：118-130.

教育主管部门负责人。根据研究需要，本书主要从"义务教育学校布局问题研究"资料库中抽取了部分数据，其中主要是"家长卷"的相关信息。非特别说明，本书所用数据均来自此次调研。

一、家长样本基本特征

表 3.2 是不同省（自治区）的家长样本分布情况。在本次调查中，家长样本来自东中西部的 10 个省（自治区），经数据过滤和清洗后，有效样本共计 6 105 人。从样本在不同省（自治区）的分布看，黑龙江、山东、浙江、山西、河南、湖北、湖南、安徽、广西、青海的样本分别占总样本的 9.4%、13.8%、7.2%、13.1%、12.3%、2.7%、4.1%、12.0%、5.6%和 19.8%。

表 3.2 家长样本的省（自治区）分布

省（自治区）	家长样本	百分比
黑龙江	571	9.4%
山东	841	13.8%
浙江	440	7.2%
山西	799	13.1%
河南	750	12.3%
湖北	168	2.7%
湖南	251	4.1%
安徽	735	12.0%
广西	344	5.6%
青海	1 206	19.8%
总计	6 105	100.0%

表 3.3 是对家长样本基本信息的描述。在有效样本中，男性和女性家长分别占 59.6%和 40.4%，男性家长所占比例高于女性；从年龄看，农村家长的平均年龄为 39.7 岁；从受教育程度看，农村家长的受教育程度普遍偏低，其中，受教育程度为"小学及以下"者占 24.8%，"初中"教育程度者占 55.3%，高中教育程度的家长占 15.9%，大专及以上者占 4.0%；从家长所从事的职业类型看，尽管农村家长职业出现分化，但以农业为生者仍占绝大多数，其比例为 78.9%，工人占 8.9%，个体户或商业人员占 6.7%，专业技术人员（如教师、医生等）占 3.6%，其他职业类型占 1.9%。

表3.3　农村家长样本基本特征描述（*n*=6 105）

类别	百分比	类别	百分比
受教育程度		性别	
小学及以下	24.8%	男	59.6%
初中	55.3%	女	40.4%
高中（中专）	15.9%	地理环境	
大专及以上	4.0%	山区	37.6%
职业		丘陵	12.4%
农民[1]	78.9%	平原	36.5%
工人	8.9%	其他	13.5%
个体户或商业人员	6.7%	外出务工情况	
专业技术人员	3.6%	父亲一人外出务工	34.8%
其他	1.9%	母亲一人外出务工	3.7%
家庭总收入		父母都外出务工	13.5%
5 000 元以下	26.2%	父母都在家	48.0%
5 000~15 000 元	50.1%	孩子就读年级	
15 001~30 000 元	21.5%	1~3 年级	18.0%
30 000 元以上	2.2%	4~6 年级	46.0%
		7~9 年级	36.0%

注：此样本中农村家长的平均年龄是 39.7 岁

1）此处的"农民"，指"职业的农民"，是以土地为主要生产资料，并长期和专门从事农、林、牧、副、渔业的劳动者

　　家庭社会经济状况是一个重要的样本特征。从家庭的年总收入看，家庭年总收入在 5 000 元以下的家庭占 26.2%，年收入在 5 000~15 000 元的家庭占 50.1%，年收入在 15 001~30 000 元的占 21.5%，年收入在 30 000 元以上的家庭占 2.2%。可见，从家庭收入情况来看，受访农户收入水平普遍较低，但出现了较高程度的分化。

　　从家庭所处的地理环境类型看，样本几乎涉及我国所有的地理环境类型，其中山区、丘陵和平原是本次调查的主要地理范围，分布于山区、丘陵、平原的家庭分别占 37.6%、12.4%和 36.5%，其他地理环境的家庭占 13.5%。

　　从父母外出务工情况看，样本中"父母至少有一人外出务工"的比例和"父母均在家"的比例参半，其中，"父亲一人外出务工""母亲一人外出务工""父母都外出务工""父母都在家"的比例分别为 34.8%、3.7%、13.5%和 48.0%。由此可见，一方面，外出务工已经成为农村家庭的生活常态及农村

劳动力获取收入的主要方式；另一方面，在家庭内部，在外出务工方面存在一定的性别分工，孩子父亲外出务工的比重为 48.3%[①]（48.3% = 34.8%+13.5%），远高于母亲外出务工的比重 17.2%（17.2% = 3.7%+13.5%）。

从孩子就读的年级看，本次调查涵盖义务教育阶段各个年级，但以小学高年级和初中为主，其中，孩子就读小学 1~3 年级的家庭占 18.0%，就读4~6 年级的家庭占 46.0%，就读初中的家庭占 36.0%。

通过对样本特征数据的基本描述可知，"家长卷"调查样本量大、涉及范围广、样本代表性较高，这些均能说明该研究的代表性及研究结论的适度概推性。

二、其他样本概况

本书尽管主要使用"家长卷"包含的信息来对农村家庭义务教育需求进行分析，然而，在具体的分析中，研究也使用了来自"县市信息表""学校信息表""学生卷""教师卷"的数据信息，其他样本的分布及样本量如表 3.4 所示。

表 3.4　其他样本分布及样本量

调查对象	分布区域	样本量
县/市教育行政部门	10 省（自治区）	648
学校	11 省（自治区）	4 011
教师	10 省（自治区）	12 353
学生	10 省（自治区）	46 912

表 3.4 是本次调查获得的县/市教育行政部门、学校、教师、学生的样本量信息。从表 3.4 可以看出，本次调查的县/市教育行政部门样本为 648 个，学校样本量为 4 011 个，教师样本量为 12 353 个，学生样本量为 46 912 个。关于县市、学校、教师和学生的其他信息，详见对农村家庭义务教育需求分析的相关内容。

---

① 样本中，父亲外出务工的比重=父亲一人外出务工的比重+父母均外出务工的比重；母亲外出务工的比重的计算方法，同上。

第五节 逻辑思路和结构安排

一、逻辑思路

本书以农村中小学布局调整为背景，以农村家庭义务教育需求为研究对象，主要从受教育地点的城乡需求、教育质量需求、孩子就学期间的住宿地点需求及农村小规模学校需求四个方面对农村家庭义务教育需求进行考察，并根据农村家庭教育义务需求的特征给出相应的对策建议。具体而言，农村家庭希望他们的孩子就读于县镇学校还是农村学校？他们对孩子接受更好教育的需求程度怎样？他们希望孩子在家里住宿还是在校住宿？他们是否希望孩子就读于小规模学校？哪些因素影响到农村家庭的义务教育需求？如何将农村家庭义务教育需求体现在政策设计方面？对农村家庭义务教育需求的研究需要对以上几个问题做出回答。

二、结构安排

按照上述逻辑思路，本书共设计了四大部分、七章内容。

第一部分是研究的导论部分，主要是第一章的内容。首先，从农村义务教育发展面临的现实问题、解决农村义务教育供求的应对之策及研究者个人旨趣三个方面介绍了以"农村家庭义务教育需求"为本书选题的缘由；其次，对本书的核心概念进行了界定，并给出界定的依据。

第二部分是理论基础，主要是第二章的内容。通过对经济学的需求理论、家庭教育决策理论的阐述及对相关经验研究的梳理，建立本书的理论模型。

第三部分是研究设计，主要是第三章的内容。首先，从研究兴趣过渡到研究问题，将研究问题聚焦到四个方面，即农村家庭义务教育城乡需求、教育质量需求、住宿地点需求和小规模学校需求；其次，详细论述了混合研究方法的选择原因和使用过程，介绍了资料的主要来源和样本选择的流程；最后，对样本的基本特征进行描述，简要陈述了研究的逻辑思路和结构安排。

第四部分是农村家庭义务教育需求的实证研究，包括第四章、第五章、

第六章和第七章。这是本书的主体部分。第四章是农村家庭义务教育城乡需求。研究发现，近80%的农村家庭希望孩子在县镇学校就读，教育城镇化成为农村家庭的主导需求，但不可忽视的是，仍有近20%的农村家庭希望孩子就读于农村学校；回归分析发现，孩子就读年级、孩子实际就读学校位置、父母职业、家庭年收入、父母外出务工情况、孩子所在学校教育质量、父母对孩子接受更好教育的意愿、父母对在县镇集中办学的态度、希望孩子在校寄宿、家庭所在区域、所处地理环境、经历学校布局调整等变量显著影响农村家庭义务教育城乡需求。第五章是农村家庭义务教育质量需求。研究发现，96.6%的农村家庭对孩子接受更好教育的意愿强烈，可见，在义务教育普及化之后，对优质义务教育的追求成为农村家庭的主要追求；回归分析发现，仅有孩子所在学校教育质量和希望孩子在校寄宿两个变量显著影响农村家庭教育质量需求。第六章是农村家庭对孩子住宿地点的需求。研究发现，25.6%的农村家庭希望孩子在校寄宿；家庭年收入、家校距离、希望孩子就读县镇学校、父母对举办寄宿制学校的态度、家庭所在地区、家庭所在地理环境是显著影响农村家庭住宿地点需求的因素。第七章是农村家庭小规模学校需求。小规模学校的需求主体多是农村弱势群体家庭；在小规模学校撤并时、撤并后及保留后三个不同的阶段，不同农村家庭对小规模学校表现出差异化的需求；研究发现，农村家庭小规模学校需求不是一种低质量需求，而是一种值得珍视的基本需求。本书研究的技术路线和逻辑框架见图3.6。

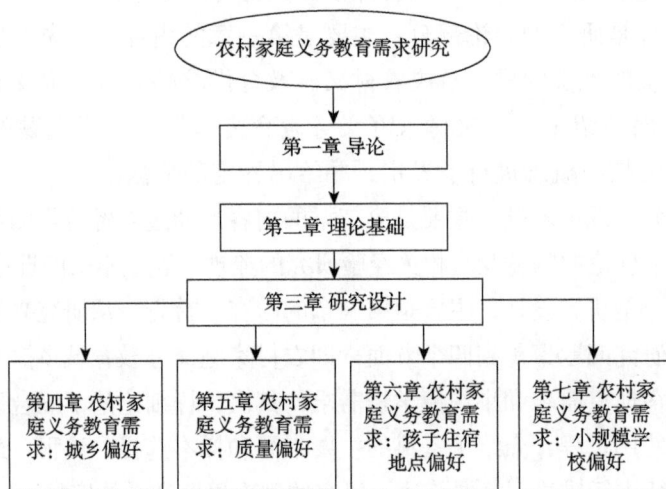

图3.6　研究的技术路线和逻辑框架

第四章　农村家庭义务教育需求：
城乡偏好

　　自 2001 年始，我国农村地区开展了一场轰轰烈烈的以撤并农村学校、集中发展县镇学校为特征的农村中小学布局调整运动。各地关于学校布局调整的政策文本及笔者所在课题组对教育行政部门负责人的访谈均表达了这样一种意思：发展县镇学校、撤并农村学校是适应农村家庭自然选择的结果。农村家庭是农村学校布局调整及农村教育发展变革中最重要的利益主体之一。在此意义上，了解农村家庭教育需求的城乡偏好就显得至关重要，因为它不仅是评估学校布局调整政策实施的必要性及其效果的重要指标，同时也是检验学校布局调整这项事关农村教育发展的重大教育改革民意基础的重要依据。

　　在县域范围内，农村家庭对受教育地点需求的研究，主要体现在对县镇学校还是农村学校的选样上[①]。在城乡二元分割的社会中，不同的受教育地点实际上是差异化教育质量的表达，孙翠清和林万龙以"学生是否到县城学校借读"作为农户是否对优质教育质量有需求的替代变量[②]。胡俊生认为，农村学生向城镇流动，正是基于农村家庭对城镇优质教育资源的渴求、对农村教育现状的不满和前景的失望两种力量而产生的[③]。司晓宏和杨令平发现，学生流动呈现梯级上升的特点，即农村学生普遍向乡镇流动，乡镇学生

---

　　① 近年来，农民工流动家庭化的趋势越来越强，农民工随迁子女在父母务工地城市就读成为农村家庭受教育地点的一种选择。在本书中，我们主要关注县域范围内的就学问题，因此，农村家庭对受教育地点需求的研究，主要体现在对县镇学校还是农村学校的需求上。

　　② 孙翠清，林万龙. 中国农村公共服务需求问题研究——基于农户的视角[M]. 北京：经济科学出版社，2011：100.

　　③ 胡俊生. 农村教育城镇化：动因、目标及策略探讨[J]. 教育研究，2010（2）：89-94.

普遍向县城流动，县城学生普遍向大中城市流动①。据甘肃省会宁县教育局统计，2009 年，该县中小学生共计 14.8 万余人，其中有 4.5 万人选择在县城就学②。赵科翔认为，农村学生到城市学校还是农村学校就读，取决于农村家庭教育需求水平的高低，而教育需求水平取决于家庭的收入状况及孩子的学习天赋。如果一个农户收入水平很低，而且（或者）孩子的学习天赋不佳，那么该农户对教育的需求水平就很低，该家庭的最优选择是在农村而非城市接受教育；反之，则选择到城市学校接受教育③。袁桂林认为，在对子女的教育需求方面，农民面临着两种选择：或者通过辍学的方式舍弃教育需求，或者在确保孩子上学安全的考虑之下，为孩子选择到县城或者更大的城市学校就读，以实现教育需求的迁移④。

人们通常认为，在县域范围内，与农村学校相比，农村家庭对县镇学校表现出较强的偏好。然而，这只是一个常识，对农村家庭教育地点城乡需求的实证研究还不多见，孙翠清和林万龙的研究具有一定的代表性。这项研究发现，2007 年以后，农村义务教育免费政策的实施并未对所有农村家庭形成吸引，部分农村家长让孩子放弃了原本可以免费就读的农村学校，反而通过缴纳借读费，支付额外的交通费、生活费等方式为孩子选择在县城初中就读。据此，研究者认为，价格（教育成本）只是影响农村家庭义务教育城乡学校需求的一个方面，除此之外，教育质量也是重要的影响因素；在影响农村家庭是否为孩子选择借读于县城学校的因素中，孙、林二人实证分析的结果是：①学生个人特征，如性别、学习天赋等因素是影响农村家庭受教育地点选择的重要因素。与女童相比，男童到县城学校借读的可能性更大；借读前学习成绩中等以上的学生在县城学校借读的可能性更大。②父母外出务工是影响农村家庭做出孩子在县城学校借读与否决策的另一重要因素。父母同时在外务工和母亲单独在外务工对孩子县城学校就读的影响显著，而父亲单独在外务工的影响效果不明显。③农户的家庭结构也对孩子是否在县城学校借读形成影响，祖父母健在并且可以帮忙照顾孩子的家庭，其子女进城借读的可能性小，有兄弟姐妹在县城借读

① 司晓宏，杨令平. 当前我国西部地区农村义务教育形势分析[J]. 教育研究，2010（8）：13-19.
② 张鹏. 万余农村学生涌入县城 家长陪读推高当地房价[N]. 中国青年报，2009-12-04.
③ 赵科翔. 河南农村基础教育资源供求的经济学分析[J]. 经济经纬，2010（6）：97-101.
④ 袁桂林. 农村基础教育发展的需求、推力与阻力[J]. 华南师范大学学报（社会科学版），2013（1）：22-25，157.

的农户子女更可能进城借读。④农户家庭收入水平对农村家庭是否选择进城借读没有显著影响，但却显著影响农户借读成本的支付能力①。该研究为笔者分析农村家庭义务教育城乡需求提供了重要启示，然而，这项研究仍面临以下不足：①以江西某县为调研区域，有效样本仅450份，尽管在取样时研究者考虑了样本的差异性，但样本的代表性仍然不太强，基于该样本的研究结论的概推度较低；②该研究仅分析了初中生进城就读，而对小学生就读地点的选择并未考虑在内，初中阶段的研究可能很难概推到小学阶段；③该研究将农村家庭的现实教育选择作为农村家庭的教育需求，而实际上，那些尚未选择到县城学校就读的家庭可能同样希望孩子到县城学校就读，但受某些因素的限制而未能实现。

在此背景下，本章要解决的问题是：如果让农村家庭自由选择，他们希望孩子就读于农村学校还是县镇学校？不同特征的农村家庭在城乡义务教育需求方面是否存在差异？哪些因素影响农村家庭义务教育城乡需求？该如何认识农村家庭义务教育城乡需求？在本章中，接下来将围绕上述几个问题展开论述。

第一节　农村家庭义务教育城乡需求的整体特征及差异性

本章考察的是农村家庭义务教育城乡需求，即在城乡学校之间，农村家庭如何选择。对农村家庭义务教育城乡需求的研究通过纯粹的理论分析难以达成，必须走向微观的实证研究。本章对农村家庭义务教育城乡需求的实证分析既包括一般性的描述分析（本节），也包括影响农村家庭义务教育城乡需求因素分析的计量模型（第二节），还包括对相关问题的讨论（第三节）。在本节，基于问卷调查和访谈中收集的资料对当前农村家庭义务教育城乡需求特征进行描述和分析。

---

① 孙翠清，林万龙. 中国农村公共服务需求问题研究——基于农户的视角[M]. 北京：经济科学出版社，2011：110-111.

一、农村家庭义务教育城乡需求的整体特征

有研究者认为，在教育规划研究中，需要对不同个体的教育需求有不同的描述，这是研究教育规划的基础工作①。尽管笔者认同教育需求分析是进行教育规划的前提性工作，然而，却难以穷尽对大规模样本中一个个独立个体教育需求的描述，而唯有将其作为一个整体，探究样本整体所呈现出的趋势和规律。因此，对于农村家庭义务教育城乡需求这一问题，首先应分析样本所表现出来的整体特征。

尽管"家长卷"和"学生卷"中均设置了农村学生实际受教育地点的题项，但是笔者认为，在政府推动下所形成的农村家庭对学校的现实选择可能并不能代表他们的真实意愿，他们可能是"被动"或"被迫"做出的教育现实选择。与孩子实际受教育地点相比，农村家长对受教育地点的"潜在需求"才可能是他们教育意愿的最真实表达。受教育地点的需求意愿反映了农村家庭义务教育决策中的城乡选择偏好，对其进行研究有助于在微观层面了解农户义务教育地点需求的倾向。因此，在本书中，笔者对农村家庭义务教育城乡需求信息的获得是通过询问农村家长"希望孩子在哪里读书"来测度的，当然，也获得了农村学生"实际在哪里就读"的信息，然而，"实际在哪里就读"只是在进行对比时才体现其价值。表 4.1 是农村家长对子女教育地点需求意向的具体描述。

表 4.1 农村家长对孩子受教育地点的需求意愿

选项	孩子实际就读学校		希望孩子就读学校	
	频数	百分比	频数	百分比
农村学校	3 012	49.9%	1 334	22.2%
乡镇学校	2 469	40.9%	1 718	28.5%
县城学校	554	9.2%	2 967	49.3%
合计	6 035	100.0%	6 019	100.0%

表 4.1 对比了孩子实际就读学校和农村家长希望孩子就读的学校。可以发现，孩子实际就读于农村学校、乡镇学校和县城学校的家庭分别占

① 彭云飞，邓勤. 教育偏好研究[J]. 教育与经济，2004（4）：15-17.

49.9%、40.9%和 9.2%，由此可见，农村学校和乡镇学校是当前农村学生接受义务教育的主渠道，而县城学校只是农村学生接受义务教育的补充；从农村家庭对受教育地点的需求意愿看，22.2%的农村家长希望孩子就读于"农村学校"，28.5%的家长希望孩子就读于"乡镇学校"，而希望孩子就读于"县城学校"的家长接近半数（49.3%）。如果将乡镇学校和县城学校统称为"县镇学校"，那么，从总体上看，50.1%的农村学生实际就读于县镇学校，而希望孩子就读于县镇学校的农村家长达 77.8%，后者高于前者 27.7 个百分点。由此，农村家庭偏好县镇学校的程度可见一斑。为了信息的相互验证，在"学生卷"中也设计了"你最希望在哪里的学校就读"这一问题，由学生做出回答。分析结果发现，希望就读"农村学校"的农村学生比重为11.1%，而另外的近 9 成的学生希望就读于县镇的学校。可见，偏好县镇学校既是农村家长的选择，也是农村学生的潜在追求。

从表 4.1 还可以看到，在"农村学校"就读学生的比例从实际就读的49.9%下降到希望就读的 22.2%，下降了 27.7 个百分点；"乡镇学校"的就读比例从实际就读的 40.9%下降到希望就读的 28.5%，下降了 12.4 个百分点，而"县城学校"的就读比例从实际就读的 9.2%上升至 49.3%，上升了40.1 个百分点。由不同区位学校的学生实际就读情况和需求意愿比例的变化可以看出，那些实际在农村学校和乡镇学校就读的学生，其家长希望他们能够在县城学校就读，这是县城学校教育需求的最主要增量来源。

细分县镇学校需求，虽然农村家庭对县城学校的需求偏好强于乡镇学校，但不得不承认的是，乡镇学校对部分农村家庭仍有较强的吸引力，这种吸引力可能是与农村学校和县城学校对比后得出的。例如，陕西省 S 县义合镇中心小学的两位学生家长（陪读奶奶）告诉笔者，她们所在村庄的学校（村小）几年前被撤并，孩子被集中到镇中心小学读书，尽管上学路程变远，但是孩子现在就读的学校教育质量高，学校条件较好，教师教学态度更认真，因此，她们对孩子目前就读于乡镇学校比较满意。当访谈人员问到是否希望孩子到县城读书时，两位家长均表示，孩子在县城上学会带来两个问题：一是花费更高；二是县城距家更远，回家更不方便，家长也无法同时兼顾平时照顾孩子和周末经营农业生产的双重任务①。

以上分析表明：农村家庭在对孩子接受义务教育地点的需求意愿上呈现

---

① 2011 年 3 月 20 日陕西省 S 县义合镇农村家长访谈资料。

出明显的"向县镇而离农村"的倾向。这种现象可以说明两点：①在我国，"城乡"一词不仅具有地理学意义，更具有超越其上的社会学意义，城乡差异既是一种社会存在，更是一种社会建构；②从总体来看，以撤并农村学校、发展县镇学校为主要特征的农村中小学布局调整在一定程度上是顺应农村家庭县镇学校需求意愿而开展的一项"顺势"政策。然而，尚不可忽视的是，仍然有 22.2%的农村家庭对农村学校有强烈的需求。

二、农村家庭义务教育城乡需求的差异性

任何深思和重建计划的第一步都是要确认现状①。然而，教育现实的复杂性要求我们在确认现状时不能将之过分简化，诚如孟德拉斯所指出的，"应该分析和理解现实，而不是抹煞或简化现实"②。在前面的分析中，笔者使用了这样一些词句，如"从总体来看""总体特征"等，"这些都是用来表述种种模式或趋势，并提醒读者不要认为我们的资料中存在着一成不变的相同性"③。农村家庭义务教育城乡需求的整体特征分析只能表明，与农村学校相比，农村家庭更加偏好县镇学校，然而，却无法反映不同特征的家庭对城乡学校偏好的差异性。当我们在一般层面笼统地谈论农村家庭义务教育城乡需求时，需要保持足够的谨慎。这是因为，农村内部的差异事实上是很大的。在很多地方，"农村内部差异可能还要远大于城乡之间的差异"④。笔者认为，从总体上探讨农村家庭义务教育城乡需求固然意义重大，但总体状况可能会掩盖结构性差别。因此，考察特定条件下农村家庭义务教育城乡需求的差异更具有重要意义。

尽管农村家庭对孩子接受义务教育地点的需求在总体上呈现出明显的县镇学校偏好，但通过交互列联表的分析表明，不同特征的农村家庭对子女受教育地点的选择呈现出差异性，具体分析如下。

---

① 古得莱得 J I. 一个称作学校的地方[M]. 第二版. 苏智欣，胡玲，陈建华译. 上海：华东师范大学出版社，2007：17.

② 孟德拉斯 H. 农民的终结[M]. 李培林译. 北京：社会科学文献出版社，2005：82.

③ 古得莱得 J I. 一个称作学校的地方[M]. 第二版. 苏智欣，胡玲，陈建华译. 上海：华东师范大学出版社，2007：129.

④ 柯政. 略析农村教育研究中常见的两个方法问题[J]. 全球教育展望，2012（4）：73-78，83.

（一）父母受教育程度与农村家庭城乡教育需求

将"父母受教育程度"与"希望孩子在哪里就读"进行交互列联表分析，如表 4.2 所示：父母受教育程度为"小学及以下""初中""高中（中专）""大专及以上"的家庭希望孩子在农村学校就读的比例分别为 23.4%、22.7%、20.5% 和 14.4%，而希望孩子在县城学校就读的比例分别为 47.3%、49.1%、51.5% 和 55.1%。由此可见，父母受教育程度越高，对农村学校的需求意愿越弱，而对县城学校的需求意愿越强。另外，卡方检验发现，父母受教育程度不同的家庭，对希望孩子在哪里读书这一问题的选择上的差异具有显著的统计学意义（$\chi^2 = 13.688$，$p = 0.033$）。

表 4.2　父母受教育程度与农村家庭城乡教育需求

父母受教育程度		希望孩子在哪里就读			合计
		农村学校	乡镇学校	县城学校	
小学及以下	频数	342	427	690	1 459
	百分比	23.4%	29.3%	47.3%	100.0%
初中	频数	740	919	1 604	3 263
	百分比	22.7%	28.2%	49.1%	100.0%
高中（中专）	频数	191	261	481	933
	百分比	20.5%	28.0%	51.5%	100.0%
大专及以上	频数	34	72	130	236
	百分比	14.4%	30.5%	55.1%	100.0%

（二）家庭所处地理环境与农村家庭的城乡教育需求

家庭所处的地理环境与农村家庭对受教育地点需求的关系，呈现出以下几点特征，如表 4.3 所示：①无论是居住在山区、丘陵、平原还是其他地理环境（包括林区、湖区、库区等），农村家长对县镇学校均表现出较强的偏好，大约八成左右的农村家长希望孩子就读于县镇学校。②不同地理环境下的农村家庭对受教育地点的需求呈现出差异性。相比较而言，山区、丘陵地区的家庭对农村学校的需求高于平原和其他地区的家庭，24.7%的山区家庭和 27.4%的丘陵家庭希望孩子就读于农村学校，而平原和其他地理环境下的相应比例是 21.5% 和 12.9%；平原和其他地区的农户对县镇学校的需求意愿强于山区、丘陵的农户。③无论何种地理环境下的农户，他们对农村学校、乡镇学校和县城学校的需求大体上呈现出逐级递增的趋势，即对乡镇学校的需求强于对农村学校的需求，对县城学校的需求明显高于对乡镇学校的需求。可见，在三类学校中，农村家庭对县城学校的需求最强。然而，乡镇学校对部分家庭也有较强的吸引力，无论是山区、丘陵、平原以及其他地理环境，均有四分之一的农村家庭希望孩子就读于乡镇学校。这表明，在县域范围内，教育城镇化的推动不仅要注重县城学校的发展，同时要注重乡镇学校的发展。卡方检验可知，不同地理环境下的农村家庭对孩子在哪里上学这一问题的决策具有统计上的差异（$\chi^2 = 84.383$，$p = 0.000$）。

表 4.3 不同地理环境下的农村家庭城乡教育需求

地理环境		希望孩子在哪里就读			合计
		农村学校	乡镇学校	县城学校	
山区	频数	550	560	1 120	2 230
	百分比	24.7%	25.1%	50.2%	100.0%
丘陵	频数	200	186	344	730
	百分比	27.4%	25.5%	47.1%	100.0%
平原	频数	466	703	997	2 166
	百分比	21.5%	32.5%	46.0%	100.0%
其他	频数	104	248	451	803
	百分比	12.9%	30.9%	56.2%	100.0%

（三）家庭经济收入水平与农村家庭的城乡教育需求

考察不同收入水平下的农村家庭义务教育城乡需求，可以看出（表 4.4）：①无论家庭收入水平高低，绝大多数（八成以上）农村家庭希望孩子在县镇学校就读。②不同收入水平的家庭对子女受教育地点的需求存在差异性——随着家庭经济收入水平的提高，对县镇学校的需求呈上升趋势，对农村学校的需求则相应呈现出下降的趋势。家庭年收入为 5 000 元以下、5 000~15 000 元、15 001~30 000 元和 30 000 元以上的家庭希望孩子就读县镇学校的比例分别为 72.9%、78.5%、81.6%和 88.6%，而希望孩子就读农村学校的比例分别是 27.1%、21.5%、18.4%和 11.4%。在县镇学校读书，意味着农村家庭需要承担的教育成本增加，而家庭经济条件越好的家庭的教育支付能力越强，因此，可能更加倾向于孩子在县镇学校读书。通过卡方检验可知，不同收入水平的家庭对希望孩子在哪里上学这一问题上具有显著的差异（$\chi^2 = 65.902$，$p = 0.000$）。

表 4.4 不同收入水平的农村家庭的城乡教育需求

家庭经济收入		希望孩子在哪里就读			合计
		农村学校	乡镇学校	县城学校	
5 000 元以下	频数	420	442	686	1 548
	百分比	27.1%	28.6%	44.3%	100.0%
5 000~15 000 元	频数	639	890	1 438	2 967
	百分比	21.5%	30.0%	48.5%	100.0%
15 001~30 000 元	频数	235	336	705	1 276
	百分比	18.4%	26.3%	55.3%	100.0%
30 000 元以上	频数	15	28	89	132
	百分比	11.4%	21.2%	67.4%	100.0%

（四）孩子就读学段与农村家庭城乡教育需求

笔者将孩子就读年级划分为三个学段，即1~3年级、4~6年级和7~9年级。经分析可知，孩子就读学段与农村家庭对义务教育城乡需求的关系呈现出以下特点（表 4.5）：①无论孩子就读于哪一个学段，其家长对县镇学校均表现出较强的需求意愿。在每个学段中，希望孩子就读于县镇学校的均在六成以上。②孩子就读于不同学段的农村家庭的城乡需求意愿呈现差异性。随着孩子就读年级的升高，家长希望孩子就读农村学校的比重呈下降趋势，孩子就读 1~3 年级、4~6 年级、7~9 年级的家长希望孩子就读农村学校的比例分别为 33.6%、24.0%和 12.4%；相反，对于乡镇学校和县城学校的需求则呈现出随年级升高而增加的趋势，孩子就读 7~9 年级的学生家长希望孩子在县镇学校上学的比例为 87.5%，分别高出 4~6 年级、1~3 年级学生家长 11.5 个百分点和 21.1 个百分点。可见，农村家庭对孩子义务教育阶段受教育地点的需求意愿与孩子所处学段密切相关。经卡方检验可知，孩子就读学段不同的家庭在对孩子就读地点的潜在需求方面具有显著差异（$\chi^2 = 204.376$，$p = 0.000$）。

表 4.5 孩子就读学段与农村家庭的城乡教育需求

孩子就读学段		希望孩子在哪里就读			合计
		农村学校	乡镇学校	县城学校	
1~3 年级	频数	354	264	434	1 052
	百分比	33.6%	25.1%	41.3%	100.0%
4~6 年级	频数	643	731	1 311	2 685
	百分比	24.0%	27.2%	48.8%	100.0%
7~9 年级	频数	260	671	1 163	2 094
	百分比	12.4%	32.1%	55.5%	100.0%

（五）孩子实际就读学校位置与农村家庭城乡教育需求

从孩子实际就读学校与农村家庭义务教育城乡需求之间的关系看，有以下两点发现（表 4.6）：①无论孩子实际在哪里就读，县镇学校最受农村家庭的偏爱，即希望孩子就读县镇学校的比例远高于就读于农村学校的比例。②与孩子实际就读学校相比，农村家长希望孩子就读的学校存在梯级拔高的倾向：孩子在农村学校就读的家庭中，仅有三分之一的希望孩子继续在农村学校上学，而希望孩子在乡镇以上学校就读的占 66.4%；孩子在乡镇学校就读的家长中，希望他们的孩子继续在乡镇学校就读的占 42.0%，而希望孩子在县城学校就读的比例占 46.8%；在县城学校就读的学生的父母中，84.2%的家长希望他们继续在县城学校就读。这一发现与司晓宏和杨令平的研究相似，他们发现，当前学生的流动呈现出农村学生普遍向乡镇流动，乡镇学生普遍向县城流动，县城学生普遍向大中城市流动的态势[1]。

表 4.6 孩子实际就读学校位置与农村家庭的城乡教育需求

学生实际就读位置		希望孩子在哪里就读			合计
		农村学校	乡镇学校	县城学校	
农村学校	频数	1 003	640	1 339	2 982
	百分比	33.6%	21.5%	44.9%	100.0%
乡镇学校	频数	273	1 022	1 139	2 434
	百分比	11.2%	42.0%	46.8%	100.0%
县城学校	频数	50	36	458	544
	百分比	9.2%	6.6%	84.2%	100.0%

对农村家庭相关特征与义务教育城乡需求的交互列联表分析表明，父母受教育程度、家庭所处地理环境、家庭经济收入水平、孩子就读学段、孩子实际就读学校位置等因素影响农村家庭义务教育城乡需求。尽管县镇学校偏好成为农村家庭义务教育城乡需求的主导偏好，但父母受教育程度低、家庭位处山区和丘陵地区、家庭经济收入水平低、孩子就读低年级、孩子实际就读于农村学校的农村家庭对农村学校仍有较强的需求。毋庸置疑，这部分均是在社会中处于弱势地位（无论是绝对的弱势还是相对的弱势）的群体，但很可能成为学校布局调整中利益受损最严重的群体。

---

① 司晓宏，杨令平. 当前我国西部地区农村义务教育形势分析[J]. 教育研究，2010（8）：13-19.

第二节　影响农村家庭义务教育城乡需求的因素分析

在本章第一节，对农村家庭义务教育城乡需求的总体特征及不同类型家庭的差异性进行了分析。总体特征反映出样本的整体趋势——绝大多数农户希望孩子在县镇学校就读；而差异性分析则凸显出不同样本群体的特征——父母受教育程度、家庭所处地理环境、家庭经济收入水平、孩子就读学段、孩子实际就读学校位置均对农村家庭义务教育城乡需求产生影响。与总体特征分析相比，差异性分析更加细化。在差异性分析中，采用的是双变量交互列联表分析方法，交互分析揭示了变量之间产生关系的适用条件，从而深化了人们的认识。然而，"双变量交互分类分析只能大致度量两个变量间的关联性和关联程度，因为它只是两个变量间简单的交叉列表，没有考虑其他变量可能产生的影响"[①]。这种关系是否会受到其他因素的干扰和调节，需要在控制其他自变量的前提下，研究影响农村家庭义务教育城乡需求意愿的因素。此时，回归分析就显得必要。

本节的内容安排如下：①对影响农村家庭义务教育城乡需求的因素进行理论假设；②根据研究需要选择合适的模型，并对变量进行定义，使变量操作化；③利用来自全国 10 省（自治区）的 6 105 份大样本微观数据对影响农村家庭义务教育城乡需求的模型进行验证，得到回归结果并对结果进行解释。

一、研究假说

在我国，既有的关于农村家庭教育地点选择的研究往往过于强调选择行为的制度约束性（如就近入学政策），而忽略了行为主体的自主性和选择性。笔者认为，在人口流动受限、农村义务教育普及化程度较低、农户之间高度同质化的背景下，强调受教育地点选择的外在约束是正当、必要的，然

① 李志德，沈红. 农村高中毕业生升学意愿的现状及其影响因素分析[J]. 教育与经济，2001（4）：47-50.

而，在人口流动常态化、农村义务教育由基本普及向质量提高迈进、农户之间的异质性日益增强的背景下，过度考虑受教育地点需求的外在约束则与农村家庭教育地点选择的现实相悖离。因此，本书主要从农村家庭这一主体出发进行自变量的选择，同时兼顾外在约束。

既有的相关研究成果为本书提供了直接的理论援引。根据研究目的的需要、研究假设，农村家庭受教育地点的城乡需求决策并非单纯由孩子个体的特征决定，也并非由父母、家庭特征所决定，孩子相关特征、父母个人及家庭特征共同起作用。同时，农村家长的态度也是影响他们做出教育地点决策的关键变量。除此之外，相关的政策因素也可能影响农村家庭义务教育城乡需求。据此，笔者提出以下几个假说，在每个假说中，将考虑各细分解释变量对农村家庭义务教育城乡需求的影响，尤其是各变量的作用方向，因为对变量作用方向进行分析将有利于深入发现这些因素对农村家庭义务教育城乡决策的真正作用机理。

（一）孩子相关特征可能影响农村家庭义务教育城乡需求

既有研究和现实均表明，义务教育阶段的学生尚未成年，思想尚不成熟，更不具有独立的教育支付能力，因此，在受教育地点的选择上，他们无法自主地做出在县镇学校还是农村学校就读的决策。然而，他们的相关特征，如年龄、就读年级、实际就读学校位置等特征，通常是影响家长做出希望他们在哪里就读决策的考虑因素。孩子年龄和就读年级之间具有较强的相关性，一般而言，孩子年龄越大，就读年级越高。为避免多重共线性问题，笔者未将"孩子年龄"纳入模型，而是将"孩子就读年级"的替代变量"孩子就读学段"纳入回归模型之中。可能的情况如下。

（1）孩子年龄越大、就读学段越高，他们的生活自理和学习自主能力越强，父母越可能倾向于他们在县镇学校就读。于是，研究假设：

孩子就读学段越高，农村家庭希望孩子就读县镇学校的可能性越大。

（2）孩子实际就读学校的位置也可能影响家长对受教育地点的需求意愿。孩子实际就读学校代表了农村家庭的现实教育需求，可能会对农村家庭对子女受教育地点的潜在需求产生影响。研究假设：

与孩子实际就读于农村学校的农村家庭相比，孩子在县镇学校就读的家庭可能更倾向于子女就读于县镇学校。

（二）父母个人及家庭特征可能影响农村家庭义务教育城乡需求

父母个人及家庭特征在很大程度上决定着农户需求。在既有研究文献中，国内外学者一般将反映父母个人及其家庭特征的变量如性别、受教育程度、就业类型、家庭收入等作为影响家庭决策的变量进行显著性估计。结合我国农村的现实，本书在对农村家庭义务教育城乡需求的研究中，采用了家长的性别、受教育程度、职业、是否外出务工、家庭年总收入等指标来估计学生父母个人及家庭特征对受教育地点需求的影响。

1. 农村家长个人特征影响义务教育城乡需求

（1）家长性别。诸多研究表明，在子女教育决策方面，父亲比母亲更有发言权，在父权制特征明显的中国农村更是如此[1]。本书感兴趣的是，在人口大规模流动的中国农村，传统的"父权制"家庭特征日益弱化，在这种背景下，在子女义务教育地点决策这一问题上，是否仍然存在决策权的性别差异？研究假设：

与女性家长相比，男性家长更希望孩子在县镇学校就读。

（2）父母受教育程度。采用实证方法研究教育需求（无论是高等教育需求还是义务教育需求）的解释模型大多考虑了父母受教育程度的影响。以往的许多研究都证实了父母受教育程度与子女受教育水平之间的显著正相关关系，这可能显示了智力方面的遗传效应，或者父母的受教育程度影响他们对教育的态度进而影响他们对子女教育的投资。在子女受教育地点的选择上，父母的受教育程度可能也会发挥作用。模型中代表父母受教育程度变量的是他们的最高学历，而非教育年限，父母的学历划分为小学及以下、初中、高中（中专）、大专及以上四个类别。选用学历代表父母受教育程度的原因在于，该指标可以很好地测度不同级别教育的影响。研究预期：

父母受教育程度越高，越倾向于让孩子进入县镇学校就读。

（3）父母职业。家长职业对子女教育的作用存在两种影响：一是职业

---

[1] 吴愈晓. 中国城乡居民教育获得的性别差异研究[J]. 社会，2012（4）：112-137.

可能与收入相关。不同职业之间存在收入差异，通过收入间接影响子女的教育决策。例如，与务农相比，非农就业的家庭的收入水平可能较高，可能更希望子女在县镇学校上学；二是不同职业的父母在子女的教育态度上可能存在差异，进而影响对子女教育的决策。在本书中，将八大类型的家长职业合并为两大类：在家务农和非农就业，研究假设：

与务农的家长相比，非农就业的家庭对县镇学校有更强的需求。

2. 家庭特征影响农村家庭对受教育地点的城乡需求

以往的研究发现，基础教育阶段的教育选择常常是家庭共同决策的结果[1]。因此，家庭特征变量在受教育地点的选择过程中有更加重要的政策含义。本书所指的家庭特征包括家庭年收入、父母外出务工情况这两个变量。

（1）家庭年收入。在家庭教育决策的研究中，家庭年收入是经常被用到的解释变量，其潜在意义是，家庭的教育决策存在显著的经济约束。然而，在中国语境和当前农村社会的脉络下，农村家庭经济状况对义务教育城乡需求的影响可能体现在互斥的两个方面：一方面，收入越高、经济状况越好的家庭，教育支付能力越强，为子女选择县镇学校就读的可能性就越大；而另一方面，收入越低、经济状况越差的家庭，冀图通过教育改变子女前途甚至家庭命运的内在驱动力越强，即使在家庭支付能力不足的状况下，也会竭尽所能为子女选择更好的县镇学校就读。这两个方面的个案在农村教育场域中俯拾皆是。因此，研究假设：

家庭年收入对农村家庭义务教育城乡需求影响的方向具有不确定性。

（2）外出务工情况。杨菊华和段成荣认为，由于受到城乡二元分割的社会经济结构和自身较差的经济条件的双重限制，农民工往往很难解决子女在流入地城市接受教育的问题[2]。因此，与将孩子带到流入地城市接受教育相比，将孩子放在老家就读的可能性更大。父母外出务工对家庭义务教育城乡需求的影响可能表现在以下几方面：①外出务工改善了家庭的经济条件，提升了农村家庭投资子女教育的经济实力和能力。在很大程度上，农村劳动

① 张绘，龚欣，尧浩根. 流动儿童学校选择的影响因素及其政策含义[J]. 人口与经济，2011（2）：95-100.
② 杨菊华，段成荣. 农村地区流动儿童、留守儿童和其他儿童教育机会比较研究[J]. 人口研究，2008（1）：11-21.

力外出务工与非农行业的高工资有关。在当前中国小农的劳动边际产出普遍低于非农劳动边际产出的情况下，外出务工可能意味着家庭收入的增加。就家庭教育费用的投入而言，外出务工提高了农户支付孩子教育费用的能力，从而促使外出务工的家庭为子女选择在县镇学校就读。②外出务工的经历使农民家长开阔了视野，增长了见识，加深了他们对教育在有声望的职业的获得和纵向社会流动等方面重要性的感性和理性认识，提升了他们对子女未来成就的期望。因此，父母是否外出务工可能对子女受教育地点产生影响。③父母外出务工的类型可能对子女受教育地点的决策产生影响。父母外出务工类型存在差异——父亲一人外出务工、母亲一人外出务工和父母同时外出务工，尽管外出务工的主要动机是增加家庭收入，但不同务工类型对家庭带来的收入不一样，可能影响农村家庭义务教育城乡需求决策。研究预期：

父母外出务工对子女受教育地点的选择可能产生的影响具有复杂性。

（三）父母认知态度可能影响农村家庭义务教育城乡需求

个体的行为除了受到客观因素的影响外，也可能受到决策主体主观的心理、认知、观念的影响。农村家庭对子女在义务教育城乡需求上的决策同样可能受到一系列心理因素的直接或间接影响，这些心理因素包括家长对在县镇集中办学的态度、家长对孩子实际就读学校教育质量的评价、家长希望孩子接受更好教育的意愿、家长对孩子在县镇学校上学所额外增加成本的预估及家长是否希望孩子在校寄宿五个因素。

（1）家长对县镇集中办学的态度。运用五点李克特量表（Likert scale）测量农村家长对县镇集中办学的意愿。其中，"非常同意" = 1，"比较同意" = 2，"不好说" = 3，"不同意" = 4，"很不同意" = 5。数字越大，表示农户越不支持县镇集中办学。农村家长对县镇集中办学的态度反映了农户对县域内学校布局结构的看法和评价，它属于一种心理因素。在行为经济学模型中，态度等心理因素是影响农户经济行为或决策的主要因素。农户对子女义务教育城乡需求意愿可能与其主观态度密切相关。研究假设：

对县镇集中办学持积极的、正面的态度可以诱发农户对县镇学校的需求，而消极的态度则可能产生相反的效应。

（2）家长对孩子实际就读学校教育质量的评价。根据农村家长对孩子就读学校教育质量的主观评价，将学校的教育质量划分为三类，即"较好"、"差不多"和"较差"。一般而言，与农村学校相比，县镇学校的教育质量相对较高。研究假设：

孩子实际就读学校教育质量越差的农村家庭，越希望孩子就读于县镇学校。

（3）家长希望孩子接受更好教育的意愿。将农村家庭希望孩子接受更好教育的意愿分为"强烈"和"不强烈"，研究假设：

与"不强烈"相比，对孩子接受更好教育的意愿"强烈"的家庭对县镇学校可能表现出较强的偏好。

（4）家长对孩子在县镇学校上学所额外增加成本的预估[①]。对于一般商品而言，价格是影响商品需求量的重要因素。在其他条件不变的情况下，商品价格下降，消费者对该商品的需求量将增加；商品价格上涨，消费者对该商品的需求量则减少。对于农村家庭义务教育城乡需求而言，价格也可能是重要的影响因素，不同的是，此时价格并不影响需求量，而是影响农村家庭对农村学校还是县镇学校的选择。在本节中，价格是指"假如孩子到城镇学校借读，每年需额外支付的成本（含交通费、住宿费、赞助费等）"，由家长根据所在地区实际情况进行估量。从调查数据的统计结果看，农户估计的孩子到县镇学校上学增加的平均费用为 3 329 元/年。为了考察农户估计的额外增加的上学费用对城乡需求意愿的影响，按额外成本 1 000 元及以下/年、1 000~3 000 元/年、3 001~5 000 元/年、5 000 元/年以上的分类标准将农户划分为 4 个组。研究假设：

对孩子在县镇学校上学预估费用越高的家庭，可能更不倾向于孩子在县镇学校读书。

（5）家长是否希望孩子在校寄宿。对于农户而言，如果孩子在县镇学校就读，增加了其上学的空间距离和时间距离，在校寄宿的可能性增加。因此，研究假设：

---

① 考虑到农村家长填写家庭教育支出问卷时可能出现异常值，我们以"每年额外支出成本≤10 000 元"为条件筛选可靠样本。

与不希望孩子在校寄宿的家庭相比，希望孩子在校寄宿的家庭更可能选择孩子在县镇学校读书。

（四）非家庭的先赋条件可能影响农村家庭义务教育城乡需求

由于选取的样本来自于不同的地域，因此，那些与单个农户无关的先赋条件也应被置于模型中。非家庭的先赋条件是指因家庭处于外部结构的某种"位置"，便自然地被赋予附着在该位置上的资源与机会。对于个体家庭而言，非家庭的先赋条件很难改变，它们有一个共同特征，即在自然环境、社会制度的共同建构与制约的过程中，地理空间上的距离被转换成资源与机会的差异结构。区域、地理环境皆属于非家庭的先赋条件。在本书中，区域变量按东、中、西三大区域划分，以东部地区为参照类；地理环境区分为山区、丘陵、平原和其他，以平原为参照类。

1. 家庭所在经济区域

在我国，不同区域之间存在较大差异，这种差异不仅意味着地理空间位置上的不同，更意味着基础设施和公共服务提供的差异。笔者感兴趣的是，不同区域之间的农村家庭对义务教育城乡学校的需求呈现出怎样的特征。研究假设：

相对于东部地区，中、西部地区的农村家庭更希望孩子就读于县镇学校。

2. 家庭所处村庄的地理环境

家庭所处村庄的自然地理环境的差异对农村家庭而言是先赋条件，对农户需求行为起着约束作用。不同自然环境意味着交通状况的差异，可能影响学生的上学时间、上学路程及上学路上的安全程度。研究假设：

与平原地区相比，山区、丘陵地区的家庭对县镇学校的需求较低。

（五）农村中小学布局调整政策可能影响农村家庭义务教育城乡需求

农村家庭义务教育城乡需求还有可能受制于政策因素。有研究者对农村流动人口子女就学地进行选择时就将政策因素作为一个重要的影响变量，如陶然等研究发现，流出地老家和流入地城市的教育政策会对流动人口子女就学地选择产生重要影响①。在对农村家庭义务教育城乡需求的研究中，政策因素也被考虑在内。本书是置于农村中小学布局调整的背景下进行的，研究者特别感兴趣于农村中小学布局调整这一政策对农村家庭义务教育城乡需求的影响。因此，"家庭所在地区是否经历了学校布局调整"这一变量将被引入理论解释模型中。

在农村中小学布局调整的背景下，可能的情况是，那些经历了学校布局调整的地区对农村小规模学校进行了大幅度撤并，集中举办县镇学校成为一项区域教育发展的经验，在这种背景下，农户可能"被迫"选择到县镇学校就读，有可能激化农村家庭原有的县镇学校需求。因此，研究假设：

与未经历学校布局调整地区的家庭相比，经历农村中小学布局调整地区的农户对县镇学校的需求意愿更强。

以上各因素作用于农村家庭义务教育城乡需求的机制，可用图 4.1 表示。

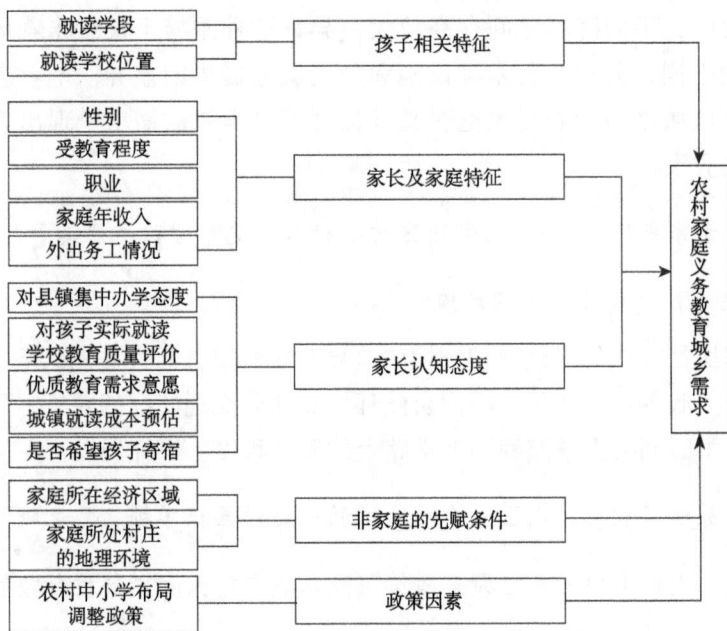

图 4.1　农村家庭义务教育城乡需求的理论模型

---

① 陶然，孔德华，曹广忠. 流动还是留守：中国农村流动人口子女就学地选择与影响因素考察[J]. 中国农村经济，2011（6）：37-44.

二、实证模型构建与变量定义

建立理论模型的目的是为实证经验提供可供检验的理论假设。本书以来自全国 10 省（自治区）农村中小学布局调整背景下农村家庭的微观数据建立了农村家庭义务教育城乡需求的影响因素模型，分析农村家庭义务教育城乡需求的影响因素及其作用机制。

（一）模型选择

本章是从受教育地点的城乡差异视角探讨农村家庭的义务教育需求。对于某一农户而言，在同一时点、对同一个孩子受教育地点的需求意愿只能有两种选择[1]，要么选择县镇学校，要么选择农村学校，而不能既选择县镇学校，又选择农村学校。如果农村家长选择"县镇学校"，则表明农村家庭对县镇学校有需求意愿；如果选择"农村学校"，则表明农村家庭有农村学校需求意愿。将前者赋值为 1，后者赋值为 0。当被解释变量为"0/1"二分类变量时，无法直接采用一般的多元线性回归模型建模，因为它不符合线性回归模型所要求的几个重要假定：线性、正态分布、方差相等及变量间独立等。

对于离散选择问题，采用概率模型比较理想，Probit 模型或 Logit 模型是两种常用的概率模型，前者以正态分布函数为基础，后者以 Logistic 分布函数为基础[2]，这两个模型本身并无优劣之分，在一般情况下，由两种模型所得出的研究结论几乎是一致的。在社会科学中，使用最多的是 Logistic 回归分析，通过该方法挖掘某个社会问题的影响因子及判别、预测。根据因变量取值类别的差异，Logistic 回归分析可以分为二元 Logistic 回归分析和多元 Logistic 回归分析，其中，二元 Logistic 模型是对二分类因变量进行多元回归分析的有效模型。本章的因变量[3]——"农村家庭义务教育城乡需求"是一个典型的二分变量。因此，在对影响农村家庭义务教育城乡需求因素的分析中，笔者采用二元 Logistic 回归模型进行解释。

---

[1] 实际上，农村家庭可以选择农村学校、乡镇学校和县城学校，在分析中，我们将乡镇学校和县城学校合并为"县镇学校"，从而与"农村学校"相并列。

[2] 都阳. 中国贫困地区农户劳动供给研究[M]. 北京：华文出版社，2001：81-114.

[3] 在本书中，"因变量"有时被表述为"被解释变量""应变量"；"自变量"被表述为"解释变量"。

二元 Logistic 回归模型的基本形式如下：

$$\text{logit}P = \ln\left[P/(1-P)\right] = \beta_0 + \beta_1 X_1 + \beta_2 X_2 + \beta_3 X_3 + \cdots\cdots + \beta_n X_n + \varepsilon \qquad (4.1)$$

式中，X_1、$X_2\cdots X_n$ 是解释变量；P 是指在 X_1、$X_2\cdots X_n$ 的作用下，某事件发生的概率；$1-P$ 则是该事件不发生的概率；$P/(1-P)$ 是事件发生比（odds），即事件发生与不发生的概率之比；$\ln\left[P/(1-P)\right]$ 为事件发生比的对数形式。可以看出，通过对概率 P 进行 Logit 转换[①]，使其与一般线性回归模型的被解释变量的取值范围相吻合，以利用一般线性回归模型建立起被解释变量与解释变量之间关系的多元分析模型；β_0 是截距，β_i 是回归系数，表示在其他解释变量不变的情况下，某自变量 X_i 变动 1 个单位，将引起 $\ln\left[P/(1-P)\right]$ 增加或减少 β_i 个单位，即自变量 X_i 变动 1 个单位，对事件发生比的自然对数值的变化量的影响程度。回归系数不仅有大小之分，也有方向之别：当回归系数为正值时，事件发生的概率将增加；当回归系数为负值时，事件发生的概率将减小；ε 是误差项。

基于前人文献和本书的研究目的，构建计量模型并就全国 10 省（自治区）的 6 105 份农户样本进行回归分析。应用二元 Logistic 回归模型分析农村家庭义务教育城乡需求意愿时，所构建的计量经济模型表达式如下：

$$\ln\left[P/(1-P)\right] = f\left(X_{\text{C}}, X_{\text{F}}, X_{\text{ATT}}, X_{\text{ENV}}, X_{\text{p}}, \varepsilon\right) \qquad (4.2)$$

式中，P 表示"农村家庭希望子女在县镇学校就读"的概率；$1-P$ 表示"农村家庭希望子女在农村学校就读"的概率；X_{C} 是与孩子相关的特征；X_{F} 是父母个人及家庭的相关特征；X_{ATT} 是父母的认知态度；X_{ENV} 是非家庭的先赋条件；X_{p} 是政策因素；ε 是随机扰动项。

具体而言，在解释变量方面，子女相关特征、父母个人及家庭特征、父母认知态度、非家庭的先赋条件以及政策因素又可细分为孩子就读学段（grade，简写为 gra）、就读学校位置（real location，简写为 loc），家长性别（gender，简写为 gen）、受教育程度（education，简写为 edu）、职业（job）、家庭年收入（annual income，简写为 inc）、外出务工情况（dagong，简写为 dg）、对县镇集中办学的态度（the attitude of centralized

---

① Logit 转换需经两步处理：第一，将 P 转换成发生比 $\varOmega$：$\varOmega = \dfrac{p}{1-p}$；第二，将 $\varOmega$ 转换成 $\ln\varOmega$：$\ln\varOmega = \ln\dfrac{p}{1-p}$。

school in towns，简写为 cen）、对孩子实际就读学校教育质量的评价（education quality evaluation，简写为 qua）、希望孩子接受更好教育的意愿（better education desire，简写为 des）、对孩子在县镇学校上学额外增加成本的预估（estimated cost of education，简写为 cos）、是否希望孩子在校寄宿（boarding school，简写为 boa）、家庭所在经济区域（regions，简写为 reg）、家庭所处村庄的地理环境（geographical environment，简写为 env）、农村中小学布局调整政策（policy，简写为 pol）。

在将各变量细分之后，Logistic 回归模型可以具体化：

$$\ln\left[P/(1-P)\right] = \beta_0 + \beta_1 \text{gra} + \beta_2 \text{loc} + \beta_3 \text{gen} + \beta_4 \text{edu} + \beta_5 \text{job}$$
$$+ \beta_6 \text{inc} + \beta_7 \text{dg} + \beta_8 \text{cen} + \beta_9 \text{qua} + \beta_{10} \text{des} \qquad (4.3)$$
$$+ \beta_{11} \text{cos} + \beta_{12} \text{boa} + \beta_{13} \text{reg} + \beta_{14} \text{env} + \beta_{15} \text{pol} + \varepsilon$$

以上是笔者建立的农村家庭义务教育城乡需求模型，冀图通过数据检验与实证分析，来解释影响农村家庭义务教育城乡需求的因素。该模型便于把农村家庭义务教育城乡需求的研究进一步量化，在实证分析中检验理论框架对实际情况的拟合程度和应用性。该模型具有以下几个特点：①它考虑到农村家庭义务教育需求三大内容（城乡需求、质量需求和住宿地点需求）的互动关系，在解释农村家庭义务教育城乡需求的某个方面时，同时考虑到其他需求的影响。②虽然该模型是基于农村家庭层次上的微观分析，但它并未忽视其他因素的影响，如东部、中部、西部三大区域的影响，山区、丘陵、平原等三种主要地理环境类型及政策因素的影响等。可以说，该模型基本上是一个综合微观因素和宏观因素的相关模型。③该模型不仅考虑了客观因素的影响，也将"父母认知态度"等主观因素纳入其中。

（二）变量说明及赋值

本节采用定量分析方法，探究影响农村家庭义务教育城乡学校需求意愿的相关因素，本书涉及的重要变量如下。

1. 因变量

农村家庭对子女接受义务教育地点的城乡需求意愿。在问卷中，通过问题"您最希望孩子在哪里读书？"来获取农村家庭对受教育地点需求意愿的信息。基于研究的需要，将农村家庭受教育地点的需求意愿合并为两种类型——"农村学校需求"和"县镇学校需求"，前者是指家长希望孩子在村里的学校上学，后者是指家长希望孩子在镇上、城郊和县（市）城区的学校上学。将"农村学校需求"赋值为"0"，将"县镇学校需求"赋值为"1"。

2. 自变量

本节中自变量的选取考虑了研究目的、相关文献的经验及中国农村教育的独特特征。自变量包括孩子相关特征、父母个人及家庭特征、家长认知态度、非家庭的先赋条件以及农村中小学布局调整政策。

反映孩子相关特征的变量包括就读学段和实际就读学校位置，这两个变量均为虚拟变量，孩子就读学段以 1～3 年级为参照组；在孩子实际就读学校位置这一变量中，"1"表示实际就读于县镇学校，"0"表示实际就读于农村学校。

反映父母个人及家庭特征的变量包括性别、受教育程度、职业、家庭年收入、外出务工情况。其中，性别"1"表示男性，"0"表示女性；对于受教育程度，以"小学及以下"为参照组；对于职业变量，"1"表示非农民，0 表示农民；家庭年收入变量以"5 000 元及以下"为参照组；外出务工状况以"父母都在家"为参照组。

反映家长认知态度的变量包括：对县镇集中办学的态度、对孩子实际就读学校教育质量的评价、希望孩子接受更好教育的意愿、对孩子在县镇学校上学额外增加成本的预估、是否希望孩子在校寄宿。其中，在"对县镇集中办学的态度"这一变量中，"非常同意"＝1，"非常不同意"＝5，数值越大，表示越不同意县镇集中办学；"对孩子实际就读学校教育质量的评价"这一变量，将"较好"赋值为"1"，"差不多"赋值为"2"，"较差"赋值为"3"，数值越大，表示对孩子所在学校教育质量的评价越低；对于"希望孩子接受更好教育的意愿"这一变量而言，"强烈"＝1，"不强烈"＝0；对于"对孩子在县镇学校上学额外增加成本的预估"这一变量，以"1 000 元及以下"为参照类；对于"是否希望孩子在校寄宿"这一变量，"1"表示希望，"0"表示不希望。

反映非家庭的先赋条件的变量包括家庭所在经济区域和家庭所处村庄的地理环境。其中，"家庭所在经济区域"变量以"东部地区"为参照类；"家庭所处村庄的地理环境"变量以"平原"为参照类。

反映政策影响的变量是指农村中小学布局调整政策，"1"表示当地经历了学校布局调整，"0"表示没有经历。

　　具体的变量、赋值说明及对各自变量对因变量的可能影响方向的预测详见表 4.7。

表 **4.7**　影响农村家庭义务教育城乡需求的变量赋值及说明

变量名	代码	定义及赋值	预期方向
因变量	y	希望孩子在哪里上学？县镇 = 1，农村 = 0	
解释变量			
1. 孩子相关特征			
就读学段 （参照组：1 ~ 3 年级）	X_1	4 ~ 6 年级 = 1，否则 = 0 7 ~ 9 年级 = 1，否则 = 0	+
实际就读学校位置	X_2	县镇 = 1，农村 = 0	+
2. 父母个人及家庭特征			
家长性别	X_3	男 = 1，女 = 0	+
父母受教育程度 （参照组：小学及以下）	X_4	初中 = 1，否则 = 0 高中（中专） = 1，否则 = 0 大专及以上 = 1，否则 = 0	+
父母职业	X_5	非农民 = 1，农民 = 0	+
家庭年收入 （参照组：5 000 元以下）	X_6	5 000 ~ 15 000 元 = 1，否则 = 0 15 001 ~ 30 000 元 = 1，否则 = 0 30 000 元以上 = 1，否则 = 0	?
父母外出务工情况 （参照组：父母都在家）	X_7	父亲外出务工 = 1，否则 = 0 母亲外出务工 = 1，否则 = 0 父母均外出务工 = 1，否则 = 0	?
3. 父母认知态度			
对县镇集中办学的态度	X_8	非常同意 = 1，比较同意 = 2，不好说 = 3，不同意 = 4，非常不同意 = 5	−
对孩子实际就读学校教育质量的评价	X_9	较好 = 1，差不多 = 2，较差 = 3	+
希望孩子接受更好教育的意愿	X_{10}	强烈 = 1，不强烈 = 0	+
对孩子在县镇学校上学额外增加成本的预估（参照组：1 000 元以下）	X_{11}	1 000 ~ 3 000 元 = 1，否则 = 0 3 001 ~ 5 000 元 = 1，否则 = 0 5 000 元以上 = 1，否则 = 0	−
是否希望孩子在校寄宿	X_{12}	希望 = 1，不希望 = 0	+
4. 非家庭的先赋条件			
家庭所在经济区域（参照组：东部地区）	X_{13}	中部 = 1，否则 = 0 西部 = 1，否则 = 0	+
家庭所处村庄的地理环境 （参照组：平原）	X_{14}	山区 = 1，否则 = 0 丘陵 = 1，否则 = 0 其他地理类型 = 1，否则 = 0	+
5. 政策因素	X_{15}	是否经历学校布局调整？是 = 1，否 = 0	+

　　注："+"代表预期产生正向影响；"−"代表预期产生负向影响；"?"代表预期影响的方向不明确

三、模型回归结果及解释

邱皓政基于预测（prediction）或解释（explanation）的不同目的，将多元回归分析区分为预测型回归与解释型回归[①]。前者的目的在于实际问题的解决或实务上的预测与控制；后者的目的在于了解自变量对因变量的解释情形。这两种回归的一个重要差异表现在分析策略上：预测型回归常使用的变量选择方法是逐步回归法（stepwise regression），以最少的变量来达成对因变量最大的预测力；而解释型回归的主要目的在于厘清研究者所关心的变量间的关系，以及如何对因变量的变异提出一套具有最合理解释的回归模型。在本书中，由于每一个解释变量对于因变量的影响都是研究者所欲探讨的对象，不论其对因变量的影响显著与否，都具有学术上的价值与意义。因此，本书采用的是解释型回归分析，目的在于检验各独立变量对于因变量的解释力，对于每一个解释变量的个别解释力，都必须予以讨论和交代。

本书采用强迫进入法（enter）来进行回归模型的检验，采用极大似然估计法（maximum likelihood estimation，MLE）对该模型中的参数进行估计，其估计结果见表 4.8。从估计结果来看，该模型整体上非常显著，具有较好的拟合效果。解释变量系数的符号反映了该变量影响农户对县镇学校需求意愿的方向。

表 4.8 影响农村家庭义务教育城乡需求因素的回归分析

解释变量	因变量： $\ln\left[P_{\mathrm{T}}/(1-P_{\mathrm{T}})\right]$					
	β	S.E	Wals	df	Sig.	$\mathrm{Exp}(\beta)$
孩子就读 4~6 年级	0.350	0.107	10.61	1	0.001	1.418
孩子就读 7~9 年级	0.622	0.128	23.645	1	0.000	1.862
实际就读县镇学校	1.339	0.099	183.399	1	0.000	3.816
家长性别	− 0.162	0.089	3.310	1	0.069	0.85
父母教育程度：初中	0.166	0.107	2.407	1	0.121	1.180
父母受教育程度：高中（中专）	0.005	0.140	0.001	1	0.97	1.005
父母受教育程度：大专及以上	0.131	0.257	0.261	1	0.609	1.140
父母职业：非农民	0.332	0.123	7.312	1	0.007	1.393
家庭年收入：5 000~15 000 元	0.310	0.104	8.979	1	0.003	1.364
家庭年收入：15 001~30 000 元	0.429	0.138	9.678	1	0.002	1.536

[①] 邱皓政. 量化研究与统计分析——SPSS 中文视窗版数据分析范例解析[M]. 重庆：重庆大学出版社，2008：258.

续表

解释变量	因变量：$\ln\left[P_{\mathrm{T}}/(1-P_{\mathrm{T}})\right]$					
	β	S.E	Wals	df	Sig.	$\mathrm{Exp}(\beta)$
家庭年收入：30 000 元以上	0.620	0.371	2.791	1	0.095	1.858
外出务工情况：父亲一人外出务工	0.331	0.096	11.895	1	0.001	1.392
外出务工情况：母亲一人外出务工	−0.139	0.213	0.430	1	0.512	0.870
外出务工情况：父母均外出务工	0.327	0.134	5.925	1	0.015	1.387
对县镇集中办学的态度	−0.625	0.039	263.118	1	0.000	0.535
对孩子实际就读学校教育质量的评价	0.331	0.079	17.7	1	0.000	1.393
希望孩子接受更好教育的意愿	0.699	0.196	12.675	1	0.000	2.011
对孩子在县镇学校上学额外增加成本的预估：1 000~3 000 元	−0.152	0.113	1.806	1	0.179	0.859
对孩子在县镇学校上学额外增加成本的预估：3 001~5 000 元	−0.201	0.128	2.467	1	0.116	0.818
对孩子在县镇学校上学额外增加成本的预估：5 000 元以上	0.119	0.137	0.751	1	0.386	1.126
希望孩子在校寄宿	0.836	0.120	48.792	1	0.000	2.308
家庭所在经济区域：中部	0.265	0.115	5.314	1	0.021	1.303
家庭所在经济区域：西部	0.398	0.161	6.089	1	0.014	1.489
家庭所处村庄的地理环境：山区	−0.334	0.106	9.915	1	0.002	0.716
家庭所处村庄的地理环境：丘陵	−0.173	0.147	1.392	1	0.238	0.841
家庭所处村庄的地理环境：其他	0.250	0.169	2.181	1	0.140	1.284
经历学校布局调整	0.228	0.086	6.983	1	0.008	1.256
常量	0.363	0.316	1.314	1	0.252	1.437
−2 对数似然值	3 617.495					
Cox & Snell R^2	0.183					
Nagelkerke R^2	0.284					

注：P_{T} 为农村家庭希望孩子在县镇学校就读的概率，其中 T 是 town 的缩写

表 4.8 是农村家庭义务教育城乡需求的二元 Logistic 回归分析的结果。模型中因变量是农村家长希望孩子在县镇学校就读的对数发生比（log odds），即 $\ln\left[P_{\mathrm{T}}/(1-P_{\mathrm{T}})\right]$，它是农户希望孩子在县镇学校就读概率 P_{T} 的转换形式。Logistic 回归方程不能直接解释自变量变化对事件发生概率的影响大小，但可以分析自变量对 $\ln\left[P_{\mathrm{T}}/(1-P_{\mathrm{T}})\right]$ 的影响强度。需要注意的是，尽管 Logistic 模型的回归系数也可以用来解释因自变量一个单位的变化而导致的因变量的变化幅度，但是由于 Logistic 模型是广义线性模型（generalized linear models），对观测的因变量进行非线性的 Logistic 转换，会造成自变量

对因变量的影响是非线性的。因此，针对线性回归系数的那套解释方式在 Logistic 回归模型中就不大适用。可以用发生比率比（odds ratio）的方式对模型参数估计值进行解释（用 θ 表示）。发生比率比 θ 小于 1，则意味着关注组对某一事件发生比率小于参照组；θ 等于 1，则意味着关注组和参照组具有相同的发生比率；θ 大于 1，则意味着关注组对某一事件的发生比率的影响大于参照组。在具体的解释中，虚拟变量和连续变量所对应的发生比率的解释存在较大的差异。对于虚拟变量而言，其回归系数的指数 exp（B）揭示了关注组的发生比率与参照组的发生比率之间的倍数关系，而针对自变量为连续变量的情况，可以认为对应回归系数的指数实际上表明了该自变量每上升一个单位所带来的发生比率的倍数变化[①]。

以孩子相关特征、父母个人及家庭特征、父母认知态度、非家庭的先赋条件和农村中小学布局调整政策为自变量，以农村家庭义务教育城乡需求为因变量进行数据的逻辑回归分析，检验研究假设的正确性。回归结果证实了一部分研究假设，同时也推翻了一些假设。笔者试着对回归结果进行了解释，也许这种解释具有片面性，但正如潘光旦老先生所指出的，"现象无涯涘，因果关系无穷期，一人尽一手一足之烈，决难面面俱到，我们不能不分别的观察或解释"[②]。

（一）孩子相关特征对农村家庭义务教育城乡需求的影响

1. 孩子就读学段对农村家庭县镇学校需求有显著的正影响

从表 4.8 可知，在控制其他因素的情况下，孩子就读学段对农村家庭义务教育城乡需求在 1%的统计检验水平下具有显著性影响，且系数为正。孩子就读 4~6 年级和 7~9 年级的家庭希望孩子在县镇学校就读的发生比率是参照组（小学 1~3 年级）的 1.418 倍和 1.862 倍。可见，孩子就读年级越高，则家长希望其在县镇学校就读的意愿越强。这和笔者的假设相一致。上述结果一方面可从孩子独立能力的角度进行解释。研究者在与农村家长的访谈中发现，随着就读年级的增高，孩子的自理能力（无论是生活方面还是学习方面）相应增强，家长能够相对放心地让他们在县镇学校读书。另一方面，孩子就读年级越高，说明他们距离选拔性考试（如中考）越近，家长想送孩子

① 谢宇. 回归分析[M]. 北京：社会科学文献出版社，2010：346-347.

② 潘光旦. 人文史观：文化的生物学观[M]. 北京：商务印书馆，1937：4.

进入相对优质的县镇学校就读的意愿就越迫切。

2. 孩子实际就读学校位置对农村家庭义务教育城乡需求有显著影响

与孩子实际就读于农村学校的家庭相比，孩子实际就读于县镇学校的家庭更希望孩子就读于县镇学校，后者希望孩子在县镇学校就读的发生比率是前者的 3.816 倍。然而，这并不能证明孩子就读于农村学校的家庭对县镇学校的需求程度不高。在城乡二元分割的社会中，不同的受教育地点实际上是教育质量差异化的表达。一般而言，农村学校的教育质量低于城镇学校。那么，在条件允许的情况下，在农村学校就读学生的家长可能更希望孩子到城镇学校就读。当将问题的答案指向田野访谈时，得到的信息是，一方面，相对于农村学校而言，城镇学校的教育质量较高，那些子女原本在城镇学校就读的家庭已经享受了较高质量的教育，必然不会放弃既有的"好学校"而选择较差的农村学校，这是"由奢入俭难"在教育领域的体现。另一方面，那些在城镇学校上学的学生中，很大一部分来自被撤并学校，对他们而言，在城镇学校就读是一种刚性需求。

（二）父母个人及家庭特征对农村家庭义务教育城乡需求的影响

1. 父母个人特征的影响

1）家长性别和受教育程度对农村家庭城乡学校需求意愿的影响不显著

与女性家长相比，男性家长对子女到县镇学校就读的意愿不强，然而，这种性别差异并不具有统计上的显著性。这与本节的假设存在一定的偏差；在控制其他因素的条件下，相对于受教育程度为小学及以下的农村家长而言，无论是初中、高中还是大专及以上教育水平的农村家长都更倾向于子女在县镇学校就读，即父母受教育程度越高，家庭对子女教育需求的城镇化倾向越明显，但是，相对参照类的差异并不显著。在访谈中，笔者了解到，无论父母受教育程度如何，他们对县镇学校的偏好程度均较强，因此，在孩子受教育地点的城乡需求方面并不具有父母受教育程度的明显差异。这一发现与研究者对流动人口父母受教育程度与孩子就学地点选择之间的关系具有内在的重合之处，均未发现被访者受教育状况对孩子教育地点的城乡需求有显著影响[1]。

---

① 参见：茅锐. 流动人口子女进城就学决策形成机制研究及政策建议[J]. 经济科学，2007（4）：109-118；陶然，孔德华，曹广忠. 流动还是留守：中国农村流动人口子女就学地选择与影响因素考察[J]. 中国农村经济，2011（6）：37-44.

2）家长职业对农村家庭义务教育城乡需求影响显著

与务农相比，家长非农就业对城镇学校的需求具有显著的正向影响。正如刘精明所认为的，在现代化进程中，不同职业地位之间的差异性程度增强，附属于职业的资源差异加大，从而使职业地位对个体生活的意义之差别增大[①]。与农民相比，非农就业的家长拥有的资源更多，对于子女在城镇学校上学的支付能力更强，而职业等级越低的家庭，家庭教育需求的城镇化倾向越弱。实地访谈的资料验证了笔者的假设。

2. 家庭特征对农村家庭义务教育城乡需求的影响

1）家庭经济状况对农村家庭县镇学校需求影响显著

在控制其他因素不变的情况下，家庭年收入对农村家庭县镇学校需求意愿具有显著的积极影响，即年收入越高的家庭希望孩子就读于县镇学校的意愿越强烈。可见，农村家庭义务教育城乡需求对家庭年收入的反应较为敏感。通过对农村家长的访谈获悉，家庭经济状况在客观和主观两方面影响农村家庭县镇学校需求：一方面，与孩子在农村学校就近入学相比，如果孩子在县镇学校上学，其教育支出必然增加。因此，家庭年收入越高，家庭教育支付能力越强，其子女进入县镇学校读书面临的经济约束越小；另一方面，家庭经济收入的提高还会强化父母对孩子质量的偏好，从而在孩子的教育方面投资更多。本书关于家庭经济状况与农村家庭教育地点的选择与孙翠清和林万龙的研究结论相悖，他们的研究发现农户家庭经济状况对农户子女到县城学校借读没有显著影响[②]。

2）父母外出务工对农村家庭义务教育城乡需求影响显著

由表 4.8 可知，父母外出务工对农村家庭义务教育城乡学校需求的影响较复杂，但总体上看是显著的。父母外出务工将使家庭收入增加，这放宽了收入对子女教育的约束，将对子女教育产生积极的正面效应。这与吕开宇等的研究结论相似[③]。但具体而言，不同务工类型的家庭对义务教育城乡需求的影响具有差异性：与父母都在家的家庭相比，父亲一人在外务工的家庭和双亲均在外务工的家庭更希望孩子在县镇学校就读，且具有统计上的显著

---

① 刘精明. 教育不平等与教育扩张、现代化之关系探析[J]. 浙江学刊，2000（4）：66-71.

② 孙翠清，林万龙. 中国农村公共服务需求问题研究——基于农户的视角[M]. 北京：经济科学出版社，2011：108.

③ 吕开宇，王桦，金莲. 不发达地区父母外出非农就业对子女教育的影响——从儿童辍学原因谈起[J]. 农业经济问题，2006（4）：25-31，79.

性，而母亲一人在外务工的农村家庭对孩子在县镇学校就读的需求意愿不强，且不具有统计上的显著性。

对于以上研究结论，非常可能的解释是，一方面，从总体来看，外出务工增加了家庭的非农收入，提高了家庭的教育支付能力。雷万鹏和杨帆以"儿童拥有的零花钱的多少"作为家庭经济状况的替代变量，结果表明，外出务工家庭的经济状况普遍好于非外出务工家庭[①]。另一方面，劳动力外出务工是一种家庭生计策略，孩子父母哪个外出务工，哪个留下来照顾家庭，是使家庭全体成员福利最大化决策的结果，并以获取相对较高的经济收入为最直接目的。在农村家庭中，若夫妻二人中只能有一人外出务工，通常会是丈夫。究其原因可能是两个：①女性的"被预期收入"低于男性，出于家庭利益最大化的考虑，将会选择丈夫外出[②]。②"男主外、女主内"的传统观念以及女性历来所承担的家庭职责，会对家庭劳动力外出务工决策产生影响，从而导致若夫妻间只能有一人外出务工时，丈夫外出务工的可能性增强。然而，笔者在实地调查中也发现有妻子单独外出务工的家庭，这类家庭多是残缺家庭，如丈夫去世或者丈夫因身体原因而无法外出务工。因此，父亲一人外出和父母同时外出的家庭的经济状况好于母亲一人外出务工的家庭。这可能是母亲一人外出务工家庭对城镇学校需求相对偏弱的原因。该发现与孙翠清和林万龙的研究不同，他们的研究结论是，母亲单独外出务工对子女在县城学校借读具有显著的正向影响。他们给出的解释是，幼年子女一般由母亲照顾，母亲外出务工时可能将子女带在身边照顾。[③]但现实情况是，母亲并不一定在县城务工。

（三）家长认知态度对农村家庭义务教育城乡需求的影响

1. 家长对县镇集中办学的态度显著影响县镇学校需求

家长对县镇集中办学的态度显著影响他们对县镇学校的需求意愿。从回归模型的结果来看，家长对县镇集中办学的态度这一变量的统计检验在 1%的水平上显著，回归系数为负。这说明在其他条件不变的情况下，家长对在

---

① 雷万鹏，杨帆. 对留守儿童问题的基本判断与政策选择[J]. 教育研究与实验，2009（2）：24-29.

② 谭深. 家庭策略，还是个人自主——农村劳动力外出决策模式的性别分析[J]. 浙江学刊，2004（5）：210-214.

③ 孙翠清，林万龙. 中国农村公共服务需求问题研究——基于农户的视角[M]. 北京：经济科学出版社，2011：100-111.

县镇集中办学的态度越积极，其对子女在县镇学校就读的需求意愿也就越强烈，而对在县镇集中办学的态度越消极，对县镇学校的需求意愿越低。这与研究者的理论预期保持一致。县域教育城镇化虽然是大势所趋，但却并不能得到所有农村居民的认同。在访谈中，有些家长将撤并农村学校后在县镇集中办学的做法称作"劳民伤财"，认为是"不人道的做法"。因此，他们抵触将子女能够就近上学的学校撤并后在城镇学校集中上学。

2. 家长对孩子实际就读学校教育质量的评价显著影响农村家庭县镇学校需求

由表 4.8 可知，家长对孩子实际就读学校教育质量的评价显著影响农村家庭的城乡学校需求，孩子所在学校教育质量越差的家庭，越希望孩子在县镇学校就读。这与笔者的假设相一致，也与孙翠清和林万龙的研究结论具有相似性[①]。这说明，教育质量影响农村家庭教育需求的区位选择。正如胡俊生所认为的，农村学生向城镇流动，正是基于农村家庭对城镇优质教育资源的渴求，对农村教育现状的不满，以及对前景的失望而产生的[②]。由此可见，城乡教育均衡的下一步目标也是终极目标是教育质量均衡。

3. 家长希望孩子接受更好教育的意愿对县镇学校需求有显著正向影响

从家长对孩子接受更好教育的意愿来看，希望孩子接受更好教育的意愿与对县镇学校的需求之间存在正向关系，即与希望孩子接受更好教育"不强烈"的家庭相比，这一意愿"强烈"的家庭对县镇学校表现出较强的偏好，这与笔者的假设相一致，且二者之间的关系具有统计学上的显著性。这潜在地说明，农村家庭城镇化需求与优质教育需求有一定的重合度，对城镇学校的需求在实质上是对优质教育的需求。若要提升农村学校的吸引力，除了提高农村学校的教育质量外，别无他法。

4. 对孩子在县镇学校上学的额外增加成本的预估对农村家庭县镇学校需求影响不显著

家长对子女在城镇学校上学的教育成本预测对农村家庭县镇学校需求影响不显著。在模型中，该变量的影响具有样条函数的非线性性质。与预估教

---

① 孙翠清和林万龙的研究发现，孩子原就读学校的教育质量对学生进城就读行为有负的显著影响，参见：孙翠清，林万龙. 中国农村公共服务需求问题研究——基于农户的视角[M]. 北京：经济科学出版社，2011：108.

② 胡俊生. 农村教育城镇化：动因、目标及策略探讨[J]. 教育研究，2010（2）：89-94.

育成本低于 1 000 元/年的家长相比，预估教育成本为每年 1 000~3 000 元及 3 001~5 000 元的家庭对城镇学校需求不强，这说明，家长对子女在城镇学校上学的预期成本越高，农村家庭对城镇学校的需求意愿就越弱。然而，当家长预期的教育费用为每年高于 5 000 元以上时，这一现状发生了逆转，即家长希望孩子在城镇学校就读的意愿增强。

对于上述这种情况，可能的解释是，家庭收入水平与家长对孩子在县镇学校上学的教育费用的估计之间呈现出正向关系，且不同收入水平的家庭对孩子在县镇学校上学的教育费用的估计呈现出显著的差异性（χ^2=260.582，p=0.000），即家庭收入水平较高者，他们对孩子在县镇学校上学的教育费用的估计可能就高，高收入使得他们对货币的感知价值较低，因此教育费用对于高收入家庭而言并不构成太大的影响，对他们而言，与新增的教育费用相比，能让孩子在县镇学校上学，能够接受更好的教育，这才是最关键的；而对于收入水平较低的家庭而言，教育费用则具有较大的约束性。然而，预估教育费用对农村家庭城镇学校需求的影响无论是正向的还是负向的，均没有通过显著性检验。

5. 家长是否希望孩子在校寄宿显著影响县镇学校需求意愿

家长对孩子在校寄宿的态度显著影响义务教育城乡需求。与不希望孩子在校寄宿的家庭相比，希望孩子在校寄宿的家长对县镇学校的需求较强。这既印证了当前在农村地区集中举办城镇学校和兴办寄宿制学校的同步性，也说明集中举办县镇学校的先决条件是要确保学生寄宿条件的完备性。

（四）非家庭的先赋条件对农村家庭义务教育城乡需求的影响

1. 家庭所在经济区域显著影响农村家庭县镇学校需求

从家庭所在经济区域变量看，在控制了其他因素的情况下，东部、中部、西部的农村家庭对县镇学校的需求存在显著差异。与东部地区的家庭相比，中部地区和西部地区的家长更希望孩子在县镇学校就读，且西部地区的农村家长对县镇学校的需求意愿更为强烈。这可以从我国义务教育发展不均衡现状的视角进行解释。我国义务教育不均衡有三个方面的表现：城乡之间的不均衡、区域之间的不均衡及同一区域内的校际不均衡，由于校际不均衡的问题在前面（孩子实际就读学校教育质量）已经谈及，因此，在这里主要聚焦于义务教育的城乡差异和区域差异。

其一，城乡义务教育发展不均衡，城镇义务教育发展较农村地区有较强的优势。当前，无论学术研究还是政策制定都承认中国城乡教育发展的非均衡性，都习惯于将这种非均衡状况作为学术研究和政策制定的起点。

其二，区域义务教育发展不均衡。随着我国社会主义市场经济的推进，不同区域经济发展水平之间的差距越来越明显，与此同时，教育发展同样表现出随地区而不同的差序格局，这种差距首先表现在东部、中部、西部三大区域之间。刘书祥和童光辉指出，义务教育筹资机制过分地方化，导致义务教育发展的地区差距不断拉大，尤其是东部、中部、西部三大经济地带的差距更为明显[1]。在东部、中部、西部这三大区域中，东部地区优于中西部地区，而西部地区最差。万国威以校舍建设、物资保障和师资水平为指标，对我国东部、中部、西部普通初中教育的发展状况进行定量研究，他发现，对于任一指标，我国普通初中教育均存在东部优势，而中部地区相对西部地区而言也具有比较优势[2]。对中西部地区的农村家庭而言，当遭遇义务教育城乡及区域发展不均衡的双重劣势时，为将这种劣势的影响最小化，希望孩子进入县镇学校就读可能是一种应然的选择。不同区域城乡义务教育的相对地位可通过表 4.9 呈现出来。

表 4.9　不同区域、城乡义务教育相对地位

区域	东部	中西部
县镇	＋＋	＋－
农村	－＋	－－

注：“＋”表示相对优势；“－”表示相对弱势

2. 山区家庭对孩子在县镇学校上学的意愿较低

从家庭所处的地理环境看，与平原地区的农村家庭相比，位处山区、丘陵对农村家庭县镇学校的需求具有负向影响，且山区对农村家庭县镇学校需求的影响具有显著的统计学意义，这与笔者的假设一致。可能的解释是，平原地区地势平坦，交通条件相对较好，学生及其家庭可承受的上学距离相对较远，如张洪华和戴成林的调查发现，平原地区农村中小学生可以承受的

---

① 刘书祥，童光辉. 财政分权、软预算约束与地区间义务教育差异分析[J]. 地方财政研究，2008（3）：22-27.

② 万国威. 解构我国普通初中教育的区域差异：教育福利的视角——基于我国 31 省市初中教育状况的定量研究[J]. 中国青年研究，2011（8）：59-64.

上学距离明显高于实际距离[①]，而山区、丘陵地区交通条件不便，如果在县镇学校上学，使学生上学路程变远，交通安全及交通成本加大了农村家长的经济和心理负担。实地调研的发现证实了笔者的解释。

（五）农村中小学布局调整政策对农村家庭义务教育城乡需求的影响

一般而言，政策因素对于主体的行为会起到激励或约束的作用。例如，陶然等发现，城市公办学校的教育政策显著影响流动人口子女的就学地选择[②]。从回归结果来看，中小学布局调整政策对农村家庭城镇学校需求呈现正影响，即农村中小学布局调整政策在一定程度上激化了农村家庭对城镇学校的需求。山西 S 县一家长的看法能够对该结果做出解释："反正村里的学校被撤了，娃到指定的农村学校读书也是读，到城镇也是读，还不如一步到位选择城镇学校。"对城镇学校校长、老师的访谈同样证实了在农村中小学撤并后，到城镇学校上学的学生明显增加。山西 S 县城某小学生源爆满，校长每天不敢在办公室办公，以躲避来自农村地区想让子女前来读书的家长的围追堵截。

以上从孩子相关特征、父母个人及家庭特征、父母认知态度、非家庭的先赋条件及农村中小学布局调整政策五个方面共计 15 个二级变量对影响农村家庭义务教育城乡需求的因素进行分析，研究具有较强的解释度。然而，仍然需要指出的是，本书实证分析所采用的问卷调查数据缺少学生性别和学业成绩的相关资料，学生性别是教育研究中常用来分析教育公平问题的重要变量。例如，"性别偏好"假说认为，如果父母偏爱某一性别的子女，则该性别的子女获得更多教育资源的可能性就增加[③]。由于我国传统的农村家庭带有浓厚的"父权"色彩，"男孩偏好"的社会化价值取向较强。人们一般假定，在中国传统的"重男轻女"思想的影响下，家庭会更重视男孩的教育，因此农村家庭可能更倾向于男孩子到教育质量更高的县镇学校接受教育；学业成绩可能是影响农村家庭义务教育城乡需求的诱因，有研究发现，对于农户而言，在子女的教育问题上往往采取"效率优先"的原则，即学业

---

① 张洪华, 戴成林. "远了"，还是"近了"？——苏镇中小学生上学距离的实证研究[J]. 上海教育科研, 2011（11）：49-53, 57.

② 陶然, 孔德华, 曹广忠. 流动还是留守：中国农村流动人口子女就学地选择与影响因素考察[J]. 中国农村经济, 2011（6）：37-44.

③ 李宏彬, 张俊森. 中国人力资本投资与回报[M]. 北京：北京大学出版社, 2008：52-73.

成绩好的子女在家庭资源的分配上往往是获取份额最大者。因此，孩子性别和学业成绩变量的缺失可能在一定程度上影响到实证分析的精度和深度，这也是在后续的研究中应该重点关注的，相关的研究问题仍有待在数据条件改善的情况下进行进一步的探讨。

第三节　小结、讨论和建议

一、小结

本书利用来自全国10省（自治区）的6 105个农村家庭的调查数据，分析了农村中小学布局调整背景下农村家庭义务教育城乡需求的整体特征、不同特征家庭的差异性，并通过构建二元 Logistic 回归模型，深入分析了影响农村家庭义务教育城乡需求的因素。研究结论如下。

（一）农村家庭义务教育需求的城镇化趋势

从总体上看，农村家庭对县镇学校表现出较强的偏好，77.8%的农村家长希望孩子就读于县镇学校。由此推知：一方面，农村教育城镇化趋势势不可挡；另一方面，农村教育城镇化不仅是顺应农村学龄人口变动和城镇化发展的客观需要，同时也是顺应农村家庭义务教育需求的需要。然而，农村家庭义务教育城镇化需求仅是一个一般性的描述与判断，具体到我国当前的农村社会和不同的家庭，这一问题便变得更加复杂。

乡镇学校的作用不可忽视。在县域范围内，尽管农村家庭更偏好县城学校，但笔者同样发现，乡镇学校仍表现出较强的吸引力——28.5%的农村家庭希望孩子在乡镇学校就读。这为农村义务教育发展的政策制定提供了一个重要的信息——乡镇学校对于农村教育发展的作用不可忽视，尤其是在中小学布局调整中所推动的"教育县城化"的背景下，通过发展乡镇学校，提高乡镇学校教育质量，既可以解决因"村村办学"而带来的教育资源利用效率低下的困境，提高教育资源的整体利用效率，还可以缓冲县城学校教育资源严重短缺的局面，避免县城"大规模"学校和"大班额"学校的出现。

（二）农村学校发展对社会弱势群体具有重要价值

在县域范围内，尽管教育城镇化是大势所趋，但需要高度关注的是，依然有 22.2%的农村家庭希望孩子就读于农村学校。通过分析发现，这部分家庭多为农村社会弱势群体，他们或者因经济约束而不具备送孩子进入县镇学校就读的条件和实力，或者因孩子年龄太小而不放心将他们送到县镇学校就读，或者因为地理环境恶劣和交通条件不便而限制了他们选择县镇学校。在农村中小学布局调整的背景下，农村优势群体家庭的教育城镇化需求不仅成为农村社会的主导需求，更成为政府高度重视的需求。例如，各地均把大力发展县镇学校、实现规模化、集中化办学的理由归因于农村家庭的自发追求，在此过程中，农村社会弱势群体的教育需求往往被置于政策的视野之外。

农村学校对于保障农村弱势家庭子女的受教育机会，确保孩子就近、安全上学具有重要意义。如果不顾及这部分群体的需要而强行关闭农村学校，这部分群体的教育利益将受到严重伤害，弱势群体家庭可能被迫将孩子送到城镇学校就读，这无疑将加重家庭的教育负担，更有甚者将导致孩子中途辍学。无论是哪一种状况，对于农村弱势群体家庭而言无异于雪上加霜。因此，在农村中小学布局调整政策的整体考虑上，既要适应城镇化趋势大力推进教育的城镇化，更要考虑社会弱势群体独特的教育需求，注重农村学校的建设和发展。

（三）影响农村家庭义务教育地点需求的因素

本章以来自全国 10 省（自治区）的 6 105 份农村家庭微观调研数据，利用二元 Logistic 回归模型，对影响农村家庭义务教育城乡需求的因素进行分析，结果表明。

孩子就读学段显著影响农村家庭义务教育城乡需求。孩子就读高年级（4~6 年级、7~9 年级）的家庭更希望孩子在县镇学校就读，而孩子就读低年级段的家庭对农村学校的需求更强。这种结果表明，学校的城乡布局应该考虑到受教育者的年龄特征，以保证低年级学生就近入学的需求为底线；孩子实际就读学校的位置显著影响农村家庭义务教育城乡需求，孩子实际就读县镇学校的家庭对县镇学校的需求更强，而孩子实际就读农村学校的家庭对农村学校的偏好更强。这种结果表明，农村中小学布局调整应充分考虑农村家庭受教育地点的"惯性作用"，充分尊重农村家庭的现实需要，通过广泛宣传让广大民众充分了解农村中小学布局调整政策。

家庭经济状况显著影响农村家庭义务教育城乡需求。其中，年收入水平越高的农村家庭对县镇学校的需求程度越强，而低收入家庭对县镇学校的需求较弱。这种结果表明，县镇学校就学决策存在经济约束，因此，农村中小学布局调整应该差异对待不同收入水平的农村家庭，保证低收入家庭儿童的受教育权。就农村学校布局调整政策而言，应在学生寄宿、交通费用补偿、困难补助发放等方面对农村社会弱势群体家庭给予更多的政策倾斜和支持；家长的职业显著影响农村家庭义务教育城乡需求。非农就业的家庭希望孩子在县镇学校就读的倾向较强，而家长职业为农民的家庭对县镇学校的需求意愿较弱；父母外出务工也会对农村家庭义务教育城乡需求产生影响，与父母均在家的家庭相比，父亲一人外出务工和双亲外出务工的家庭对县镇学校的需求更强烈。

孩子所在学校教育质量、家长对教育质量需求程度显著影响农村家庭义务教育城乡需求。研究发现，孩子所在学校教育质量越差，家长对孩子在县镇学校就读的需求越强；家长对教育质量需求程度越高，农村家庭对县镇学校的偏好越强。由此可见，农村家庭义务教育需求的城镇化意愿与优质教育意愿有一定的重合度[①]。这也预示着教育城镇化要与提高教育质量同步进行，不能因为城镇学校大规模办学而稀释了原本优质的教育资源，导致教育质量的降低；家长对县镇集中办学的态度显著影响县镇学校需求，对县镇集中办学持支持态度的家长更希望孩子在县镇学校上学；希望孩子在学校寄宿的家长更希望孩子在县镇学校上学，可见县镇集中办学和发展寄宿制学校之间同样存在一定的重合度。

家庭所在区域、所处地理环境对农村家庭义务教育城乡需求的影响显著。与东部地区相比，中部、西部地区的农村家庭对县镇学校需求的倾向更强。这种情况表明，我国义务教育的发展不仅存在较大的城乡差异，而且存在区域差异；与平原地区相比，地处山区的农村家庭对县镇学校需求的意愿较弱。这种情况表明，教育城镇化应因地制宜，对地理环境做充分的考虑。

农村中小学布局调整政策显著影响农村家庭义务教育城乡需求。与未经历学校布局调整地区的家长相比，经历了学校布局调整地区的家长对县镇学

---

① 雷万鹏. 家庭教育需求的差异化与学校布局调整政策转型[J]. 华中师范大学学报（人文社会科学版），2012，51（6）：147-152.

校的需求较强。由此可见，农村中小学布局调整通过撤并农村小规模学校、发展县镇学校的方式对农村家庭的教育地点选择形成了影响，这种影响既可能是通过被迫的方式（如在农村无校可上），也可能是吸引的方式（如通过提高县镇学校的质量）实现的。

二、讨论

农村家庭对县镇学校表现出较强的偏好。笔者感兴趣的是，农村家庭是主动偏好还是被动选择县镇学校？当前的义务教育供给是顺应教育需求还是诱导需求？农村教育是否应该走城镇化之路？

（一）农村家庭主动还是被动偏爱县镇学校？

以上分析表明，绝大多数的农村家庭对县镇学校表现出较强的偏好。从表面上看，对县镇学校的选择是农村家庭的主动追求，而实际上如何呢？笔者认为，农村家庭偏爱县镇学校是在被动的条件下做出的主动选择，这可以从城乡教育质量的差异略见一二。

长期以来的城乡二元分割、农村支持城市的社会发展战略对教育也造成了严重的影响，教育质量呈现出明显的城乡差异。农村教师是农村教育发展最重要的人力资源和第一推动力。农村教师的质量在很大程度上可以代表农村教育的质量。

1. 城乡学校教师学历差异

笔者选取了教师学历这一惯常指标。学历对于教师个体和教师队伍均具有重要意义。对于个体而言，我国学者认为，学历即学习经历，表示一个人的受教育程度[①]。教师学历水平是衡量教师自身受教育程度的重要指标之一，在一定程度上，学历可以反映个体的知识积累情况，学历越高，知识积累将越多。教师知识积累越多，则越有利于教师自身、学生以及学校教育教学工作的开展，因此追求学历达标和高学历是社会及多数教师的目标。对于教师队伍而言，学历结构是衡量教师队伍的理论知识水平、专业素养和学术能力的基础性标准，也是衡量教师队伍整体素质最具量化性、最具权威性的

---

① 顾明远. 论学历主义与教育[J]. 教育研究, 1995（4）：16-18.

指标。笔者通过将农村教师和县镇学校教师学历结构的对比来看城乡学校的质量差异。

（1）从小学教师的学历看。现行中小学教师合格学历标准的确定来自1993 年 10 月颁布的《中华人民共和国教师法》（以下简称《教师法》），《教师法》规定，取得小学教师资格，应当具备中等师范学校毕业及其以上学历①。如果将中专（高中）作为小学教师的"合格学历"，低于这一标准的为"不合格学历"，高于这一合格学历的为"高学历"，那么，如表 4.10所示，农村小学和县镇小学的不合格学历教师的比例分别是 0.7%和 0.2%，农村小学的不合格学历教师比例高于县镇小学 0.5 个百分点；农村小学和县镇小学高学历的教师比例分别是 69.6%和 87.9%，前者低于后者 18.3 个百分点，尤其是大学本科及以上学历的教师比例，农村小学低于县镇小学 15.6 个百分点。

表 4.10　农村和县镇中小学教师学历比例比较

学历	小学		初中	
	农村	县镇	农村	县镇
初中	0.7%	0.2%	0.8%	0.5%
高中（中专）	29.7%	11.9%	1.9%	2.5%
大专	51.7%	54.4%	36.6%	30.8%
本科及以上	17.9%	33.5%	60.7%	66.2%

资料来源：基于对"教师卷"的分析

（2）从初中教师学历看。《教师法》规定，取得初级中学教师应当具备高等师范专科学校或者其他大学专科毕业及其以上学历，如果将大专学历作为初中教师的"合格学历"，那么对教师样本的分析表明，农村初中学校和县镇初中学校"不合格学历"教师分别占相应群体的 2.7%和 3.0%，农村初中学校学历不达标教师低于县镇学校 0.3 个百分点；农村初中和县镇初中"高学历"教师比例分别占相应群体的 60.7%和 66.2%，农村初中高学历教师低于县镇初中学校 5.5 个百分点。通过以上对城乡中小学教师学历的比较，可以得出一个整体的认识：从总体上看，农村中小学教师的学历低于县镇中小学，如果学历可以代表教师基本素质的话，农村中小学教师的整体素

---

① 在我国，中等师范和高中属于同一层次，因此，我们将具备高中学历的也列入小学教师的合格学历。

质低于县镇中小学。

2. 城乡学校教师队伍稳定性比较

农村教育发展，教师为本；农村学校持续发展和质量提升的根本在于师资队伍，"而师资队伍建设的前提条件是教师队伍的稳定性"[1]。作为学校的最核心资源，教师的流动状况被看作反映义务教育学校师资队伍稳定性的晴雨表。在本书中，以"教师换学校意愿"作为教师队伍稳定性的操作化指标。

通过"学校地点"与"教师换学校意愿"两变量的交互分析发现，如表 4.11 所示：11.2%的农村教师对换学校表示出"特别强烈"，另有 20.1%的教师表示出"比较强烈"的换学校意愿，二者合计占 31.3%，即三成农村教师有强烈的换学校意愿；在县镇学校，5.7%的教师对换学校的意愿"非常强烈"，低于农村学校 5.5 个百分比，表示"比较强烈"的占17.1%，低于农村学校 3 个百分点，即县镇学校教师中有换学校意愿的教师占 22.8%，低于农村学校 8.5 个百分点。这意味着，与农村学校相比，县镇学校教师队伍相对稳定。

表 4.11 城乡学校教师换学校意愿

	选项	特别强烈	比较强烈	不强烈	很不强烈	合计
农村学校	频数	70	126	359	72	627
	百分比	11.2%	20.1%	57.2%	11.5%	100.0%
县镇学校	频数	197	589	2 217	439	3 442
	百分比	5.7%	17.1%	64.4%	12.8%	100.0%

资料来源：基于对"教师卷"的分析

教师的合理流动是缩小师资队伍差距，促进义务教育均衡发展的有效手段。然而，当前的教师流动主要是单向的自主的流动，即主要是从农村向县镇、从县镇向城市的流动。在田野调查中，对农村学校校长和其他负责人的访谈同样证实了，农村学校近年来有教师因非政策性的原因（如支教或轮岗交流）流动到县镇学校的现象。这种从农村学校向县镇学校的教师单向流动，导致优质师资日渐从农村学校向城镇学校集中，从薄弱学校向优质学校集中，从而严重影响义务教育的城乡和校际均衡。也正是在这样的现实背景下，农村家

① 卢彩晨，邬大光. 中国民办高等教育回顾与前瞻[J]. 教育发展研究，2007（6）：1-9.

庭才对县镇学校表现出强烈的需求。由此推知，与其认为农村家庭是主动选择县镇学校，毋宁认为他们是在对农村教育质量不满意的背景下的被动选择。

（二）教育供给：是顺应需求还是诱导需求

在实地调研中，教育行政部门往往将当地撤并农村学校、发展县镇学校的理由归因于"顺应老百姓的需求"，理由在于："那么多农村学生舍近求远、不惜成本来县镇学校读书。"在多地的实证调研中，笔者也曾目睹县镇学校人满为患和农村学校门可罗雀，在这里，笔者并不想否认农村家庭对县镇学校需求的现实，笔者感兴趣的是，政府在对义务教育的供给方向上，究竟是在顺应农村家庭的县镇学校需求还是在进一步诱导县镇学校需求？从农村家长和教育行政部门对"县镇集中办学"的差异化态度可知一二。

首先，考察农村家长对在县镇集中办学的态度。由表4.12可以看出，对"县镇集中办学"表示"非常同意"和"比较同意"的农村家长分别占17.5%和28.9%，即46.4%的农村家长对县域范围内的"县镇集中办学"表示支持；22.1%的农村家长对县镇集中办学的态度表示为"不好说"；对县镇集中办学表示"不同意"和"很不同意"的家长分别占25.7%和5.8%，即接近1/3的农村家长对县镇集中办学明确表示不支持。

表 4.12　农村家长对"县镇集中办学"的态度

选项	频数	百分比	有效百分比	累计百分比
非常同意	1 048	17.2%	17.5%	17.5%
比较同意	1 735	28.4%	28.9%	46.4%
不好说	1 324	21.7%	22.1%	68.5%
不同意	1 544	25.3%	25.7%	94.2%
很不同意	350	5.7%	5.8%	100.0%

再来看教育行政部门对于县镇集中办学的态度。通过对"县市信息表"的分析得知，在未来 5 年内，61.4%的县市教育行政部门负责人将"进一步撤并教学点和村小，实行集中化、规模化办学"作为当地学校布局调整的重点，而选择"重点发展农村教育，增强农村学校吸引力"的占49%。由此可见，教育行政部门对县镇集中办学的兴趣高于发展农村学校的兴趣。对"学校信息表"的分析表明，35.9%的中小学校长认为他们所在的学校 5 年内有可能被撤并，其中，91.2%的可能被撤并学校位处农村。

以上分析表明，教育行政部门相比家长对县镇集中办学表现出更强的偏好，在这种偏好的驱使下，通过撤并农村学校而集中、规模化发展县镇学校的方式调整学校布局结构，或者对农村学校采取自由放任的发展政策，在这种背景下，部分农村家庭为了孩子的学业，不得不舍近求远，选择县镇学校就读。2012年3月，笔者在山西省S县某小学家长小组座谈中得知，农村家长为孩子选择县城学校就读，除了县城学校教学质量好这一原因之外，"最重要的是农村学校被撤了，无法就近入学"。

（三）县域教育是否应走城镇化之路？

县域是中国经济、社会发展和制度演进的基本空间。县域教育具有区域性、综合性和层次性等特征，它不仅包括县城教育，也包括乡镇教育和村域教育各个层面[1]。就县域义务教育而言，不仅包括县城学校，还包括乡镇学校和农村学校。随着办学标准的逐步规范与提高，农村中小学布局经过不断调整，学校逐渐由分散趋向集中，出现了"小学向乡镇集中，初中向县城集中"的趋势，县域教育呈现出显著的城镇化特点，如湖北某县实现了70%的初中生到县城上学，70%的小学生到城镇上学。与此同时，农村学校因生源锐减和生源向城镇流动而成为"小规模学校"乃至"空壳学校"。在此背景下，关于县域内义务教育阶段学校布局的方向选择问题引起社会各界的广泛关注并引发争论。纵观学者对县域内义务教育学校布局方向的论争，主要围绕县域教育是否应该城镇化而展开，出现了两大分支，即"支持县域教育城镇化"和"反对县域教育城镇化"。这两种观点的立论依据是什么？应如何看待教育城镇化和农村教育发展的关系？

1. 支持县域教育城镇化：理由与实践

（1）教育城镇化是教育与城镇化相互促进的需要

教育和城镇化的关系是一个值得反思的重要问题。根据二者所起作用的力度及我国的实践，可以将二者的关系设定为两种：一种情况是，城镇化是主导因素，教育应顺应城镇化的要求，从而走上"教育城镇化"之路；另一种情况是，教育是主导因素，依托"教育城镇化"来推动城镇化的进程。

① 张黎，余志君. 城镇化进程中县域教育资源整合新探[J]. 教育发展研究，2007，29（12）：61-65.

1）教育城镇化是教育顺应城镇化发展趋势的需要。城镇化的核心特点是要素的聚集，尤其是人口的聚集，人口的聚集改变了人口的城乡分布结构和密度。在县域范围内，越来越多的农村劳动力进城务工，到城镇寻求就业与发展机会。与劳动力同时流动的还有他们的子女，据全国妇联 2013 年 5 月发布的《我国农村留守儿童、城乡流动儿童状况研究报告》，仅小学阶段的流动儿童规模为 999 万人[①]。流动家长希望他们的子女能够随迁在城镇学校就读。原有的城镇学校教育资源供给难以满足源源不断增加的教育需求，而农村学校却生源渐稀。因此，城镇化在客观上对教育资源的配置提出了集中化的要求。在农村中小学布局调整中，绝大多数农村地区都将当地在县镇集中办学归因于城镇化发展的需要，通过撤并农村学校、集中发展城镇学校、扩大城镇学校规模的路径走教育城镇化之路。

2）县域教育城镇化是教育推进城镇化发展的需要。有研究者认为，教育是城镇化必不可少的有力支撑、先导和基础[②]。实际上，教育并非单纯地、被动地顺应城镇化的要求，而是城镇化的引擎和重要的推动力。教育除了顺应城镇化的要求外，还可以推动城镇化的进程。国际经验和我国学者的实证研究[③]均表明，教育投入能推动城镇化的发展。通过增加教育投入，提高人口的受教育年限和教育水平，从而使人口素质得以提升，使他们更愿意并且有能力在现代化的城镇中生活、发展，这不失为一条很好的道路。然而，无论是国际经验还是我国学者的实证研究，分析的均是教育投入的整体水平对城镇化的影响，除此之外，在教育投入水平固定的情况下，投入结构对城镇化同样起到推动作用。例如，在县域内，将教育资源集中于县镇，通过教育城镇化的方式带动城镇化水平的提高和当地经济的发展。通过在城镇举办"教育新城"或"教育园区"，从而推进城镇化水平的提高。实践证明，教育是推动农村人口向城镇集聚的利器，通过在城镇集中办学，让更多的学生集中在城镇就读，有利于将更多的农村常住人口转移到城镇，促进县域经济的繁荣。在湖北、陕西、山西等多地的实地调研中，笔者均发现当地

---

① 全国妇联课题组. 全国农村留守儿童城乡流动儿童状况研究报告[J]. 中国妇运，2013（6）：30-34.

② 张春铭. 教育是城镇化发展的基础和先导[N]. 中国教育报，2013-03-10.

③ 北京大学国家发展研究院课题组利用我国 1997~2005 年各省面板数据的分析表明，在控制了其他因素的影响下，人均受教育年限每增加 1 年，城镇化水平会提高 2.2 个百分点；人均教育经费增加一倍，城镇化率会提高 7.61 个百分点。参见：北京大学国家发展研究院课题组. 教育资源配置对城镇化进程的影响研究[EB/OL]. http://www.nsd.edu.cn/cn/article.asp?articleid=15133，2013-01-28.

通过发展城镇学校从而拉动城镇学校周边房地产开发的现象。由此可见，义务教育已经成为推进县域城镇化的重要力量和风向标。

（2）教育城镇化是城乡教育一体化发展的产物

"建立城乡一体化义务教育发展机制"是当前教育发展的重要任务。然而，长期以来，"重城抑乡"的国家发展战略的结果是严格的城乡二元分化。教育系统内嵌于宏观的社会结构中，它非但没有超越城乡的区隔，反而在一定程度上复制并升华了这一社会结构的特征。从总体上来看，农村学校无论在办学条件、经费投入、教学质量等方面均落后于城镇学校。在城乡义务教育发展严重不均衡的背景下如何实现城乡教育一体化发展？教育城镇化的支持者们认为，"无论我们在乡村学校建设上下多大力气、投多大成本，终究是'青山挡不住，毕竟东流去'。基础教育上的'离村不离乡''进乡（镇）不进城'的设计没有前途"[1]。在他们看来，发展农村教育是徒劳无益的，既不适应社会发展的要求，也不会对农村教育带来真正的转机与希望。相反，教育城镇化有助于推进义务教育资源的优化配置，统筹城乡义务教育均衡发展，弥补城乡义务教育资源的二元鸿沟，达到城乡互动、社会和谐的目的。

（3）教育城镇化是民众的自发追求

在城乡教育存在巨大差距的背景下，学生向城镇学校流动成为部分农村家庭的选择。有研究者用"推拉理论"对农村学生的趋城现象做出解释，认为城镇优质教育资源的"拉力"以及农村教育的"推力"是农村学生向城镇流动的双重动力[2]。农村家庭将子女送到县镇中小学读书已经变成具有巨大裹挟力的时尚潮流，教育城镇化俨然成为民众的自发行为和自觉选择，已经形成一种不可逆转的潮流。有研究者利用 10 省（自治区）的调研数据，对农村家庭义务教育城乡需求进行了研究，研究发现，86.6%的农村家庭希望孩子能够就读于城镇学校。由此得出"农村家庭教育需求的城镇化趋向是十分强烈的"结论[3]。另有研究者发现，在对县域的三类学校——农村学校、乡镇学校和县城学校的主观选择中，28.5%的农村家长希望孩子就读于乡镇学校，而希望孩子就读于县城学校的家庭竟达到 49.3%，农村家庭对城镇学

① 胡俊生. 农村教育城镇化：动因、目标及策略探讨[J]. 教育研究，2010（2）：89-94.

② 李期，吕达. 关于农村教育城镇化的可行性探讨[J]. 延安大学学报（社会科学版），2010（1）：114-118.

③ 雷万鹏. 家庭教育需求的差异化与学校布局调整政策转型[J]. 华中师范大学学报（人文社会科学版），2012（6）：147-152.

校的偏好由此可见一斑①。在笔者历次的田野调研中发现，城镇学校"人满为患"和农村学校"门可罗雀"的鲜明对照几乎存在于各地的教育实践中，无论是平原还是山区，无论是中部还是西部。到城镇就读学生规模的日益增大与城镇原有教育资源的严重短缺成为一对难以调和的矛盾，县域教育城镇化的支持者认为，通过在城镇集中办学、扩大城镇教育资源容量，以满足广大民众对城镇学校的教育需求的做法，"乃是顺乎潮流、合乎民意、体恤民生的理性选择"②。

（4）县域教育城镇化的实践

县域教育城镇化不仅体现在理念上，而且已经落实在全国各地具体的办学实践中，"小学进镇""初中进城"成为很多地方县域内义务教育学校布局的追求。这些"成功的"、令当地政府官员"引以为傲"的教育城镇化实践更是成为县域教育城镇化倡导者的佐证。在县域教育城镇化的实践中，"平原模式"是经常被提及的个案。"平原模式"发生在山东省平原县，该县 2008 年实施"初中进城"运动，通过扩大县城中学规模，将农村学生全部转向城区，实现了全县 1.8 万名农村初中生"农转非"③。有研究者认为，平原模式改变教育投资思路、集中投资修建教育园区的做法顺从民意、顺应城镇化的要求，"具有革命性意义"——该模式打破了就近入学的制度创新意义、学生和学校相匹配的思维革命意义、实现教育公平正义的政治革新意义及优质教育资源分享之意义④。延安市推行"镇办小学、县办中学"的办学模式，并明确提出农村教育城镇化的进度表：2013年撤销农村小学，2015 年撤销乡镇初中，使所有小学生集中到乡以上、中学生集中到县城以上学校就读⑤。此外，全国已有不少地区开始了类似的探索性实验，见诸媒体的代表有：北京房山山区的"教育移民"工程⑥、成都

---

① 叶庆娜. 农村家庭义务教育的区位选择[J]. 清华大学教育研究，2015（3）：104-113.

② 胡俊生，李期. 农村教育城镇化：城乡一体化的助推器[J]. 甘肃社会科学，2010（2）：11，53-55.

③ 佚名. 农村孩子该不该全部进城上初中——山东省平原县农村初中全部"农转非"引出的话题[N]. 中国教育报，2008-09-28.

④ 胡俊生，司晓宏. 农村教育城镇化的路径选择——"平原模式"与"柯城模式"浅析[J]. 北京大学教育评论，2009（3）：180-187.

⑤ 中共延安市委. 关于率先实现城乡统筹发展的实施意见[EB/OL]. http://wenku.baidu.com/view/48e01f3a376baf1ffc4fad2a.html，2010-08-09.

⑥ 佚名. 房山实施山区"教育移民"[EB/OL]. http://news.sohu.com/20060516/n243251793.shtml，2006-05-16.

龙泉驿区的"金凤凰"工程①、海南8个贫困县的"教育移民"工程②、湖北崇阳教育新城等。

2. 反对县域教育城镇化：质疑与辩争

（1）县域内城乡教育一体化是否等于农村教育城镇化？

无疑，城乡教育一体化是缩小城乡义务教育差距、实现教育公平的重要途径。然而，从具体实践来看，部分教育发展政策的制定者和研究者把"城乡教育一体化"直接简单地等同于"农村教育城镇化"，通过"小学进镇""初中进城"，从而达到"消灭农村教育"的目标。以追求优质教育资源的共享和推进教育公平为目标，而不加选择地武断地主张农村义务教育阶段的孩子进入城镇学校接受教育，其实质上只是一种"形式平等论"。有研究者认为，"城乡教育一体化"的前提是"农村教育"的存在与发展，否则，就不是"城乡教育一体化"而是"农村教育城市化"③。反对县域教育城镇化者认为，过度发展城镇教育、弃农村教育于不顾的做法，实际上是以城市教育代替农村教育，"这种做法会导致国家多年以来对农村教育的投资付诸东流，出现城区教育资源紧张和农村教育资源闲置并存的结构性浪费"④。把农村孩子转移到城镇以消弭城乡教育二元区隔的做法，本身就是以"城市中心论"为导向的思维模式。对教育而言，城乡一体化的发展道路需要在城乡二元共存和一体化发展的框架中，重新认识农村教育的价值和重要性，那种认为城乡教育一体化就是一味发展城镇教育、消灭农村教育的观念不仅是错误的，更是不切实际的。教育不是空中楼阁，不能脱离我国具体的社会发展现实而做出过于理想化的安排，仅仅发展城镇学校而忽视农村学校是不负责任的做法，这种想法过于简单，实践中也缺乏可操作性，同时也与国家的追求不相符（我国在推行城镇化的同时，社会主义新农村建设也是重要的目标）。

（2）县域教育城镇化能否提高教育质量？

在农村中小学布局调整政策实施的背景下，撤并农村中小学，通过集中

---

① 课题组. 推进城乡教育均衡发展夯实和谐社会建设基础——成都市龙泉驿区实施"金凤凰"工程的探索与实践[J]. 中共成都市委党校学报，2007（5）：53-55.

② 郑玮娜. 海南省今年将在8个贫困县实施"教育移民"[EB/OL]. http://www.edu.cn/edu/ji_chu/ji_jiao_news/200802/t20080221_280591.shtml，2008-02-21.

③ 邬志辉. 农村教育不能一味城镇化——对农村义务教育学校布局调整的思考[J]. 基础教育论坛，2013（1）：7-8.

④ 万明钢，白亮. "规模效益"抑或"公平正义"——农村学校布局调整中"巨型学校"现象思考[J]. 教育研究，2010（4）：34-39.

发展城镇学校作为统筹城乡教育发展、扩大优质教育资源供给、提高教育质量的路径选择。如此一条统筹城乡教育发展、提高教育质量之路的设计美则美矣，好则好矣，其主观意图是为了促进城乡学生共享优质教育资源，然而当这种设计由理想走向现实之后，往往会出现偏差，在客观上将原本处于弱势地位的农村学生置于新的不利地位。除了上学路程变远、加重农村家庭教育负担、阻隔亲子交流外，一种常见的问题是，在县镇集中办学可能形成大规模学校。在城镇教育资源的扩张速度难以赶上学生人数的增加速度时，大规模班级应运而生。从全国来看，县镇中小学的班级规模迅速扩大，县镇小学班额由 2001 年的 41.54 人增加至 2010 年的 48.88 人，而 2001~2010 年县镇初中平均班额一直处于 55~58 人①。正如有研究者所指出的："当学校规模无限制扩张、班额无限制扩大时，城镇学校的教育资源相对于每个学生来讲并没有变得更加优质，而农村学校的教育资源则可能变得更为劣质了。"②实际上，即便是教育城镇化的支持者，也并没完全承认农村学生到城镇学校读书就能享受高质量的教育，"农村中学生进了县城中学读书，大体上就可以被视为与城镇孩子站在了同一个起跑线上，农民的心理趋于平衡"③。反对县域教育城镇化者认为，提高农村教育质量的关键并不在于在哪里办学，而在于在提高教育质量的问题上我们做了多少努力。

（3）县域教育城镇化究竟是谁的追求？

实际上，即使是反对县域教育城镇化者也承认绝大多数农村家长希望孩子在城镇学校就读的事实，但这个事实仅能说明教育城镇化需求已成为农村家庭的主导需求和优势需求，这种需求的表达对于城乡教育政策设计的价值取向确定非常重要。然而，更不容忽视的是，社会转型期加剧的社会分层导致农村家庭教育需求呈现出差异化和多元化的特征。一方面，仍然有部分农村家长希望孩子在农村学校就读，尽管这部分群体所占比例远小于城镇学校需求者，但考虑到人群基数，所涉及的人群规模也大得惊人。如果以"绝大多数人"城镇化需求的意愿代替少数人的农村学校需求意愿，那么作为"少

① 邬志辉. 城镇化对城乡教育发展的挑战[EB/OL]. http://www.sohu.com/a/45628517_100928，2015-12-01.

② 万明钢，白亮. "规模效益"抑或"公平正义"——农村学校布局调整中"巨型学校"现象思考[J]. 教育研究，2010（4）：34-39.

③ 胡俊生，黄华. 教育城镇化与农村社区化——"延安样本"及其示范意义[J]. 延安大学学报（社会科学版），2012（1）：44-47，61.

数人"的教育需求意愿将无法得以合理表达和申诉。另一方面，这部分对农村学校有强烈需求的"少数人"可能是社会中最弱势的、处境最不利的群体。他们或许因为经济约束而不具备送孩子进入城镇学校的条件和能力，或许因孩子年龄太小而不放心将孩子送到城镇学校就读，或许是地理环境恶劣和交通条件不便限制了他们选择城镇学校。无论是何种情况，这些家庭的共同特点是缺少教育选择力。因此，在县域教育城镇化的推进过程中，利益受损最严重的可能是那些社会最弱势群体。在某种程度上，教育城镇化使那些居住偏远、难以承受城镇学校教育成本之重的农村弱势群体为教育集中化承担了代价，此举既损害了农民的教育利益，也违背了教育自身的发展规律和国家对义务教育阶段就近入学的承诺。

在湖北某县的调查中，当地教育局一位干部告诉笔者，当地政府为了促进经济发展，投资兴建开发区，在开发区修建了许多商品房，企图以房地产带动经济的发展。为达到这一目的，政府想了各种办法来刺激老百姓的购房需求。例如，将县政府、公安等重要部门搬到开发区，通过公务部门的转移刺激老百姓购买新城区的小区房。然而，令他们没有想到的是，此举并未成功，在一个不大的县城中，老百姓即使有事来找政府部门，但他们的主要活动范围还是局限于早已习惯的老城区。在当前的中国，什么是老百姓最关注和最舍得投资的？是教育！为了孩子能够接受更好的教育，老百姓是愿意付出高代价的。在这种背景下，当地政府想出了另一个办法：将该县县一中和实验中学搬到新城区。学校来了，学生就来了，学生来了，家长就来了，家长来了，就需要找地方住。如此一来，学校周边原本无人问津的房子便成为抢手的学区房，房价飞涨，由最初的每平方米几百元涨到目前的2 000元左右。无独有偶，笔者在山西S县对学生家长的访谈中获悉，当地将优质教育资源集中在县城，一是为了带动县城房地产的发展，二是推动租房产业的兴起。在县城每所学校周边，笔者确实发现，都建有或正在大规模兴建商品房。

三、妥善处理教育城镇化与发展农村学校的关系

2018 年，我国的城镇化率为 59.58%，据中国社会科学院城市发展与环

境研究所预测，到 2030 年我国的城镇化率将达到 70%左右①。此外，根据世界城市化发展的共同规律——"纳瑟姆曲线"，发达国家城市化大体经历两个拐点：当城市化水平处于 30%以下，说明经济发展势头较为缓慢，这个国家尚处于农业社会；当城市化水平超过 30%，第一个拐点出现，代表经济发展势头极为迅猛，这个国家进入工业社会；当城市化水平超过 70%，出现第二个拐点，代表经济发展势头再次趋于平缓，进入成熟阶段，这时，这个国家也就基本实现了现代化，进入后工业社会。从我国的实际及国际经验来看，中国的城镇化进程仍在继续。城镇化不断发展的一个必然结果就是农村地区学龄人口减少与居住地点的相对集中趋势。因此，"农村学校的布局结构调整在未来相当长的一段时期仍然会是农村教育发展过程中的一个不可回避的问题"②。

通过对农村家庭义务教育城乡需求的分析，可以清楚地知道，教育城镇化需求已成为一种优势需求和主导性需求，在此背景下，在县域范围内，顺应城镇化发展的需要，农村中小学向县镇聚集是大势所趋。教育的城镇化虽然一直在提升，但是农村小学和初中始终仍占有一定的比例。李玲和杨顺光按照线性插值方法对义务教育在校生数进行预测，2030 年农村小学在校生数为 449.29 万人，占小学在校生数的 20.63%，到 2035 年占比下降为18.69%；农村初中在校生数为 83.76 万人，占初中在校生数的比例为5.43%，到 2035 年下降到 3.49%③。秦玉友和宗晓华预测，到 2030 年，农村小学的在校生数为 1 575.34 万人，占小学在校生数的比例为 16.65%，后续年份这个比例基本稳定；农村初中的在校生数为 478.43 万人，占初中在校生数的比例为 8.69%④。由此推知，保留一定的农村学校不仅是一种客观的现实需要，而且也应该成为公共教育政策制定的一种价值取向④。因此，在城镇化进程中，妥善处理教育城镇化与农村学校发展的关系至关重要。

在县域范围内，对于义务教育阶段的学校应如何布局的方向选择上出现了支持教育城镇化和反对教育城镇化两种观点，支持者和反对者针锋相对，

---

① 潘家华，魏后凯. 城市蓝皮书：中国城市发展报告 No.8 创新驱动中国城市全面转型[M]. 北京：社会科学文献出版社，2015.

② 杜育红. 农村教育：内涵界定及其发展趋势[J]. 华南师范大学学报（社会科学版），2013（1）：19-22.

③ 李玲，杨顺光. "全面二孩"政策与义务教育战略规划——基于未来 20 年义务教育学龄人口的预测[J]. 教育研究，2016（7）：22-31.

④ 秦玉友，宗晓华. 2016—2030 年中国城乡义务教育师资需求预测[J]. 东北师大学报（哲学社会科学版），2017（7）：8-21.

且都给出了足够的理由来论证自己的观点。支持县域教育城镇化者主要是从城镇化的发展趋势、城乡教育一体化的要求、提高农村教育质量等"必要性"角度予以论证，而反对县域教育城镇化者则主要从教育城镇化后带来的"问题视角"出发而予以反驳。因此，寻找一种超越特殊利益人群的立场对县域内义务教育学校布局问题进行研究就显得尤为必要。县域内义务教育学校究竟该如何布局？我们将答案的探索置于农村社会发展的背景中，将学校布局调整的方向选择和农村社会发展的任务联系起来。

（一）农村社会发展的双重任务

县域内学校布局及义务教育的发展应置于农村社会发展的背景下。当前，我国农村社会发展面临双重任务：一是要提高农村城镇化水平和质量；二是要加强社会主义新农村建设[①]。

推进城镇化与建设社会主义新农村之间非但不冲突，而且存在紧密联系。其一，农村城镇化是促进社会主义新农村建设的重要路径。农村城镇化有利于农村生产发展和农村居民生活富裕，有利于实现乡风文明，有利于发挥乡镇企业聚集效应和实现村容整洁，因此，已有不少农村地区践行了以农村城镇化作为促进社会主义新农村建设之路的尝试；其二，建设社会主义新农村对城镇化有着重要影响，这种影响体现在两方面。一方面，建设社会主义新农村的目的不是为了与工业化、城市化相抗衡，而是为了更好地发展农业、繁荣农村、富裕农民，从而为城镇化的发展集聚资源与力量。有研究者指出："中国的城镇化非常特殊和艰难，很有自己的特点。如果不把农村建设好，什么小康社会、现代化都无法实现。"[②]另一方面，建设社会主义新农村，是防范"过度城市化"、农村"被城市化"的重要举措。近年来，各地在统筹城乡发展的实践中，均表现出对工业化与城市化的强烈追求，而对社会主义新农村建设的重视度不够。建设社会主义新农村是我国当前的特殊国情和现代化发展的阶段性要求的产物。高度重视并妥善处理城镇化与社会

---

①　十九大报告的最新提法是"实施乡村振兴战略"，然而中国社会科学院学部委员、农村发展研究所研究员张晓山认为："产业兴旺、生态宜居、乡风文明、治理有效、生活富裕"的总要求是"五位一体"总体布局在乡村领域的具体落实，是社会主义新农村建设的升级版。参见：李慧. 打造社会主义新农村建设升级版——访中国社科院学部委员、农村发展研究所研究员张晓山[N]. 光明日报，2018-01-12. 故在本书中，我们仍然采用"建设社会主义新农村"的提法。

②　李慧，李金桀. 农村发展"两难"困局如何破解——访中央农村工作领导小组副组长、办公室主任陈锡文[J]. 村委主任，2011（9）：24-25.

主义新农村建设的关系，在城镇推进的过程中，既要防止盲目的城镇化，也要防止损害农村、剥夺农民的"城市化"。

（二）县域学校布局的方向选择

以上分析表明，在现阶段乃至未来较长一段时期内，我国农村社会发展实际上面临推进城镇化与建设社会主义新农村的双重任务，农村社会发展应走城镇化和社会主义新农村"双轮驱动"之路。推进城镇化是我国农村经济社会发展的必然趋势，建设社会主义新农村是一项长期的战略任务。农村社会发展的双重任务对我国农村地区义务教育发展尤其是县域内中小学的布局方向提供了指南。

1. 保持教育城镇化与区域总体城镇化发展水平的协调一致

农村教育应顺应城镇化发展的需要，推进教育城镇化进程，这具有历史的必然性。然而，教育城镇化必须考虑以下两个问题：①教育城镇化并不否定农村教育的发展。早在 2000 年，"三农"问题专家温铁军就曾指出："城市化固然重要，但城市化并不是目的，发展小城镇的目的是解决'三农问题'"①。故城镇化不能放弃农村。同理，教育城镇化也不能放弃农村教育的发展。②在不同地区，农村教育城镇化的阶段存在较大差异。尽管教育城镇化趋势是大势所趋，人心所向，但不可否认的是，该项改革要取得民众的广泛支持并获得较高的满意度，还需因地制宜，因人制宜。有研究者认为，我国农村城镇化的差异，既表现在南北差异上，又表现在东西差异上，东南沿海地区发展较快，城市化水平较高，而西部和北部发展较慢，城市化水平较低。与城镇化发展水平相适应，不同地区应有不同的教育格局②。城镇化水平较高的地区可以采取在城镇集中办学的方式，以推进教育资源的优化配置；而对于城镇化水平较低、人口居住较为分散的地区，城镇中小学建设应成为农村教育的示范，举办寄宿制学校，解决农民工随迁子女就读。此外，还应兼顾农村学校的发展，提高农村学校的教育质量，以保证所有适龄儿童不仅都能入学，还能够接受相对高质量的义务教育。

---

① 温铁军. 中国的城镇化道路与相关制度问题[J]. 开放导报，2000（5）：21-23.

② 李少元. 城镇化的挑战与农村教育决策的应对[J]. 东北师大学报（哲学社会科学版），2003（1）：109-116.

2. 重视乡镇学校的"调节器"功能

需要注意的是，教育城镇化不仅要注重城区教育的发展，更应该强化乡镇学校在县域教育发展中的"蓄水池"作用，因为对于那些希望孩子到县城学校读书却缺乏经济实力支持和监护条件的农村家庭，乡镇学校将是一个不错的替代选择。然而，自 2001 年以来，在"以县为主"的义务教育管理体制的推动下，县域内义务教育的发展重心由"乡（镇）"逐步提升到"县"的层面，而一直以来作为农村义务教育发展重要支撑力量的"乡（镇）"这一层次的作用日渐式微。与这一现状相对应，各地都大力推进县城学校的建设，而日渐忽略了乡镇学校的作用。然而，对来自全国 10 省（自治区）的数据分析发现，无论家庭经济收入状况如何、处于何种地理环境、孩子就读于哪一学段，都有近四分之一的农村家长希望孩子在乡镇学校读书，对于农村教育政策的制定而言，这是一个重要信息。实际上，乡镇作为连接县城和农村的桥梁，在我国起着重要的连通作用，乡镇学校应成为而且可以成为县域内义务教育发展的重要力量。重视和建设好一大批乡镇学校。一方面，能够有效吸纳一部分农村适龄儿童就近入学，减少农村生源大规模向城区流动，解决城区教育资源短缺而导致的"大班额"现象或"巨型学校"问题；另一方面，将教育资源集中配置在乡镇，可以克服"撒胡椒面"效应，提高教育资源利用效率，促进农村教育质量的提升。

3. 着力提高农村学校教育质量

顺应社会主义新农村建设的需要，确保农村家庭及适龄儿童的基本教育权利，着力提高农村学校教育质量。社会主义新农村建设离不开农村学校，因为农村学校是社会主义新农村的重要组成部分。农村学校的重要价值在于，它是保障农村弱势群体家庭子女平等受教育权的重要屏障。如果不顾及农村弱势群体的教育需求而大量关闭农村（小规模）学校，这部分群体的利益将受到严重伤害，他们的弱势地位将进一步得到强化并可能延续到下一代。基于以上考虑，既要适应城镇化趋势和广大民众的城镇学校需求而大力推进教育的城镇化，但同时更要考虑社会弱势群体独特的教育需求，认识到教育城镇化不等于将学校全部建在城镇地区，不等于让农村学校消失。"大力发展农村教育，让农村孩子在家门口享受优质教育，这是学校布局调整政策制定和实施的价值所在。"①

决策必须综合权衡和兼顾所有利益相关者的利益，实现所有利益相关者整体利益的最大化，而不能以某一部分利益相关者的利益最大化为目标，否则就会顾此失彼。就农村家庭义务教育需求而言，尽管县镇学校需求成为主导需求，但仍然有两成的农村家庭希望孩子在农村学校就读，尽管所占比例不如县镇学校需求那样大，但人群规模也大得惊人。如果将"绝大多数人"的县镇需求意志代替少数人的意志，那么将会出现"多数人的暴政"现象，少数人的教育需求意愿将无法得到合理表达。此外，这部分少数人可能是社会中最弱势的、处境最不利的群体。

迄今为止，以学校布局调整为契机而广为推行的农村教育城镇化改革往往忽视了农村家庭在义务教育需求地点上的分化和多样性，在政策设计上着重考虑满足那些愿意并有能力让子女在县镇学校就读的农村优势家庭的需求，而对最弱势者的利益关注不够。受家庭经济状况、地理环境、孩子就读年级等因素的影响，农村弱势群体家庭（相对而言）的县镇学校偏好相对较弱。因为孩子在县镇学校就读具有多方面的影响，而不仅仅是就学地点的改变，譬如上学距离变远、家庭经济负担加重等方面的消极影响。故此类家庭对子女到县镇学校就读，特别是到城区读书的意愿会受到一定程度的抑制。科斯在其《社会成本问题》中曾说："在设计和选择社会安排时，我们应考虑总的效果。"②因此，在教育城镇化的背景下，发展一定数量的农村学校以满足社会弱势群体的需求，"从而形成农村学校、乡镇学校和城区学校合理布局与协同发展，这是我国义务教育学校布局调整政策转型的基本方向"③。

---

① 雷万鹏. 家庭教育需求的差异化与学校布局调整政策转型[J]. 华中师范大学学报（人文社会科学版），2012，51（6）：147-152.

② 转引自：盛洪. 现代制度经济学（上卷）[M]. 北京：北京大学出版社，2003：34.

③ 雷万鹏. 家庭教育需求的差异化与学校布局调整政策转型[J]. 华中师范大学学报（人文社会科学版），2012，51（6）：147-152.

第五章 农村家庭义务教育需求：质量偏好

"在哪里上学"是探讨农村家庭义务教育需求的一个视角，"接受什么质量的教育"是探讨农村家庭义务教育需求的另一视角。尽管农村家庭义务教育的城乡需求和质量需求有部分重合，但是二者强调的重点并非相同。本章着重从"质量"这一角度来探讨农村家庭义务教育需求。

在经济学中，需求分析常假定商品（或服务）是均质的，即同一类型商品（服务）的质量具有均一性。然而，这一假定与现实不相符，尤其是与教育现实不符。对于教育服务而言，城乡、区域、学校的教育非但不同质，而且存在较大差异，分层和分化是学校教育系统最为基础性的特征，在我国更为如此。陈友华和方长春认为，从幼儿园开始直至大学所提供的各种层级的教育在质量方面存在着极其显著的差异[①]。对于义务教育而言，不仅存在区域差别和城乡差别，还存在着同一区域内学校之间的巨大差距，不同学校之间办学水平的差异，直接导致学生所接受的教育质量和未来发展机会上的差异。

随着义务教育的普及，人们在重视入学（获得教育机会）的同时，也开始重视教育质量，正如 Campbell-Evans 所提出的那样，"在教育领域中购买最好的产品、价格和服务，就像购买食品、交通、服装、房屋和专家意见那样流行"[②]。对于义务教育而言，教育质量的意义更加重要，因为义务教育"既是打牢知识基础的时期，同时也是指导学生定向的第一

---

① 陈友华，方长春. 社会分层与教育分流——一项对义务教育阶段"划区就近入学"等制度安排公平性的实证研究[J]. 江苏社会科学，2007（1）：229-235.

② Campbell-Evans G. A values perspective on school-based management[C]//Dimmock C. School-Based Management and School Effectiveness. London：Routledge，1993：92-113.

阶段"①，进入不同层次的学校就读，对学生来说可能意味着极不相同的结果，因为接受教育是不断累积的过程，就读于较高质量的小学将有助于学生进入较好的初中，进入高质量的初中同样会有助于进入较好的高中，进入优质的高中将有助于进入大学，特别是优质的大学。对各层级优质教育的追求是绝大多数家庭（当然包括农村家庭在内）对子女教育过程的一种理想追求。

皮戈齐曾对"入学"和"质量"的关系进行了辨析，她认为，"入学与质量是有区别的两个概念；这两个概念在本质上是有联系的，尤其是在用供求的观点来加以审视的时候；如果说没有入学就没有质量的话，那么，在入学早已成为可能的那些人的眼里，没有教育质量的入学就是无用的"②。当义务教育成为一种普及教育后，人们对义务教育的需求便不再满足于基本受教育机会的获得，而是体现在对"高质量教育"的追求上。尤其在我国，一些家长受"万般皆下品，唯有读书高"的儒家思想影响以及望子成龙、望女成凤的心态决定了他们对优质教育的需求。邬志辉和王海英认为，在义务教育普及后，虽然对农村教育的数量关注还要持续一段时间，但质量提升已经成为农村义务教育在新的社会历史发展时期需要完成的新任务和需要解决的新课题③。

许多农村家长已不再满足于让子女接受最基本的义务教育，对高质量教育的需求极为迫切。这种对高质量教育的需求是民众合理的需求，是民生问题的重要组成部分。有研究发现，在农村地区，不同阶层和社会群体的义务教育需求呈现出较大的差异，其中，最为明显的是教育需求的质量差异，越来越多的家庭更加关注教育质量④。然而，现阶段优质教育资源的稀缺难以满足人民群众日益增长的对优质教育的需求，使得适龄儿童无法全部接受无差别的免费的优质教育，部分学生家长为了避免子女"输在起跑线上"，主动放弃原本可以免费就近入学的就读机会，而想方设法地为子女选择其他优质的学校就读。在这样的背景下，一向被认为是城市教育特有的"择校"现

---

① 教育——财富蕴藏其中[M]. 联合国教科文组织总部中文科译. 北京：教育科学出版社，1996：112.

② 皮戈齐 M J. 全民优质基础教育的要素[J]. 张人杰译. 外国中小学教育，2005（5）：1-5.

③ 邬志辉，王海英. 农村义务教育的战略转型：由数量关注走向质量关注[J]. 教育理论与实践，2008（1）：31-34.

④ 吴宏超. 我国义务教育有效供给研究[D]. 华中师范大学博士学位论文，2007.

象，"已经从大中城市蔓延到了县城和农村地区"[①]。吴宏超研究发现，湖北省沙洋全县每年有近 100 名农村学生转向沙洋城区，有近千名学生从村小转向各镇的中心小学。当地教育部门负责人认为，目前群众需要免费的义务教育，但更需要优质的义务教育[②]。陈友华和方长春对家庭的社会经济背景与家庭教育质量需求的关系进行了研究。他们发现，家长职业地位、父母受教育程度和家庭经济状况对子女就读初中学校的质量等级之间存在较强的正相关关系，即父母职业地位越高、父母受教育程度越高、家庭经济状况越好的家庭对较高质量初中学校的需求越强[③]。然而，这项研究仅分析了家庭社会经济背景与教育质量需求的关系，而未将其他可能对教育质量需求产生影响的因素考虑在内。

以上研究发现，在义务教育成为一种普及教育之后，对教育质量的需求成为农村家庭的主导需求。然而，当前学界对农村家庭义务教育质量需求的研究仍然不足。既有研究基本停留在理论界的定性描述层面，即便有调查研究，也基本上囿于对数据的基本描述，对于农村家庭义务教育质量需求缺乏实证性的经验研究，尤其是缺乏基于大规模调研数据资料的支撑，使研究难以获得更进一步的进展。笔者感兴趣的是，农村家庭对教育质量有怎样的需求？不同家庭的教育质量需求是否存在差异？哪些因素是影响农村家庭义务教育质量需求的因素？

在农村中小学布局调整中，地方教育行政部门多以"农村家庭希望孩子接受高质量教育"作为当地大规模撤并农村学校、大力发展县镇学校的理由。然而，如果不从农村家庭的视角出发，便无法得知农村家庭义务教育质量需求的特征。因此，力图从客观的角度还原农民话语，展现农村中小学布局调整背景下农村家庭义务教育质量诉求，剖析农村家庭义务教育质量需求，探究影响农村家庭义务教育质量需求的影响因素，对于农村义务教育相关政策的制定大有裨益。本章的研究兴趣是，农村家庭对义务教育质量需求是否迫切？不同家庭对义务教育质量需求是否存在差异？哪些因素影响农村家庭义务教育质量需求？

---

① 杨东平. 中国教育公平的理想和现实[M]. 北京：北京大学出版社，2006：126.
② 吴宏超. 我国义务教育供求矛盾的转变与应对[J]. 教育与经济，2008（1）：17-22.
③ 陈友华，方长春. 社会分层与教育分流——一项对义务教育阶段"划区就近入学"等制度安排公平性的实证研究[J]. 江苏社会科学，2007（1）：229-235.

第一节　农村家庭义务教育质量需求的
整体特征及差异性

　　2011 年，我国"两基"目标全面实现，这预示着我国义务教育的发展重心开始从注重普及转向了普及、巩固与提高并重的阶段，提高教育质量已成为当前和今后我国义务教育发展的重中之重。在党的十九大报告中，提出"高度重视农村义务教育"，尤其是"努力让每个孩子都能享有公平而有质量的教育"①，把"教育公平"和"教育质量"置于同等重要的地位，意即未来必然将通过一系列强有力的保障措施，大力促进教育机会均等并继续提升教育质量，让中国特色的社会主义教育福利更高水平、更加普遍地惠及基层、惠及最广大的人民群众，是真正意义上改善民生、增强获得感、解决教育领域的基本矛盾的重大部署。在此背景下，研究农村家庭义务教育质量需求更具有意义，它能够使我们洞悉农村家庭对教育质量的需求以及制约教育质量需求的因素，以便做出相应的政策应对。在本节中，关注的问题如下：①如何将农村家庭义务教育质量需求操作化？②农村家庭对教育质量的需求在总体上呈现出何种特征？③不同家庭对义务教育质量的需求是否存在差异？

一、农村家庭义务教育质量需求指标的操作化

　　需求是不断增长的，需求的增长是量的有限性与质的无限性的统一。当某种东西的数量基本上能够满足需求之后，人们就会转向追求"质"的提高。民众对义务教育的需求也是如此。在实现了义务教育的普及后，对质量的关注成为全民教育的核心。2005 年，全民教育全球监测报告《全民教育：提高质量势在必行》指出："在许多努力保证所有儿童教育权利的国家里，

---

①习近平. 决胜全面建成小康社会 夺取新时代中国特色社会主义伟大胜利——在中国共产党第十九次全国代表大会上的报告[EB/OL]. http://politics.people.com.cn/n1/2017/1028/c1001-29613514.html，2017-10-18.

对入学机会的关注遮蔽了质量问题。但是质量是全民教育的核心。"[①]对于高等教育而言，不同学校的质量和等级差异较大。在我国，很大程度上高等学校的质量可以按照学校所处的层级而对号入座。具体而言，在正规教育体系内，重点大学（包括"985"高校和"211"高校）的质量高于地方普通本科院校，而地方普通本科院校的质量又高于高职高专院校。关于我国高等教育学校的质量判断，这是绝大多数人的共识。然而对于义务教育而言，不存在全国性的质量划分标准，该如何对其质量进行测量？秦玉友认为，人们普遍认同"义务教育质量指标"是判断义务教育质量的工具，然而，人们对义务教育质量指标的认识却存在较大差异[②]。有研究者从教师的角度衡量义务教育质量，认为教师队伍中高学历者比例高、职称水平高的学校是高质量学校；有研究者从学校升学率的角度衡量教育质量，认为高质量的学校是升学率高的学校；有研究者从教师的业务水平、是否注重学生的全面发展、个性特长及校舍设备等综合的角度来衡量学校的教育质量[③]。还有的研究者将教育质量划分为声誉取向的质量、投入取向的质量、过程取向的质量、内容取向的质量、产出或结果取向的质量、价值递增取向的质量[④]。

在界定"教育质量需求"之前，需要先对"教育质量"进行界定；而对"教育质量"界定之前，首先需要对一般意义的"质量"进行界定。质量，是一个仁者见仁，智者见智的概念。英国学者 Diana Green 在谈及"质量"时曾指出，"虽然人们能够对质量有一种直觉上的理解，但却难以表达清楚"[⑤]。关于"质量"的界定，比较典型的有以下两种：①"特性说"，即通常所认为的"绝对质量"。它强调质量的物质属性，即产品本身所具有的客观物质性能。例如，在国际标准 ISO8402—1986 中，"质量（品质）反映产品或服务满足明确或隐含需要能力的特征和特性的总和"，包括合用性、安全性、可用性、可靠性、维修性、经济性和环境性等方面。②"程度说"，即通常所

---

① 全民教育：提高质量势在必行[EB/OL]. https://unesdoc.unesco.org/ark:/48223/pf0000137333_chi, 2013-04-08.

② 秦玉友. 用什么指标表达教育质量——教育质量指标的选择与争议[J]. 教育发展研究，2012（3）：7-11，34.

③ 张彦玲，颜辉. 适时调整教育结构，努力提高教育质量——深圳市教育需求问卷调查报告[J]. 特区理论与实践，2000（3）：43-46.

④ 纪春梅. 西藏义务教育质量研究——以拉萨七县一区为例[D]. 华中师范大学博士学位论文，2011.

⑤ Green D. What is quality in higher education? [EB/OL]. https://files.eric.ed.gov/fulltext/ED415723.pdf, 2013-03-08.

谈及的"相对质量",突出强调质量的社会属性——产品或服务对某种社会需求的满足程度。例如,在我国《辞海》中,将质量定义为"事物、产品或工作的优劣程度"。

在谈到教育领域的质量时,弗兰斯·范富格特等针对高等教育指出:"质量问题几乎到处蘑菇似的增长已成为高等教育政治日程上的一个优先考虑的问题。但是,虽然一般认识到院校必须对它们活动的质量负责,但关于教育质量有很多不同的解释。"①与对"质量"的认识相似,人们对"教育质量"的认识同样存在两种观点:①教育质量"特性说"。程凤春认为,质量是体现在产品(包括有形产品和服务)、过程或体系与要求中的有关固有特性,据此,他将教育质量的特性归结为功能性、文明性、舒适性、时间性、安全性、经济性和可信性等七个方面②。彭鹃和姚利民从教育质量的含义出发,提出教育质量具有综合性与特色性、统一性与多样性、时间性与空间性、主体性与对象性、主观性与客观性、相对性与绝对性、抽象性与具体性等基本特征③。②教育质量"程度说"。国际比较教育学家托斯坦·胡森认为,(教育)质量是学校进行某种教育活动的目标达成度④。在我国著名学者顾明远先生主编的《教育大辞典》中,将教育质量定义为"教育水平高低和效果优劣的程度"⑤。

尽管具有某种特性(绝对质量)是质量实现的前提条件,但其并非质量的根本属性。尤其是在买方市场条件下,相对质量已经逐渐成为质量范畴的根本属性,因为质量的最终实现要取决于消费者真正的社会需求。著名国际质量管理专家石川馨十分强调相对质量(以需求为主的质量特性),他指出:"真正的质量特性是满足消费者的要求,不是国家标准或技术指标,国家标准或技术指标只是质量的代用特性。"⑥因循这种思想,在对农村家庭义务教育质量需求进行测量时,采用的是相对质量标准,即"想方设法让孩子接受更好教育",这种"更好教育"是以孩子实际正在接受的教育为参照的。

---

① 范富格特 F. 国际高等教育政策比较研究[M]. 杭州:浙江教育出版社,2001:429-435.
② 程凤春. 教育质量特性的表现形式和内容[J]. 教育研究,2005(2):45-49,67.
③ 彭鹃,姚利民. 论教育质量的基本特征[J]. 中国高教研究,2006(8):28-30.
④ 胡森 T. 论教育质量[J]. 施良方译. 华东师范大学学报(教育科学版),1987(3):1-10.
⑤ 顾明远. 教育大辞典. 增订合编本[M]. 上海:上海教育出版社,1998:798.
⑥ 转引自:齐红倩,李民强,王智鹏. 相对质量的现实构造——基于需求因素的经济学分析[J]. 经济管理,2010(6):172-177.

二、农村家庭义务教育质量需求的整体特征

在本部分，仍然从农村家长的视角出发来关注农村家庭义务教育质量需求，因为我们都关注到一个一般事实，"一般来讲，父母在培育自己的孩子以使其在成人后享有一满意的生活方面，会比其他人倾注更多的心血"[①]。农村家庭对义务教育质量需求程度如何呢？表5.1描述了农村家庭对更好教育的需求意愿。

表 5.1　农村家庭义务教育质量需求

选项	频数	百分比	有效百分比	累计百分比
非常强烈	3 427	56.1%	57.0%	57.0%
比较强烈	2 380	39.0%	39.6%	96.6%
不强烈	207	3.4%	3.4%	100.0%
合计	6 014	98.5%	100.0%	

由表 5.1 可知，农村家庭对孩子接受更好教育有着强烈的需求。对于"想方设法让孩子接受更好教育"这一题目，回答"非常强烈"的家庭占57.0%，回答"比较强烈"者占 39.6%，这两项都反映出农村家长对子女接受更好教育的认同态度。将"非常强烈""比较强烈"的比例加总后可以看到，对于"想方设法让孩子接受更好教育"持肯定态度的家长占 96.6%；仅有 3.4%的农村家长对孩子接受更好教育需求"不强烈"。由此可见，在农村义务教育普及化之后，让孩子接受高质量教育成为农村家长的普遍心声。几乎所有的家长都希望孩子能够接受更好的教育，对此，不会感到吃惊。的确，如果出现相反的情形才会令人奇怪。这一结果与李普亮和贾卫丽的研究有类似的结果。他们对受访的 446 个农村家庭的数据分析结果发现，89.9%的家长对"再苦不能苦孩子，再穷不能穷教育"的观点表示认同；62.7%的受访对象表示，如果子女所在学校教育质量不高，他们愿意多花一些钱为子女选择更好的学校[②]。

让孩子接受更好的教育不仅是农村家庭的一种美好的愿景，实际上，已

---

① 哈耶克 F.V. 自由秩序原理（上）[M]. 邓正来译. 北京：生活·读书·新知三联书店，1997：108.

② 李普亮，贾卫丽. 农村家庭子女教育投资的实证分析—— 以广东省为例[J]. 中国农村观察，2010（3）：73-85.

有 16.2%的农村家庭"用脚投票",为孩子选择了比能够就近入学的学校质量较高的学校读书。由此可见,在当前的中国农村,家长为孩子选择质量较高的学校就读不仅是一个公开的事实,而且日益呈现出一种愈演愈烈的发展态势。"这是农民对当地农村教育表达不满的方式之一,更是农民在农村教育场域中为自身利益所选择的一个将不利降至最低的身体姿势"①。

九成以上的农村家长对子女能够接受更好教育有着强烈需求,然而,他们的子女实际就读学校的教育质量如何呢?采用什么样的指标衡量学校教育质量,关键是看这些指标能否衡量教育质量的差异。本书采用农村家长对学校的主观评价指标取代常用的学校收入、支出、教师职称和固定资产等办学指标,这是从另一种视角对学校质量的一种评价,虽然这种评价只是一种综合的模糊的评价,但它代表着家长对学校教育质量的满意度,影响着学校的声誉和口碑。"所谓优质学校是学校整体发展的优质。"②

通过农村家长对子女所在学校教育质量主观评价的分析发现(表 5.2),60.5%的农村家长对孩子所就读学校感到满意,认为孩子所在学校教育质量"较好";36.0%的农村家长认为孩子所在学校教育质量"差不多",仅有 3.5%的农村家长明确表示孩子所在学校教育质量"较差"。如果仅从这些资料来看,农村家长并没有像人们广泛认为的那样对子女所在的学校表现出强烈不满,或许正如古德莱得所发现的:"有趣的是,家长在为自己的孩子所在的初中和高中学校打分时,比起教师和学生更加慷慨。"③然而,一方面,也不能说家长认为孩子所在的学校"还不错"就万事大吉。因为从表面上看,尽管仅有不足4%的农村家长对孩子所在学校教育质量给出了"较差"评价,但实际上,36.0%的农村家长做出了模棱两可的"差不多"的评价,由此可见,共有四成的农村家长对孩子所在学校教育质量未给出积极的正面评价。另一方面,如果农村家长真的对他们子女所就读的学校质量满意的话,就不会有 96.6%的家长对"想方设法让孩子接受更好的教育"表达出强烈的需求。

---

① 陈坚. 弱者的"韧武器":农村教育场域中身体技术的运作逻辑[J]. 东北师大学报(哲学社会科学版),2012(6):192-196.

② 冯建军. 论教育质量及教育质量均衡[J]. 教育研究与实验,2011(6):1-6.

③ 古德莱得 J I. 一个称作学校的地方[M]. 苏智欣,胡玲,陈建华译. 上海:华东师范大学出版社,2007:43.

表 5.2 农村家长对孩子就读学校教育质量的评价

选项	频数	百分比	有效百分比	累计百分比
较好	3 540	58.0%	60.5%	60.5%
差不多	2 105	34.5%	36.0%	96.5%
较差	205	3.4%	3.5%	100.0%
合计	5 850	95.9%	100.0%	

三、农村家庭义务教育质量需求的差异性分析

《达喀尔行动纲领》的第六个目标是："全面提高教育质量，确保人人都能学好。"然而，不得不承认的是："我们生活在一个不平等的世界里——在这个世界里，差异使人人有可能受到优质教育已成为一个对许多人来说目前是不可能实现之梦。"[1]因此，尽管希望接受高质量教育是农村家庭对教育质量需求的主流趋势，然而在这一问题上同样存在差异性，如果仅仅对整体特征进行分析，便在某种程度上忽视了不同群体对教育质量需求的差异性。

（一）父母受教育程度与农村家庭教育质量需求

通过对"父母受教育程度"与"让孩子接受更好教育愿望"的交互分析，可以发现（表 5.3）：①从横向看，相同受教育程度的父母希望孩子接受更好教育"非常强烈"的比例大于"比较强烈"，而"不强烈者"所占比例最小。例如，受教育程度为小学及以下的父母中，对子女接受更好教育的意愿"非常强烈"、"比较强烈"和"不强烈"的比例分别为58.2%、37.7%和4.1%。②从纵向看，不同教育程度的农村家长对子女接受更好教育的意愿的差异不明显。经卡方检验，父母受教育程度不同的家庭，在希望孩子接受更好教育这一问题上并未表现出显著的差异（$\chi^2=7.846$，$p=0.250$）。这可能意味着，希望孩子得到更好教育方面的意愿，并不受父母受教育程度的影响。

---

① 转引自：皮戈齐 M J. 全民优质基础教育的要素[J]. 张人杰译. 外国中小学教育，2005（5）：1-5.

表 5.3 父母受教育程度与希望孩子接受更好教育的关系

父母受教育程度		非常强烈	比较强烈	不强烈	合计
小学及以下	频数	845	547	60	1 452
	百分比	58.2%	37.7%	4.1%	100.0%
初中	频数	1 868	1 294	103	3 265
	百分比	57.2%	39.6%	3.2%	100.0%
高中（中专）	频数	511	397	33	941
	百分比	54.3%	42.2%	3.5%	100.0%
大专及以上	频数	139	89	7	235
	百分比	59.1%	37.9%	3.0%	100.0%

（二）家长职业与农村家庭教育质量需求

通过将"家长职业"与"希望孩子接受更好教育愿望"的交互分析，可以发现（表 5.4）：①总体上看，无论家长从事何种类型的职业，希望孩子接受更好教育的意愿都比较强烈，96%以上的家长对子女接受更好教育的意愿表示"非常强烈"和"比较强烈"，而对此表示"不强烈"的家长不足4.0%。②分职业类型看，相对而言，父母职业为"专业技术人员"者，对子女接受更好教育的意愿最强烈，仅有 2.8%的家长对此表示"不强烈"；而职业为"个体户或商业人员"的家长对子女接受更好教育的意愿"不强烈"者所占比重最高，为3.8%。

表 5.4 家长职业与希望孩子接受更好教育的意愿

家长职业		非常强烈	比较强烈	不强烈	合计
农民	频数	2 658	1 822	160	4 640
	百分比	57.3%	39.3%	3.4%	100.0%
工人	频数	277	236	17	530
	百分比	52.3%	44.5%	3.2%	100.0%
个体户或商业人员	频数	217	163	15	395
	百分比	54.9%	41.3%	3.8%	100.0%
专业技术人员	频数	126	83	6	215
	百分比	58.6%	38.6%	2.8%	100.0%
其他	频数	149	76	9	234
	百分比	63.7%	32.5%	3.8%	100.0%

（三）家庭年收入与农村家庭教育质量需求

通过"家庭年收入"与"接受更好教育愿望"的交互分析可知（表 5.5）：
①从总体上看，无论家庭收入状况如何，家长对子女接受更好教育的意愿都比
较强烈，96%以上的家长对子女能够接受更好的教育表现出"非常强烈"和
"比较强烈"的愿望，仅有不足 4%的家长对子女接受更好教育表现出"不强
烈"。正如卡诺依所言，"毫无疑问，不论他们（家长）的社会等级如何，所
有家长都希望他们的子女能够受到最好的教育，逻辑分析和实际调查结果说
明，情况确实如此"[①]。②从不同收入的家庭看，家庭年收入与家长希望孩子
接受更好教育的意愿呈现出非常有意思的关系：家庭收入与家长对子女接受更
好教育表示"非常强烈"之间负相关，家庭年收入在 5 000 元以下的家长对子
女能够接受更好教育表现出"非常强烈"者所占比例最高（64.4%），而家庭
年收入在 30 000 元以上的家长对子女接受更好教育的意愿表示"非常强烈"者
比例最低（52.7%）。卡方检验可知，家庭年收入不同的家庭，在希望孩子接
受更好教育这一问题上具有显著的差异（χ^2=54.458，p=0.000）。

表 5.5　家庭年收入与农村家庭教育质量需求的关系

家庭年收入		非常强烈	比较强烈	不强烈	合计
5 000 元以下	频数	989	497	51	1 537
	百分比	64.4%	32.3%	3.3%	100.0%
5 000~15 000 元	频数	1 613	1 242	114	2 969
	百分比	54.3%	41.8%	3.9%	100.0%
15 001~30 000 元	频数	691	558	34	1 283
	百分比	53.9%	43.5%	2.6%	100.0%
30 000 元以上	频数	69	58	4	131
	百分比	52.7%	44.3%	3.0%	100.0%

（四）家长对孩子就读学校教育质量满意度与农村家庭教育质量需求

希望孩子接受更好教育是否与当前就读学校的教育质量相关？通过农村

---

① 卡诺依 M. 教育的联合生产[C]//Carnoy M. 教育经济学国际百科全书. 第二版. 闵维方，等译.
北京：高等教育出版社，2002：383.

家长对孩子就读学校的满意度与希望孩子接受更好教育愿望的分析可知，如表 5.6 所示，对孩子就读学校感到"满意"的家长对子女接受更好教育的意愿"非常强烈"和"比较强烈"者共计 97.1%，表示"不强烈"的占 2.9%；对孩子就读学校教育质量评定为"一般"的家长对子女接受更好的教育表示"非常强烈""比较强烈"的共计 96.0%，而表示"不强烈"的占 4.0%；对孩子所在学校教育质量表示"不满意"的家长对子女接受更好的教育呈现出两种截然不同的态度，一方面，63.0%的家长对孩子接受更好的教育表示"非常强烈"，然而，另一方面，8.7%的家长对子女接受更好的教育表示"不强烈"。这是非常有意思的发现。通过卡方检验可知，孩子所在学校教育质量不同的家庭，其希望孩子接受更好教育的意愿的差异具有统计学意义（$\chi^2=38.645$，$p=0.000$）。

表 5.6　家长对孩子就读学校教育质量满意度与希望孩子接受更好教育的意愿

对孩子所在学校教育质量满意度		非常强烈	比较强烈	不强烈	合计
满意	频数	2 412	1 645	120	4 177
	百分比	57.7%	39.4%	2.9%	100.0%
一般	频数	799	635	60	1 494
	百分比	53.5%	42.5%	4.0%	100.0%
不满意	频数	174	78	24	276
	百分比	63.0%	28.3%	8.7%	100.0%

（五）家庭经济负担与农村家庭教育质量需求

让孩子接受更好的教育，对家庭而言在经济上是否负担得起？这是一个不得不考虑的问题。通过对接受更好教育的家庭经济负担能力的分析可知，家长认为"经济上没有问题"、"经济上有一定困难"和"经济上完全负担不起"的比重分别占 23.1%、66.1%和 10.8%。然后，通过将"孩子接受更好教育的家庭经济负担能力"与"希望孩子接受更好教育的意愿"进行交互分析，如表 5.7 所示，结果发现，"经济上没有问题"的家庭对子女接受更好教育的意愿表示"非常强烈""比较强烈"的比重共计 96.6%，表示"不强烈"的比重为 3.4%；"经济上完全负担不起"的家庭对子女接受更好教育表示"非常强烈""比较强烈"的比重共计 93.9%，表示"不强烈"的比重为 6.1%。卡方检验发现，家庭经济负担不同的家庭，在希望孩子接受更好教育这一问题上的差异具有显著的统计学意义（χ^2=75.384，p=0.000）。

表 5.7　经济负担与希望孩子接受更好教育的意愿

家庭经济负担		非常强烈	比较强烈	不强烈	合计
经济上没有问题	频数	780	553	47	1 380
	百分比	56.5%	40.1%	3.4%	100.0%
经济上有一定困难	频数	2 173	1 643	117	3 933
	百分比	55.2%	41.8%	3.0%	100.0%
经济上完全负担不起	频数	443	158	39	640
	百分比	69.2%	24.7%	6.1%	100.0%

第二节　农村家庭义务教育质量需求的影响因素分析

在本章第一节中，通过描述统计的方法得知，从需求意愿看，96%的农村家庭对"想方设法让孩子接受更好教育"表示出"强烈"的意愿，而仅有不足 4%的家长对之表示"不强烈"。由此可知，在义务教育普及化的今天，农村家庭对义务教育的需求由"有学上"向"上好学"过渡，希望孩子接受更好教育成为农村家庭在义务教育质量方面的主导需求和强势需求。农村家庭对于义务教育质量需求的价值诉求可以为农村义务教育的进一步改革指明方向。

通过交互列联表分析，对不同类型家庭义务教育质量需求有了基本的了解，分析发现，家庭年收入、对孩子实际就读学校教育质量的满意度、让孩子接受更好教育的家庭经济负担等因素影响农村家庭义务教育质量需求，但由于以上因素可能是相互关联的，因此，仍然无法确信，在考虑各因素之间可能存在的内在关系后，各因素是否以及在多大程度上影响着农村家庭的教育质量需求。为进一步判断哪些因素影响农村家庭义务教育质量需求，试图建立回归模型以进行深入的分析。

一、研究假说

现有对农村家庭教育质量需求的研究多利用定性访谈资料或小范围的区域性调查数据，尽管这些数据资料为理解农村家庭义务教育质量需求提供了重要素材，但这些研究难以系统揭示各地区的差异以及影响农村家庭教育质量需求的宏观与微观因素。

本书强调农村家庭在孩子教育方面的选择性和能动性。然而，正如琼·司各特所言："主体具有能动性，但他们不是行使自由意志的完整的、自主的个体，而是能动性取决于他们的处境和地位的主体，因此成为一个主体意味着'受制于一定的生存条件、行动者的天资条件以及实践条件'。"①根据既有研究的启示、研究目的，数据可得性的限制，将影响农村家庭义务教育质量需求的因素划分为孩子（受教育者）相关特征、农村家长及家庭特征、父母认知态度、非家庭的先赋条件以及农村中小学布局调整政策。在此基础上，提出如下假说。

（一）孩子相关特征可能影响农村家庭教育质量需求

孩子是教育服务的直接享用者，因此，与孩子相关的特征可能影响农村家庭对教育质量的需求。根据既有数据，将孩子相关特征细分为孩子就读学段和孩子实际就读学校位置两个二级指标。

1. 孩子就读学段与农村家庭教育质量需求

从教育周期看，孩子刚进入小学时，家长对他们的期望最高，此时孩子的教育可塑性最强。美国卡内基教学促进基金会前主席波伊尔博士指出，"小学是正规教育中可塑性最强的阶段"，并认为无论是高中还是大学，其质量的优劣在很大程度上取决于小学教育的基础②。随着就读年级的升高，有些孩子的学业成绩并不让人满意，在这种情况下，家长在其教育上可能采取放任的态度。据此，研究假设：

---

① 转引自：杰华. 都市里的农家女：性别、流动与社会变迁[M]. 吴小英译. 南京：江苏人民出版社，2006：34.

② 转引自：吕达，周满生. 当代外国教育改革著名文献（美国卷）[M]. 北京：人民教育出版社，2004：6.

孩子就读学段负向影响农村家庭义务教育质量需求。

2. 孩子实际就读学校位置与农村家庭教育质量需求

根据孩子实际就读学校的位置，将样本家庭划分为孩子就读于农村学校的家庭和就读于县镇学校的家庭。城乡义务教育非均衡发展的现实决定了农村学校和县镇学校在教育质量上存在较大的差异，农村学校的教育质量在整体上落后于县镇学校，出于"补差"及"逐优"的心理，孩子就读于农村学校的家庭可能对优质教育表现出更强的偏好。据此，研究假设：

与就读于县镇学校的家庭相比，孩子就读于农村学校的家庭希望孩子接受更好教育的意愿更强。

（二）父母个人及家庭特征可能影响农村家庭教育质量需求

根据研究需要，将父母个人及家庭特征细分为家长性别、受教育程度、职业、家庭年收入和父母外出务工情况五个二级指标。

1. 家长性别与农村家庭义务教育质量需求

一方面，我国农村家庭内部，父亲拥有较大的话语权；另一方面，与母亲相比，父亲的眼光更长远，更关心孩子的未来发展。据此，研究假设：

与女性相比，男性更关心孩子的教育，更希望孩子接受较好的教育。

2. 父母受教育程度与农村家庭教育质量需求

父母受教育程度是家庭文化资本的映射，受教育程度的差异可能会影响农村家长的教育态度。美国著名社会学家波普诺认为，受教育程度高的父母对子女的学习表现出更多的关心，对子女有较高的学业期望[1]。研究假设：

受教育程度越高的家长更希望孩子接受更高质量的教育。

3. 家长职业与农村家庭教育质量需求

在本书中，根据家长所从事的具体职业，将农村家庭划分为两大类：务农家庭和非农就业家庭。与务农的家庭相比，非农就业的家庭失去了在农村

① 波普诺 D. 社会学[M]. 李强，等译. 北京：中国人民大学出版社，1999：445.

生存的最后保障——土地，为求得生存和发展，他们可能对教育抱有更高的期望，据此，研究假设：

与务农的家庭相比，非农就业的家庭可能更希望孩子接受较好的教育。

4. 家庭年收入与农村家庭教育质量需求

在利益分化的时代，任何人都有追求符合自身需要和实现自身利益的教育资源的愿望。然而，不同的家庭追求优质教育资源的能力是不平衡的。其中，家庭年收入是具有重大差异的能力。家庭年收入是家庭经济状况的最重要的衡量指标，是影响家庭教育投资能力的最重要因素。在社会学解释模型中，家庭收入对家庭教育需求的影响可以被解释为代际资本的传递效应[①]。在其他条件相同时，年收入越高的家庭的教育支付能力越高，经济约束越小，对子女的教育投入也较多。因为高收入家庭从质量较差的学校"退"到质量较高学校的可能性较大。研究假设：

随着农村家庭年收入的提高，家庭对义务教育质量的需求可能会更强烈。

5. 父母外出务工情况与农村家庭教育质量需求

改革开放以来，尤其是 20 世纪 90 年代初以后，随着工业的发展和城市化进程的加快，农村劳动力开始大规模外出务工。有研究发现，外出务工不仅增强了农村家庭对子女受教育的支付能力，而且使家长形成了对子女接受教育的正确态度，使得农民工家长更加重视孩子的教育[②]。研究假设：

与"父母都在家"的家庭相比，父母外出务工的家庭更希望孩子接受高质量的教育。

（三）父母认知态度可能影响农村家庭义务教育质量需求

在本节中，家长对教育的认知态度包括农村家长对孩子实际就读学校教育质量的评价、希望孩子在哪里上学、孩子接受更好的教育的经济负担判断以及是否希望孩子在学校寄宿四个二级变量。

---

① Bourdieu P. The Forms of Capital[EB/OL]. http://www.marxists.org/reference/subject/philosophy/works/fr/bourdieu-forms-capital.htm，2013-03-08.

② 李庆丰. 农村劳动力外出务工对"留守子女"发展的影响——来自湖南、河南、江西三地的调查报告[J]. 上海教育科研，2002（9）：25-28.

1. 孩子实际就读学校教育质量与农村家庭教育质量需求

孩子实际就读学校的教育质量是农村家长进行教育选择的现实基础。根据一般逻辑分析，研究假设：

孩子所在学校的教育质量越差，其家长（如果他是一个关心孩子教育的家长的话）更可能对孩子接受较好教育的需求意愿更强。

2. 希望孩子在哪里上学与农村家庭教育质量需求

与农村学校相比，县镇学校的教育质量可能更高。研究假设：

与希望孩子就读于农村学校的家庭相比，那些希望孩子就读于县镇学校的家庭对孩子接受更好教育的意愿更强。

3. 孩子接受更好教育的经济负担与农村家庭教育质量需求

尽管前文将农村家庭年总收入纳入影响农村家庭教育质量需求的可能变量中来，但是家庭总收入是对家庭经济来源的总的概括，本书同样关心的是，如果让孩子到更好的学校读书，这一行为会对农村家庭造成什么影响，换言之，如果让孩子接受更好教育，农村家庭是否可以负担得起。研究假设：

让孩子接受更好教育时家庭经济负担越轻者，对孩子接受更好教育的意愿越强。

4. 是否希望孩子在校寄宿与农村家庭教育质量需求

在农村中小学布局调整的背景下，教育质量较高的学校多位于县镇，而对于家处"村里"的农户来说，如果要让孩子在这些学校上学，家校距离的约束决定了孩子必须在校寄宿。研究假设：

与不希望孩子在校寄宿的家庭相比，那些希望孩子在校寄宿的家庭对孩子接受更好教育的意愿越强。

（四）非家庭的先赋条件[①]可能影响农村家庭教育质量需求

由于我国经济社会发展的地域差异显著，东部、中部和西部地区农村家

---

① 在现有研究中，尚未发现不同地理环境的家庭在教育质量需求方面的差异性，我们在多次的实地调研中也尚未发现这一点，因此，我们未将"地理环境"变量纳入影响农村家庭教育质量需求的模型中来。

庭对子女教育的投资现状应该有所不同①。那么，不同区位的农村家庭在义务教育质量的需求上是否存在差异？研究假设：

与西部地区相比，东部和中部地区农村家庭对义务教育质量的需求较强烈。

（五）农村中小学布局调整政策可能影响农村家庭教育质量需求

通过本章第一节的描述分析，可以得知九成以上的农村家长希望孩子到更高质量的学校就读，于是，我们做出了农村中小学布局调整是顺应农村家庭意愿的判断。本书特别感兴趣于农村中小学布局调整对农村家庭义务教育需求的影响，因此"家庭所在地区是否经历了学校布局调整"这一变量将被引入理论解释模型中。在这里，笔者感兴趣的是，经历和未经历学校布局调整地区的农村家庭在对更高质量教育的需求上是否存在显著差异？研究假设：

那些实施了学校布局调整地区的农村家庭对孩子接受更好的教育的意愿更强烈。

二、模型选择与研究结论

对模型的选择过程实际上是试误的过程。尽管每种模型的选择都有基本的要求，但是数据是否和模型相匹配，只有在使用后才能够明确，而在此之前，我们一无所知。

（一）有序逻辑回归

当被解释变量只有两种状态时，如对高质量教育的需求和低质量教育的需求，二元 Logistic 回归模型可以作为一种适当的估计模型。但是，当被解释变量呈现出三种或三种以上的状态时，二分类 Logistic 模型就不再适用，而要建立多元选择模型。根据被解释变量的各选项间是否存在特定顺序，可以将多元选择模型分为"有序选择模型"和"无序选择模型"。对于特定个体而言，当其面临的多项选择之间存在特定顺序时，就可以对其行为选择建

---

① 李普亮，贾卫丽. 农村家庭子女教育投资的实证分析——以广东省为例[J]. 中国农村观察，2010（3）：73-85.

立有序选择模型。

对于本书而言，农村家庭义务教育质量需求划分为"非常强烈""比较强烈""不强烈"三种状态。因此，首先需要把二元 Logistic 模型扩展为多分类 Logistic 模型；同时，由于被解释变量的各个分类之间具有明确的内在排列次序，即对义务教育质量需求表示"非常强烈"的在程度上强于"比较强烈"的家庭，而"比较强烈"的又强于"不强烈"的家庭。换言之，由于本书的因变量是有序变量，其数值从 1 到 3 依次增大，代表对义务教育质量需求的意愿由强到弱。最后，不同类别之间的差异通常是不等距的。例如，希望孩子接受更好教育的意愿"非常强烈"的家庭与"比较强烈"的家庭的差异程度不一定等于"比较强烈"与"不强烈"之间的差异程度。对于这类问题，多分类有序回归分析提供了一个很好的解决途径，这是一种建立事物属于各水平概率和评判因子之间关系的一种方法。

基于以上原因，本书选择有序逻辑回归（ordinal logistic regression）方法来建立回归模型。有序逻辑回归是二分变量逻辑回归的延伸，可以用于多于二值的有序型因变量的逻辑回归分析。有序逻辑回归不同于二分类 Logistic 回归（binary logistic regression），它适用于因变量呈现等级或存在程度差别的资料，它是基于累积概率构建的回归模型[①]。

需要指出的是，对于因变量是有序变量的问题，有些研究者在处理时将有序变量看作连续型变量，从而采用多元线性模型。然而，正如有研究者所指出的，与线性模型相比，有序离散模型可有效利用因变量的排序信息，而不会把排序中的差距误判为纯数值差异，因而比线性模型的估计结果更为准确[②]。

以 $X(X_1, X_2, \cdots, X_n)$ 作为影响 Y 取值的解释变量；n 是变量个数；Y 是多分类有序的被解释变量；k 是其水平数（取值为 $1, 2, \cdots, k$）；如果各分类水平的概率表示为 $\pi_1, \pi_2, \cdots, \pi_k, \sum \pi_k = 1$。将 k 个水平分为两类：$\{1, 2, \cdots, j\}$ 与 $\{j+1, j+2, \cdots, k\}$，即类 1 到 j 为一个类别，类 $j+1$ 到 k 为另一个类别。其中，$j = 1, 2, \cdots, k-1$。此时，可以按二分 Logistic 回归模型的解决思路来构建多分类有序因变量进行 Logistic 回归，需拟合 $k-1$ 个两分类回归方程，可称之为累积 Logit 模型，如下所示：

---

① 孙振球. 医学统计学[M]. 北京：人民卫生出版社，2010：288.

② 米健. 中国居民主观幸福感影响因素的经济学分析[D]. 中国农业科学院博士学位论文，2011.

$$\text{logit } P_i = \ln\left[\sum_{i=1}^{j} P_i \Big/ \left(1 - \sum_{i=1}^{j} P_i\right)\right] = a_j + \sum_{i=1}^{m} b_i x_i \tag{5.1}$$

式中，P_i 是 π_i 的估计值；a_j 是截距参数的估计值，即模型的常数项；b_i 是偏回归系数的估计值。当某个自变量 X_i 为多分类无序自变量时，设其水平为 r，需要在回归方程中建立 $r-1$ 个"0，1"型虚拟自变量。在式（5.1）中，m 包含了虚拟自变量的个数。求解参数采用极大似然估计。以上模型的假设条件是：$\beta_i(i=1,2,\cdots,m)$ 的大小与 $j(j=1,2,\cdots,k-1)$ 无关。其原因在于，有序 Logistic 回归假设自变量在 $k-1$ 个模型中对累积概率的优势比影响相同，所以 $k-1$ 个方程中各自变量的回归系数相同，不管因变量的分割点在何处，模型中各自变量的系数均保持不变，所改变的只是常数项 a_j。

为深入地检验假设，在本节中笔者拟采用有序 Logistic 回归的方法进行建模。根据理论分析框架，本书将农村家庭希望孩子接受更好教育的意愿作为模型的被解释变量，其他可能引起农村家庭希望孩子接受更好教育的意愿程度变化的一系列因素作为模型的解释变量。

有序逻辑回归假设解释变量对因变量发生比（odds）有相同的回归系数，即等比例几率假设（proportional odds assumption），因此只需要一个回归方程来描述解释变量和有序因变量之间的关系。社会科学统计软件 SPSS 提供了一种检验系数来检验该假设。采用 SPSS 20.0 软件进行分析，以农村家庭希望孩子接受更好教育的意愿程度为因变量；将分类型解释变量孩子就读学段、孩子实际就读学校位置、家长性别、父母受教育程度、家长职业、家庭年收入、父母外出务工情况、希望孩子在哪里就读、是否希望孩子在校寄宿、家庭所在经济区域、是否经历学校布局调整选择到 Factor（s），将具有数值型特征的"孩子实际就读学校教育质量""让孩子接受更好教育的经济负担"选择到 Covariate（s）中。

有序回归模型的评估指标主要有 5 种，分别是平行线检验、拟合优度统计量、模型拟合统计量、伪决定系数测量和回顾性总预测正确率。其中，前两种是"定性"的评估，主要用来评估模型是否合适；后三种检验是"定量"的评估，主要评估采用的模型是好或坏。如果平行线检验难以通过，拟合优度统计总体上不理想，那么就要考虑用有序逻辑回归是否合适。

平行线检验的原假设是：模型的位置参数即斜率，在被解释变量的不同类别上无显著差异。然而，如表 5.8 所示的平行检验结果：似然比卡方值所对应的概率 p 值为 0.000，如果显著性水平为 0.05，由于概率 p 值小于显著性水平，表明各模型的斜率存在显著差异，所以应拒绝原假设，表明各模型的斜率存在显著差异。可能导致该情形出现的原因主要有两个：其一，链接函数选择不准确；其二，系数的确随着分割点发生变化。在第一种情况下，可以通过选择正确的链接函数，以找到满足平行性假设的模型。然而，当笔者重新选择链接函数时，结果仍然难以通过平行线检验，这就可能意味着系数随着分割点而发生变化，不能采用有序回归模型，而需要采用其他方法。

表 5.8　有序逻辑回归的平行线检验

模型	−2 对数似然数值	卡方	自由度	显著性
零假设	6 914.885			
广义	6 853.272	61.613	21	0.000

此外，拟合优度统计量检验表明，如表 5.9 所示：皮尔逊卡方统计量所对应的概率 p 值小于显著性水平 0.05，则应拒绝原假设，说明观测频数与期望频数分布存在显著差异，模型的拟合优度总体上不理想。从这方面而言，同样需要变换方法。

表 5.9　拟合优度统计量检验

模型	卡方	自由度	显著性
皮尔逊	8 150.303	7 067	0.000
偏差	6 394.254	7 067	1.000

（二）二元 Logistic 回归模型

当有序 Logistic 回归的方法行不通时，笔者转换了方法，将作答"想方设法让孩子接受更好教育""非常强烈""比较强烈"者合并为一项，合并后的变量重新命名为"强烈"，使之与另一项"不强烈"相对应。经如此处理的因变量转化为二分类变量，可以将"强烈"赋值为 1，将"不强烈"赋值为 0。这样，就将多元有序因变量转变为二分类变量，处理后的因变量可以按照二元 Logistic 回归模型的方法，具体的方法介绍，见第四章第二节。

回归方程式中，被解释变量是"想方设法让孩子接受更好教育"需求的强烈度，该变量为二值变量，"强烈"=1，"不强烈"=0。解释变量分别为孩子就读学段（虚拟变量，以 7~9 年级为参照类）、孩子实际就读学校位置（虚拟变量,以农村学校为参照类)、家长性别(虚拟变量,以女性为参照类)、父母受教育程度(虚拟变量,以小学及以下为参照类)、家长职业(虚拟变量,以农民为参照类)、家庭年收入(虚拟变量,以5 000元以下为参照类)、父母外出务工情况(虚拟变量,以父母都在家为参照类)、家长对孩子实际就读学校教育质量的评价(有序变量,较好=1,差不多=2,较差=3)、接受更好教育经济负担评价(有序变量,没有问题=1,有一定困难=2,完全负担不起=3)、希望孩子在哪里上学(虚拟变量,以农村学校为参照类)、希望孩子在校寄宿(虚拟变量,以非在校寄宿为参照类)、家庭所在经济区域(虚拟变量,以西部地区为参照类)、是否经历中小学布局调整(虚拟变量,以未经历为参照类)。对于分类变量,在进行Logistic分析时,由SPSS统计软件自动进行虚拟变量的设定。采用"强制进入法"运行二元Logistic回归[①]。

表5.10显示了模型中变量的估计系数、Cox&Snell R^2、Nagelkerke R^2统计量和模型显著性。模型通过了总体方差检验,具有统计上的显著意义(p =0.000)。然而,该模型的拟合优度比较低(Nagelkerke R^2 =0.044),出现这种状况的原因可能是:①缺失值导致在研究中删除了一些重要变量,造成模型解释力下降。剔除信息缺损及奇异数据的样本后,进入模型的有4 867个有效样本,有效率为79.7%。②意愿调查中常见的"策略性偏误"导致变量调查数据不够准确,从而影响了估计的精度[②]。不过,Hosmer-Lemeshow拟合优度检验得到 p 值为0.380,大于显著性水平0.05,表明由预测概率获得的期望数据与调查数据之间的差异无统计学意义,即模型拟合度较好。

表5.10 影响农村家庭教育质量需求因素的回归分析

解释变量	因变量: $\ln\left[P_q/(1-P_q)\right]$					
	β	S.E	Wals	df	Sig.	EXP(β)
孩子就读1~3年级	0.247	0.246	1.003	1	0.317	1.280
孩子就读4~6年级	0.232	0.192	1.463	1	0.227	1.261
实际就读县镇学校	0.196	0.188	1.089	1	0.297	1.217
家长性别	0.115	0.169	0.464	1	0.496	1.122

---

① 楚红丽. 我国义务教育阶段城市与县乡家庭教育支出影响因素的对比分析[J]. 教育学报,2008(6):87-94.

② 孔祥智,涂圣伟. 新农村建设中农户对公共物品的需求偏好及影响因素研究——以农田水利设施为例[J]. 农业经济问题,2006(10):10-16,79.

续表

解释变量	因变量：$\ln\left[P_q/(1-P_q)\right]$					
	β	S.E	Wals	df	Sig.	EXP(β)
父母受教育程度：初中	0.283	0.199	2.022	1	0.155	1.327
父母受教育程度：高中（中专）	0.152	0.264	0.330	1	0.566	1.164
父母受教育程度：大专及以上	0.190	0.454	0.175	1	0.675	1.209
家长职业：非农民	−0.144	0.227	0.403	1	0.525	0.866
家庭年总收入：5 000~15 000 元	−0.443	0.212	4.349	1	0.037	0.642
家庭年总收入：15 001~30 000 元	−0.024	0.296	0.006	1	0.936	0.977
家庭年总收入：30 000 元以上	−0.443	0.571	0.602	1	0.438	0.642
父亲一人外出务工	0.417	0.189	4.857	1	0.028	1.517
母亲一人外出务工	0.280	0.437	0.412	1	0.521	1.323
父母均外出务工	0.299	0.262	1.301	1	0.254	1.348
对孩子实际就读学校教育质量的评价	−0.506	0.134	14.327	1	0.000	0.603
对孩子接受更好教育经济负担评价	−0.128	0.153	0.698	1	0.403	0.88
希望孩子在县镇学校上学	0.750	0.186	16.334	1	0.000	2.117
希望孩子在校寄宿	−0.016	0.203	0.006	1	0.936	0.984
家庭所在经济区域：东部	−0.033	0.283	0.013	1	0.908	0.968
家庭所在经济区域：中部	−0.215	0.221	0.943	1	0.332	0.807
经历学校布局调整	0.080	0.167	0.231	1	0.631	1.084
常量	3.536	0.502	49.672	1	0.000	34.335
−2 倍对数似然值	1 360.143					
Cox & Snell R^2	0.011					
Nagelkerke R^2	0.044					
Model（sig.）	0.000					

注：q 是 quality 的缩写，P_q 是对教育质量需求强烈的概率，$1-P_q$ 是对教育质量需求不强烈的概率

从表 5.10 可以看出，对农村家庭义务教育质量需求影响显著的因素主要有："家长对孩子实际就读学校教育质量的评价"及"希望孩子在县镇学校上学"两个变量，而另外的变量均没有通过显著性检验。笔者根据既有研究、田野实地访谈资料对回归结果进行尝试性解释。需要指出的是，笔者给

出的解释只是诸多解释中的一种，并不具有唯一性。

1. 孩子相关特征对农村家庭义务教育质量需求的影响不显著

由表 5.10 可知，与孩子就读于 7~9 年级的家长相比，孩子就读于小学 1~3 年级的家庭对教育质量的需求程度更高，其次是孩子就读于 4~6 年级的家庭，这和笔者的假设相一致，孩子就读学段越低，家长对优质教育的需求越强烈，这是因为：一方面，低年级段的孩子的教育可塑性较大；另一方面，接受教育具有"累积效应"，只有在低年级受到较好的教育，才能保证孩子在接下来学段的学习中有好的基础。然而，孩子就读学段对农村家庭义务教育质量需求的影响并不显著。

从孩子实际就读学校所在的位置来看，与孩子实际就读于农村学校的家庭相比，孩子就读于县镇学校的家庭对教育质量有更高的要求，这和笔者的假设相反，这种结果不难解释，这也许是教育中的"马太效应"——孩子所在学校教育质量越高，对更高质量教育的需求越强烈。然而，孩子所在学校的区位对农村家庭义务教育质量需求的影响也不显著。

2. 父母个人及家庭特征对农村家庭义务教育质量需求的影响

与女性家长相比，男性家长希望孩子接受更好教育的意愿更强；与受教育程度为小学及以下的家长相比，受教育程度为初中及以上者对孩子接受更好教育的意愿更强。这一发现与卡诺依的研究相似：受教育程度低的家长对教育质量的需求也低[1]。然而，无论是家长的性别，还是受教育程度，在"想方设法让孩子接受更好教育"这一问题的决策上没有呈现出显著的差异，原因可能在于，义务教育质量的重要性已经得到家长们的普遍认可，这种认识并不受制于家长的性别和受教育程度，因而，不同性别、受教育程度的家长对子女接受更好教育的需求意愿没有显著差异。

与职业为"农民"的家庭相比，家长非农就业对农村家庭义务教育质量需求的强烈度更低，这和本书的假设相悖，不过也较容易做出解释：在我国，"农民"不仅仅是一种职业，在更多意义上是一种阶层和社会地位的象征。与非农就业相比，农民的职业地位较低，他们对改变职业地位的要求更强烈，在自己职业地位难以改变的情况下，他们只能将希望寄托于孩子。正

---

① 卡诺依 M. 教育的联合生产[C]//卡诺依 M. 教育经济学国际百科全书. 闵维方，等译. 北京：高等教育出版社，2000：383.

如威廉·G. 布朗所言，教育可以让人们从他们最初的社会地位中解放出来，这一点已受到大家公认[①]。在田野调查中，绝大多数农民家长告诉我们："自己这一辈子（职业）已经定型了""不想让孩子再在土里刨钱""干啥都比当农民强"，正是这种强烈的"离农"意愿影响了农民家长对孩子义务教育质量的需求。然而，这种影响并不具有显著的统计学意义。

从家庭年收入水平这一变量看，与年收入为 5 000 元以下的家庭相比，家庭年收入为 5 000~15 000 元、15 001~30 000 元及 30 000 元以上者对孩子接受更好教育的意愿并不强烈，这和我们的假设相悖，也与他人的研究相悖[②]。这种现象也对笔者造成了很大的困扰，为什么经济约束越弱者反倒对优质教育的需求越弱？可能的解释是：①让孩子接受更好教育隐含了家长的心理预期：知识可以改变子女命运，即家长希望通过接受教育，能在若干年后给子女带来较为优越的工作和生活。年收入为 5 000 元以下的农村家庭在农村属于极度贫困者，当家庭社会经济背景难以为孩子提供更好的发展机会时，接受更好的教育被农村家庭视为改变身份、实现社会流动的重要途径。换言之，在其他渠道改变家庭经济地位的尝试无路可寻时，唯有寄希望于孩子的教育。这一点与 Schultz 的研究具有较大的一致性。他的研究发现，在家庭教育决策中，更多地是把教育看作一项投资。尤其是对于贫困的农村家庭而言，更是如此[③]。还可以用 2003 年联合国教科文组织教育部长圆桌会议公布的《"有质量的教育"公报》中的话进行解释："尽管获取公平对于那些极端不利人群尤其难以实现，但我们相信，'有质量的教育'是战胜这些不利因素的一种工具，因为它不仅仅是一项权利，而且是实现其他权利的一个途径。"[④]②农村家庭在孩子的教育上可能存在一定的"攀比心理"，为了让子女在教育方面不落后于人，即使收入水平有限，他们也不愿意降低对子女教育的投资意愿。③在道德规范上，农村家长对于子女的教育似乎有一种天然的道德承诺。

从父母外出务工的情况看，以"父母都在家"为参照类，研究发现，无

---

① 转引自：科顿姆 D. 教育为何是无用的[M]. 仇蓓玲，卫鑫译. 南京：江苏人民出版社，2005：126.

② 卡诺依发现，中等收入的家长及低收入的家长对教育质量的需求也低。参见：卡诺依 M. 教育的联合生产[C]//卡诺依 M. 教育经济学国际百科全书. 闵维方，等译. 北京：高等教育出版社，2000：383.

③ Schultz, Theodore W. The value of children: an economic perspective[J]. Journal of Political Economy，1973（2）：2-13.

④ 转引自：邬志辉. 农村义务教育质量至关重要[J]. 教育研究，2008（3）：31-33.

论是"父亲一人外出务工""母亲一人外出务工"还是"父母均外出务工"
的家庭对孩子接受更好教育的意愿都比较强烈。一方面,这与外出务工家长
的个人素质及家庭的经济状况相关。有研究发现,在农民工所流出的社区
中,与未外出务工的农民相比,外出务工的农民是农村地区的精英,他们的
个人素质具有明显的优势[1]。此外,外出务工增加了对子女受教育的支付能
力。有研究发现,2009 年,农民工家庭人均纯收入为 6 616.7 元,比全国农
村居民人均纯收入高 28.4%[2]。另一方面,与外出务工家长的城市务工经历
及感悟相关。外出务工,农村劳动力实现了从农村向城市的空间流动,以及
从农业向非农业的产业流动,然而,这并不意味着农村劳动力职业地位的改
变和提升。在城市,就业过程中及社会生活中的农民工切身感受到户籍的限
制和教育的"门槛效应",为防止孩子"重蹈覆辙",教育,尤其是优质教
育成为农村孩子"跳农门"的"主干道"。

　3. 父母认知态度对农村家庭义务教育质量需求的影响

　　"家长对孩子所在学校教育质量的评价"负向显著影响农村家庭义务教
育质量需求,即孩子所在学校教育质量越差的家庭对孩子接受更好教育的意
愿越低,且这种影响在统计学上具有显著性。这和本书的预期截然相反,是
一个极其有趣的发现。可能的原因是,孩子所在学校教育质量越差者,可能
其家庭经济情况也是最差的,他们既缺乏为孩子选择较高质量学校的经济实
力,也缺乏进行更好的学校选择的心理支持。

　　"接受更好教育的经济负担"负向影响农村家庭义务教育质量需求,即
如果让孩子接受更好的教育对家庭而言是较沉重的负担,那么农村家庭在选
择是否让孩子接受更好质量的教育时就会慎重考虑。这和笔者的预期相同。
然而,这一变量并未通过显著性检验。

　　"农村家长希望孩子在哪里上学"这一变量对农村家庭义务教育质量需
求有显著的正向影响,即与希望孩子在农村学校上学相比,那些希望孩子在
县镇学校上学的家长对孩子接受更好教育的意愿更强烈。这在一定层面上证
明了学校的城乡位置与学校质量之间是正相关的。

　　"希望孩子在校寄宿"对农村家庭义务教育质量需求呈负向影响,但不

---

　① 李强. 农民工与中国社会分层[M]. 北京:社会科学文献出版社,2004:34.
　② 国务院发展研究中心课题组. 农民工市民化进程的总体态势与战略取向[J]. 改革,2011(5):
5-29.

显著。

4. 家庭所在经济区域对农村家庭义务教育质量需求的影响

与居住在西部地区的家长相比，居住在东部和中部地区的家长对孩子接受更好教育的意愿的强烈度要低，这和笔者的假设相反。可见，西部地区的家庭希望孩子接受更好教育的意愿更强。

5. 农村中小学布局调整政策的影响

研究多根据理论假设和现实关注，在需求模型中加入某些需要关注的变量。本书置于农村中小学布局调整的背景下，因此对农村中小学布局调整这一政策的关注是该项研究区别于以往研究的关键特征。经历了学校布局调整地区的家庭对孩子接受更好教育的影响稍强于未经历过布局调整地区的家庭，但是否经历学校布局调整对农村家庭义务教育质量需求的影响并不显著。这说明，无论是否经历学校布局调整，农村家庭希望子女接受更好教育的意愿都非常强。

第三节　小结与建议

一、本章小结

（一）农村家庭教育质量需求较高

将"教育质量需求"指标操作化为"想方设法让孩子接受更好教育"。从总体上看，96.6%的农村家庭对"想方设法让孩子接受更好教育"的意愿表示"强烈"，仅有 3.4%的农村家庭表示"不强烈"。实际上，接受更好的教育不仅是一种美好的意愿，而且是一种已付诸实施的行为，已有 16.2%的农村家庭"用脚投票"，放弃原本可以就近入学的学校，转而为孩子实际选择了在教育质量较高的学校借读。由此可见，在义务教育基本普及之后，农村家庭对义务教育的需求由获得基本受教育机会转向追求较高质量的教育机会。农村中小学布局调整的重要目的之一是提高农村学校的教育质量，使更多的农村孩子接受高质量的教育。从这方面来讲，农村中小学布局调整是顺应农村家庭教育质量需求的顺势政策。

（二）影响农村家庭义务教育质量需求的因素分析

从影响农村家庭义务教育质量需求的因素看，孩子相关特征、父母个人及家庭特征、非家庭的先赋条件及学校布局调整政策均未对农村家庭义务教育质量需求构成显著影响，这进一步证明了农村家庭对高质量义务教育需求的普遍性，这种普遍性是独立于客观外在条件的；对农村家庭义务教育质量构成显著影响的是农村家庭希望孩子在县镇学校上学和农村家长对孩子实际就读学校教育质量的评价这两个因素。前者正向显著影响农村家庭义务教育的质量需求，后者负向显著影响农村家庭义务教育的质量需求。

二、提高农村义务教育质量，满足农村家庭优质教育需求

《国家中长期教育改革和发展规划纲要（2010—2020 年）》把提高质量作为教育改革发展的核心任务。党的十九大报告指出，我国社会的主要矛盾已经转变为"人民日益增长的美好生活需要和不平衡不充分的发展之间的矛盾"①。将其引入农村义务教育的发展中，我国农村义务教育发展的矛盾为"人民日益增长的对优质教育需要和义务教育不平衡不充分发展的矛盾"。因此，提高农村义务教育质量才是解决这一矛盾的良策。

（一）农村师资建设在农村教育质量全面提升中的重要性

全面提升农村义务教育质量是社会快速发展和社会大众对农村基础教育提出的要求。实际上，提高农村义务教育质量一直是教育领域所关注的问题，然而正如教育质量概念本身的复杂性和多元性，全面提高农村义务教育质量是一项复杂的工程，所需路径和措施也是复杂和多元的，常见的路径诸如增加教育经费投入、改善办学条件、加强师资培训等。然而，有学者认为："全民优质教育不能仅限于增加学校的物质投入或提高学校的效率，尽管这些也很重要。"②在诸多措施中，农村教师直接影响着农村教育质量，提高农村教师质量是提高农村教育质量的核心和关键。

---

① 习近平. 决胜全面建成小康社会 夺取新时代中国特色社会主义伟大胜利—— 在中国共产党第十九次全国代表大会上的报告[EB/OL]. http://politics.people.com.cn/n1/2017/1028/c1001-29613514.html，2017-10-18.

② 奇纳帕 V. 教育改革：仍然在公平与质量之间权衡吗？[J]. 谷小燕译. 比较教育研究，2012（2）：18-25.

其一，充足的、训练有素的师资是保障有效学习的关键因素。影响农村义务教育质量的因素有很多，但人们普遍认为教师是教育过程中的一个关键因素[1]，因为教师在很大程度上决定了学生的成绩，这已被诸多经验研究所证实[2]。

其二，教师是具有能动性的教育因素。当前，随着国家教育经费投入的增加，作为重要公共品的农村义务教育被纳入公平发展的视野，农村义务教育投入的各项指标都水涨船高，在经费投入、办学条件、师资队伍建设等方面都得到快速的提高。然而，必须明确的是，从能动性上看，经费投入、办学条件与师资队伍建设具有重大区别。经费投入与办学条件属于物的因素，具有被动性，只要配置合理、监督到位就能有效地被分配到农村学校中去，因此，相对而言，城乡义务教育硬件水平的均衡较容易实现。然而，作为人的要素，师资具有很强的能动性。作为理性的"经济人"，城乡差异在很长一段时间内仍存在的背景下，一方面，他们会本能地抗拒被分配到农村学校（除非是他们个人的选择），另一方面，即使被分配到农村学校也可能会消极应对，或者在时机成熟时逃离农村学校。

其三，教师是边际效应较大的教育因素。当经费投入、办学条件达到一定水平后，再继续增加或改善可能对教育质量提升所起的作用就极为有限。而教师是教育活动的核心影响要素，教师边际作用的发挥可能超过经费投入和办学条件。因此，有学者不夸张地断言："农村师资建设成为农村教育质量全面提升的战略重点。"[3]建设一支高素质的农村教师队伍是发展农村教育、提升农村教育质量的关键。也正因如此，《国家中长期教育改革和发展规划纲要（2010—2020年）》中有这样的论述："百年大计，教育为本"，而"教育大计，教师为本"。2018年1月31日，中共中央、国务院发布《关于全面深化新时代教师队伍建设改革的意见》，这是中华人民共和国成立以来党中央出台的第一个专门面向教师队伍建设的里程碑式政策文件，将教育和教师工作提到了前所未有的高度，提出"兴国必先强师"，尤其是在我国社会主要矛盾已经转化为人民日益增长的美好

① 顾明远. 提高教师素质提高教育质量[J]. 北京教育，1997（6）：1.
② 参见：Bratsberg B，Terrell D. School quality and returns to education of US immigrants[J]. Economic Inquiry，2010，40（2）：177-198；薛海平. 西部农村初中教师素质与教育质量关系的实证研究[J]. 教师教育研究，2008（4）：55-60.
③ 秦玉友. 农村义务教育师资队伍建设机制问题分析[J]. 教育发展研究，2010（10）：84-87.

生活需要和不平衡不充分的发展之间的矛盾，人民对公平而有质量的教育的向往更加迫切的背景下，教师队伍建设更具有重要的战略意义。若要提高农村义务教育质量，必须保证有一支合格的、稳定的且具有奉献精神的农村教师队伍。

（二）农村义务教育师资队伍建设机制的基本思路

要保证有一支合格的、稳定的且具有奉献精神的农村义务教育教师队伍，既需要在源头上强化教师素质，把好"入口关"；需要提升农村学校的吸引力，把好"留人关"；还需要促进农村教师的发展，做好"发展关"，最后，优化师资配置标准，做好"编制关"。因此，需要在进人机制、留人机制、发展机制和编制标准等四个方面综合发力。

1. 严格进人机制

在教师招募时，要严格教师准入标准，以素质水平为依据选择教师，既要重视业务能力，也要重视思想政治素质，要确保素质较高的师范院校和其他高校毕业生愿意并能够进入农村教师队伍中。新招募的农村义务教育教师应接受过良好的教师教育训练，具有相应级别的教师资格，能够胜任农村教育教学任务，更重要的是，要对农村义务教育有热情；考虑到农村地区的特殊性，为保证教师队伍的稳定性，在教师招聘时可适度向当地生源倾斜，从入口关确保招聘到的是素质较高且适合农村义务教育需要的教师，遴选出乐教、适教、善教的优秀人才进入农村教师队伍。

2. 多元留人机制

与进人相比，留人更难，尤其是将优秀的教师留在农村地区更是难上加难。必须承认的是，在相当长的一段时间内，我国城乡之间仍存在较大的差距。与城市学校相比，农村学校因处于弱势地位而缺乏相应的吸引力。因此，要让那些进入农村义务教育学校的教师（尤其是优秀的教师）安心留在农村地区从教，需要了解他们的真正需求并尽量予以满足，以此提高农村学校的吸引力。现阶段，通过提高农村学校吸引力的方式，留人需要"刚柔并济"[1]。其中，刚性要求是指充分肯定农村教师的劳动，并确保他们的劳动获得应有的经济回报和必要的鼓励和补偿。国际经验表明，"成功的学校系统通常优先考虑

---

① 秦玉友. 农村义务教育师资队伍建设机制问题分析[J]. 教育发展研究，2010（10）：84-87.

教师的工资而不是小班教学"①。除了与城市教师具有相同水平的基础工资外，为体现对农村地区尤其是偏远农村地区从教教师的鼓励，需制定差异化的标准，明确区分"鼓励"与"补偿"，并分类施策，除了对在农村任教给予的"鼓励费用"外，把教师由于在边远艰苦地区工作产生的与工作相关的额外的交通、生活费用列为补偿范围。加强乡村教师周转宿舍建设，按规定将符合条件的教师纳入当地住房保障范围，让乡村教师住有所居。另外，关心乡村青年教师的发展，在职称评聘、表彰奖励等方面向乡村青年教师倾斜，优化乡村青年教师发展环境，加快乡村青年教师成长步伐。而柔性要求则是指关心乡村青年教师工作生活，通过对农村教师的精神和情感需求的尊重与满足，从而使他们对农村教育事业产生一种使命感，通过在农村任教，产生成就感，最终实现其人生的价值和意义。通过待遇留人、情感留人多管齐下的方式，从而使农村教师，尤其是优秀的农村教师留在农村安心从教。

3. 全员发展机制

对于走上工作岗位的农村教师而言，如果要保持理论创新，除了自己主动地学习和进行自我反思外，一个重要的途径就是参加教师培训。因此，教育行政部门应该根据农村教师的需求，有目的有针对性地为农村教师提供相应的培训。通过培训，满足农村教师的求知欲，促使他们更好地进行教学反思，以便将教育理论与教育实践有机结合，从而更好地进行教学和促进专业成长。此外，要为所有基础扎实和有潜质的教师提供发展机会和发展条件，不能把发展机会过分集中于某些教师，不要人为制造教师发展的差异。只有所有教师的素质提升了，农村教育的质量提升才有可能。

4. 优化编制标准

长期以来，在教师数量的配置标准上（比如师生比），城市高于县镇，县镇高于农村，这种配置标准既缺乏理论根据，也缺乏现实合理性。一方面，没有理论证明，对于同样的学生，城市和县镇需要比农村学校更多的教师；另一方面，现实中的农村小学往往规模较小，师生比应该比城市、县镇大。此外，农村初中多是寄宿制，需要配备必要的生活教师，师生比也应该比城市、县镇大。2014 年《关于统一城乡中小学教职工编制标

---

①奇纳帕 V，谷小燕. 教育改革：仍然在公平与质量之间权衡吗？[J]. 比较教育研究，2012（2）：18-25.

准的通知》将县镇、农村中小学教职工编制标准统一到城市标准，即高中教职工与学生比为 1∶12.5、初中为 1∶13.5、小学为 1∶19。该通知对纠正自 2001 年以来的^①师资配置的师生比偏城性取向具有重要意义。此外，新的编制标准还"考虑实际需求，对农村边远地区适当倾斜"，尤其是针对学生规模较小的村小、教学点，"按照教职工与学生比例和教职工与班级比例相结合的方式核定教职工编制"。这为体现积极城乡差异的师资配置政策奠定了良好的基础。

---

① 《国务院办公厅转发中央编办、教育部、财政部关于制定中小学教职工编制标准意见的通知》（国办发〔2001〕74 号）。

第六章　农村家庭义务教育需求：
孩子住宿地点偏好

　　在决定了孩子在哪里就读、在什么质量的学校就读之后，农村家庭继而面临着另一个问题：在就学期间，孩子在哪里住宿？有研究者认为，"此种问题只存在于选择让孩子在乡中心小学或县城某所学校就读的情况，因为村小学是不提供寄宿条件的"[1]。但实际上，随着农村中小学布局调整力度的加大，学生上学距离变远，无论孩子就读于农村小学，还是就读于其他学校，家长都面临着为孩子选择住宿地点的问题。换言之，为孩子选择合适的住宿地点不是与部分家长、家庭相关，而是与所有家长和家庭都相关。因此，农村家庭对孩子义务教育就读期间住宿地点的选择同样是一个值得关注的研究议题。

　　在农村中小学布局调整之前，农村家庭对孩子义务教育就读期间住宿地点的需求问题[2]不成为问题或尚未上升到一个引起广泛关注的研究问题，这是因为在既有的就近入学政策的安排下，学生，尤其是小学阶段的学生基本上在家附近的学校就学、在家住宿，部分初中阶段的学生可能因为家校之间的距离较远而选择在校寄宿。在学校布局调整之前，无论是学生还是家长均认为，孩子住宿地点的选择是根据就学的需要而决定的，是可以接受的。然而，在新一轮农村中小学布局调整的背景下，因大量村小、教学点及部分生源不足的初中学校被撤并，农村寄宿制学校（包括小学寄宿制、初中寄宿制以及九年一贯寄宿制）在短时期内如雨后春笋般出

---

　　① 叶敬忠，陆继霞，孟祥丹. 不同社会行动者对农村中小学布局调整政策的回应[J]. 中国农村经济，2009（11）：87-96.

　　② 为了行文时表述的方便及简略性，下文中将"农村家庭对孩子义务教育就读期间住宿地点需求"简写为"农村家庭对孩子住宿地点需求"。

现在农村大地上，在这种背景下，农村家庭可能要改变孩子义务教育就学期间住宿地点的安排。伴随着农村中小学布局调整的推进，农村家庭对孩子住宿地点需求成为一个凸显的问题，发展寄宿制学校成为一种重要的解决路径。农村寄宿制学校成为农村地区，尤其是中西部农村地区一种主推的办学形式。来自教育部的统计数据显示，2017 年底农村小学寄宿生达934.6 万人，占农村小学生总数的 14.1%[1]。乡镇寄宿制学校是我国教育体系的"神经末梢"，2018 年 4 月 25 日，国务院办公厅印发了《关于全面加强乡村小规模学校和乡镇寄宿制学校建设的指导意见》。

当农村寄宿制学校作为一个重要议程进入国家政策视野的同时，它也日渐进入研究者的视野中。其中，一个重要的研究视角是农村寄宿制学校产生、发展的必要性以及对其未来走势的预测。绝大多数研究者认为，我国农村寄宿制学校是中小学布局调整的结果，是解决因学校布局调整导致的部分学生上学远、上学难问题的重要举措[2]，还有研究者认为农村寄宿制学校有助于解决"留守儿童"问题。地方教育行政部门高度肯定寄宿制学校在农村教育发展中的作用，将寄宿制学校看作农村教育资源优化配置的好形式[3]。张海波和杨兆山预测，在我国，寄宿制学校将在相当长的一段时期内存在[4]。

然而，有关农村家庭对孩子住宿地点需求这样一个基本性问题，在既有研究中的讨论甚少，真正以该问题为中心论题的研究更加缺乏，仅有为数不多的几项研究简单涉及该问题。刘欣对湖北农村贫困地区、山区的调查表明，有的农村家庭主动将孩子送到学校寄宿。理由在于，在校寄宿，无论是对于孩子的学习还是生活都大有助益[5]。杨润勇在江西赣南三县 30 校的访谈调研表明，农村寄宿制学校出现"供不应求"的现象：在尚未在校寄宿的学生中，有将近 10% 的学生急需安排寄宿就读，另有 10% 左右的学生（及其家长）有强烈的寄宿愿望，但因种种原因尚未寄宿。当地的学生家长对在农村

① 新华网. 振兴乡村教育 2020 年基本补齐两类学校短板[EB/OL]. http://www.moe.gov.cn/jyb_xwfb/xw_fbh/moe_2069/xwfbh_2018n/xwfb_20180511/mtbd/201805/t20180514_335855.html, 2018-05-11.

② 刘欣. 农村中小学布局调整与寄宿制学校建设[J]. 教育与经济, 2006（1）: 30-32; 吕绍清. 中国农村留守儿童问题研究[J]. 中国妇运, 2006（6）: 19-25.

③ 林祥. 寄宿制小学: 农村教育资源优化配置的好形式[J]. 人民教育, 2005（2）: 11-13. 写作该文时，林祥为山西省方山县委副书记; 刘涛. 扩建寄宿制学校优化农村教育资源配置[J]. 人民教育, 2006（6）: 13. 写作该文时，刘涛为四川省泸州市教育局副局长.

④ 张海波, 杨兆山. 义务教育阶段农村寄宿制学校学生适应问题分析[J]. 教育研究与实验, 2011（3）: 72-75.

⑤ 刘欣. 农村中小学布局调整与寄宿制学校建设[J]. 教育与经济, 2006（1）: 30-32.

地区发展寄宿制学校表现出强烈的认可，他们一致认为，除了极少数人口集中的地区外，几乎所有的农村学校都应该采取寄宿制[1]。而任运昌通过在重庆、四川、新疆等地的调研发现，孩子在学校寄宿是一种无奈的选择，不仅加重了农村家庭的经济负担，而且加重了农民家长的精神负担[2]。罗建河基于对江西、福建和陕西的调研发现，愿意让孩子在校寄宿的家长占26.4%，而不愿意让孩子在校寄宿的家长高达 59.3%。家长不愿让孩子住校的原因依次如下：认为"孩子太小，自理能力不够"者占 57.1%；认为"小孩子住学校晚上不安全"者占 41.8%；认为"学校住宿条件太差"者占28.6%；认为在校寄宿"增加了家里的经济负担"者占 12.1%；另有 4.4%的家长选择了其他[3]。

在对农村家庭住宿地点需求的既有研究中，研究者或者采用定性研究的方法，根据主观判断或者依据访谈资料来推断农村家庭对住宿地点的需求并进行需求原因分析，或者在问卷调查后采用简单描述统计的方法，而鲜有计量分析。更关键的是，理论界对农村寄宿制学校产生和发展的必要性的探讨在一定程度上忽略了这样一个前提性问题，即发展农村寄宿制学校是满足谁的需要？是教育行政部门，还是农村家庭？从发展寄宿制学校的目的看，无论是其有助于学生上学远问题和留守儿童问题的解决，还是通过优化农村教育资源的配置进而提高农村教育质量，其潜在受益者都是农村学生及其家庭。但是，如果不研究农村家庭是否对农村寄宿制学校有需求，不了解哪些家庭对寄宿制学校有需求以及哪些因素影响农村家庭对寄宿制学校的需求，那么，还不能理所当然地认为大力发展农村寄宿制学校必然能满足农村家庭的教育需求。例如，绝大多数研究认为在校寄宿可以解决学生上学路程远、上学不安全等问题，但如果考虑到子女个人、父母个人及家庭特征、家长对学校/教育的态度、非家庭的先赋条件及当地是否进行农村中小学布局调整等因素，可能不同地区、不同类型的家庭对子女在校寄宿的需求会呈现出显著的差异。因此，有必要考察影响农村家庭对孩子义务教育就读期间住宿地点需求的因素，并分析其背后的影响机

---

① 杨润勇. 关于中部地区农村中小学寄宿制学校的调查与思考[J]. 教育理论与实践，2009（8）：32-36.

② 任运昌. 西部农村寄宿制学校给农民家长带来了什么——一项的研究及其现实主义表达[J]. 当代教育科学，2006（18）：17-21.

③ 罗建河. 家长眼中的村小合并[J]. 中小学管理，2011（8）：43-44.

制，为政府制定相关教育政策提供更可靠的依据。

从当前来看，农村家庭对孩子义务教育就读期间住宿地点的需求有下列几种选择：住家里、在校寄宿、家长在校外租房陪读、住亲戚家及其他形式（如留守儿童中心或老师家里）。在以上几种住宿地点中，农村家庭有怎样的需求？不同特征的家庭对孩子住宿地点的需求是否存在差异性？影响农村家庭对孩子住宿地点需求的因素有哪些？这是本章所感兴趣和需要解答的问题。笔者认为，了解农村家庭对孩子住宿地点方面需求的态度和意见十分重要，因为它关系到国家对寄宿制学校的相关政策安排。

第一节 农村家庭对孩子住宿地点需求的 整体特征及差异性分析

在本节，首先分析农村家庭对孩子住宿地点需求意愿的整体特征；其次，对不同特征家庭对住宿地点需求意愿的差异性进行分析。

一、农村家庭对孩子住宿地点需求的整体特征

通过对农村家长希望孩子在哪里住宿这一问题的分析可知，如表 6.1 所示：72.0%的农村家长希望孩子"住家里"，可见，对于义务教育就读期间的儿童而言，希望孩子"在家住"是绝大多数农村家长的选择。紧随其后的是"在校寄宿"，25.6%的农村家长希望孩子"住学校宿舍"，而选择另外几种寄宿类型的比例较低，1.3%的家长希望孩子"在校外租房陪读"，另外，分别有0.9%和0.2%的家长希望孩子"住亲戚家"和选择其他住处。鉴于国家教育政策的导向性和农村教育发展的实践，在接下来的分析中，笔者将住宿地点需求类型合并为两类，一类是在校寄宿需求，另一类是非在校寄宿需求。前者指农村家长希望孩子"住学校宿舍"，后者包括"住家里""在校外租房陪读""住亲戚家""其他"。那么，希望孩子在校寄宿的农村家庭占25.6%，而另外的74.4%的农村家庭则对孩子在校寄宿没有需求。

表 6.1　农村家长和孩子对住宿地点的需求意愿

选项	家长希望孩子在哪里住宿		孩子希望在哪里住宿	
	频数	有效百分比	频数	有效百分比
住家里	4 270	72.0%	30 126	71.7%
住学校宿舍	1 517	25.6%	9 489	22.6%
在校外租房陪读	78	1.3%	1 269	3.0%
住亲戚家	54	0.9%	789	1.9%
其他	14	0.2%	326	0.8%
合计	5 933	100.0%	41 999	100.0%

除了在"家长卷"中设计了对寄宿地点的需求外，为了信息的相互印证，课题组还在"学生卷"中设计了中小学生对住宿地点需求意愿的题目。通过对"学生卷"的分析，结果见表 6.1。其中，71.7%的中小学生希望"住家里"，22.6%的学生希望"住学校宿舍"，3.0%的学生希望"在校外租房陪读"，1.9%的学生希望"住亲戚家"，另有 0.8%的学生选择了其他。可见，在对住宿地点的选择上，农村中小学生与其家长的选择极为相似，希望在家和在校住宿的占绝大多数，其中，分别有 1/4 左右的家长和学生存在在校寄宿需求，另外 3/4 的家长和学生则没有在校寄宿需求。

二、农村家庭对孩子住宿地点需求的差异性分析

从整体上看，25.6%的农村家庭希望孩子在校寄宿，即他们存在在校寄宿需求。然而，对样本的整体分析是一种单变量的分析结果，仅能反映农村家庭对孩子住宿地点需求的"均态""共性"，而未能凸显不同特征家庭需求的"差异性"。不同住宿地点的选择不仅意味着家庭教育支出的潜在差异（在校寄宿的教育支出显然要高于在家里住宿），而且可能意味着农村家庭结构的改变。考虑到区域、地理环境、家庭经济收入水平、父母外出务工类型及孩子就读学段等方面差异的存在，笔者感兴趣的是，对于不同特征的农村家庭而言，在孩子住宿地点的需求上是否存在差异？结合既有的相关研究，在接下来的分析中，将从区域、地理环境、家庭收入水平、父母务工状况及孩子就读学段等几个角度出发，着重分析不同特征的家庭对孩子住宿地点的需求，以揭示农村家庭对孩子住宿地点需求的差异性和多元化。

（一）家庭所在经济区域与农村家庭对孩子住宿地点的需求

通过"家庭所在经济区域"与"农村家庭对孩子住宿地点需求"的交互分析，结果如表 6.2 所示：在三大区域中，西部地区的农村家庭对孩子在校寄宿的需求远高于东部地区和中部地区，西部、东部和中部地区的农村家庭希望孩子在校寄宿的比例分别为 43.5%、21.2% 和 17.4%。其原因可能在于，西部地区的学校布局调整力度要大于中部和东部，因此，学生平均上学距离要远于中部和东部，在校车尚未全覆盖的前提下，在校寄宿是解决学生上学路程远的最有效措施。卡方检验发现，不同经济区域的家庭对孩子住宿地点需求在统计上具有显著差异性（$\chi^2 = 393.432$，$p = 0.000$）。

表 6.2 不同经济区域的农村家庭对孩子住宿地点的需求

家庭所在经济区域		在校寄宿需求	非在校寄宿需求	合计
东部	频数	272	1 009	1 281
	比例	21.2%	78.8%	100.0%
中部	频数	571	2 703	3 274
	比例	17.4%	82.6%	100.0%
西部	频数	674	876	1 550
	比例	43.5%	56.5%	100.0%

（二）家庭所处村庄的地理环境与农村家庭对孩子住宿地点的需求

从家庭所处地理环境与农村家庭对孩子住宿地点需求的关系来看，不同地理环境下的农村家庭对孩子住宿地点的需求具有较大的差异，见表 6.3。将家庭所处村庄的地理环境划分为四大类型：山区、丘陵、平原和其他（包括湖区、库区、草原等）。在这四种地理环境中，其他地理环境下的家庭对孩子在校寄宿的需求度最高，38.8% 的家长希望孩子在校寄宿；排在第二位的是位处山区的家庭，26.8% 的家长希望孩子在校寄宿；平原地区和丘陵地区的家长希望孩子在校寄宿的分别占所在群体的 21.0% 和 15.9%。可见，地理环境越恶劣的地区，家庭对孩子在校寄宿的需求程度越高，其原因可能在于，地理环境可能对当地的交通状况产生影响，从而影响农村家庭对寄宿制学校的需求。经卡方检验可知，不同地理环境下的家庭，在孩子义务教育就读期间住宿地点需求这一问题上的差异具有统计显著性（$\chi^2 = 137.978$，$p = 0.000$）。

表 6.3　家庭所处村庄的地理环境与农村家庭对孩子住宿地点的需求

家庭所处村庄的地理环境		在校寄宿需求	非在校寄宿需求	合计
山区	频数	605	1 656	2 261
	比例	26.8%	73.2%	100.0%
丘陵	频数	119	629	748
	比例	15.9%	84.1%	100.0%
平原	频数	461	1 734	2 195
	比例	21.0%	79.0%	100.0%
其他	频数	314	495	809
	比例	38.8%	61.2%	100.0%

（三）家庭年收入与农村家庭对孩子住宿地点的需求

家庭经济状况是否影响农村家庭对孩子住宿地点的需求？以"家庭年收入"作为家庭经济状况的替代变量，将"家庭年收入"与"住宿地点需求"进行交互分析，分析结果见表6.4。年收入为5 000元以下的家庭对寄宿制学校需求度最高，占所在群体的34.8%；年收入为5 000~15 000元的家庭希望孩子在校寄宿的占所在群体的比例为22.6%，年收入为15 001~30 000元及30 000元以上的家庭希望孩子在寄宿制学校就读的分别占相应群体的18.4%和19.5%。这些数据表明，家庭经济状况与农村家庭对孩子在校寄宿需求之间大体呈现出反向关系，即家庭经济收入水平越高者，对孩子在校寄宿的需求越低；而家庭经济收入水平越低者，对孩子在校寄宿的需求越高。经卡方检验可知，年收入水平不同的家庭，在是否希望孩子在校寄宿这一问题上的差异具有统计学意义（$\chi^2 = 122.297$，$p = 0.000$）。

表 6.4　家庭经济收入与农村家庭对孩子住宿地点的需求

家庭年收入		在校寄宿需求	非在校寄宿需求	合计
5 000 元以下	频数	547	1 023	1 570
	比例	34.8%	65.2%	100.0%
5 000~15 000 元	频数	681	2 326	3 007
	比例	22.6%	77.4%	100.0%
15 001~30 000 元	频数	238	1 054	1 292
	比例	18.4%	81.6%	100.0%
30 000 元以上	频数	26	107	133
	比例	19.5%	80.5%	100.0%

（四）父母外出务工情况与农村家庭对孩子住宿地点的需求

"留守儿童"现象是农村劳动力外出务工的直接产物。2013 年全国妇联发布的《我国农村留守儿童、城乡流动儿童状况研究报告》中根据《中国2010年人口普查资料》样本数据推算，全国有农村留守儿童 6 102.55 万人，占农村儿童的 37.7%，占全国儿童的 21.88%[①]。寄宿制学校被认为是解决农村留守儿童问题最重要的社会机制——由寄宿制学校代替父母监管孩子的生活和学习。父母外出务工情况与农村家庭对孩子住宿地点的需求之间是否存在相关关系？由表 6.5 可以清晰地看出：①无论父母外出务工与否，均有1/4 左右的农村家庭希望孩子在校寄宿；②父母外出务工与农村家庭对孩子在校寄宿的需求之间存在相关关系，在"父亲一人外出务工"、"母亲一人外出务工"、"父母均外出务工"及"父母都在家"这几种家庭类型中，"父母均外出务工"的家庭希望孩子在校寄宿的比例最高，达到 31.0%，其次是"母亲一人外出务工"的家庭，其比例是 29.6%，而"父亲一人外出务工"的家庭希望孩子在校寄宿的比例为 22.8%，甚至低于"父母都在家"的家庭 1.4 个百分点。由此推知，在农村家庭中，母亲外出务工对孩子在校寄宿需求的影响远大于父亲，这一方面既可能与中国传统的"男主外、女主内"的家庭分工有关，另一方面也与家庭新的分工安排有关。经卡方检验可知，父母外出务工的不同安排对孩子住宿地点需求的影响具有统计上的差异性（$\chi^2 = 24.809$，$p = 0.000$）。

表 6.5 父母外出务工情况与农村家庭对孩子住宿地点需求

父母外出务工情况		在校寄宿需求	非在校寄宿需求	合计
父亲一人外出务工	频数	481	1 629	2 110
	比例	22.8%	77.2%	100.0%
母亲一人外出务工	频数	67	159	226
	比例	29.6%	70.4%	100.0%
父母均外出务工	频数	252	560	812
	比例	31.0%	69.0%	100.0%
父母都在家	频数	705	2 206	2 911
	比例	24.2%	75.8%	100.0%

---

① 苏琳. 全国妇联发布《我国农村留守儿童、城乡流动儿童状况研究报告》[EB/OL]. http://www.ce.cn/xwzx/gnsz/gdxw/201305/10/t20130510_24368366.shtml，2013-05-10；刘利民. 城镇化背景下的农村义务教育[J]. 求是，2012（23）：55-57.

（五）孩子就读学段与农村家庭对孩子住宿地点的需求

从表 6.6 可知，孩子就读不同学段的农村家庭对孩子住宿地点的需求也存在差异。在孩子就读于 7~9 年级的家庭中，希望孩子在校寄宿的比例最高，达到 34.5%，这与常识相一致，即初中阶段的学生能够适应学校寄宿生活，有较强的生活自理能力。然而，在孩子就读于 1~3 年级的家长中希望孩子在校寄宿的占 21.6%，而 4~6 年级的相应比例则为 18.6%，前者比后者高 3 个百分点。卡方检验可知，孩子就读于不同学段的家庭，在是否希望孩子在校寄宿这一问题上具有统计上的差异性（$\chi^2 = 167.470$，$p = 0.000$）。

表 6.6 孩子就读学段与农村家庭对孩子住宿地点的需求

孩子就读学段		在校寄宿需求	非在校寄宿需求	合计
1~3 年级	频数	230	833	1 063
	比例	21.6%	78.4%	100.0%
4~6 年级	频数	506	2 209	2 715
	比例	18.6%	81.4%	100.0%
7~9 年级	频数	734	1 395	2 129
	比例	34.5%	65.5%	100.0%

（六）孩子实际就读学校的位置与农村家庭对孩子住宿地点的需求

通过对"孩子实际就读学校位置"与"希望孩子住宿地点"的交互列联表分析，结果如表 6.7 所示：孩子实际在县城就读的家长希望孩子在校寄宿的比例最高，占所在群体的 34.3%，紧随其后的是孩子在乡镇学校就读的家庭，其比例为 28.5%，比例最低的是孩子在农村学校就读的家庭，但其比例也达到 20.1%。卡方检验发现，孩子就读学校位置不同的农村家庭在对孩子住宿地点的需求这一问题上具有统计上的显著性（$\chi^2 = 80.840$，$p = 0.000$）。

表 6.7 孩子就读学校位置与农村家庭对孩子住宿地点的需求

孩子实际就读学校		在校寄宿需求	非在校寄宿需求	合计
村里	频数	605	2 407	3 012
	比例	20.1%	79.9%	100.0%
乡镇	频数	704	1 765	2 469
	比例	28.5%	71.5%	100.0%
县城	频数	190	364	554
	比例	34.3%	65.7%	100.0%

（七）孩子实际住宿地点与农村家庭对孩子住宿地点的需求

孩子实际住宿地点与家长希望的孩子住宿地点之间是否有关？将"孩子实际是否在校寄宿"与"家长希望孩子在哪里住宿"进行交互列联表分析，结果见表 6.8：孩子实际在校寄宿的家庭中，仍然希望孩子在校寄宿的占66.1%，而另有 33.9%的家长不希望孩子在校寄宿；在孩子未在校寄宿的家庭中，仅有 12.0%的家长希望孩子在校寄宿，而另有 88.0%的家长对孩子在校寄宿没有表现出偏好。经卡方检验可知，孩子实际住宿地点对农村家长是否希望孩子在校寄宿这一问题上的影响具有显著的统计学意义（χ^2=1736.099，$p = 0.000$）。

表 6.8　孩子实际住宿地点与农村家庭对孩子住宿地点的需求

孩子实际住宿地点		在校寄宿需求	非在校寄宿需求	合计
在校寄宿	频数	959	491	1 450
	比例	66.1%	33.9%	100.0%
非在校寄宿	频数	558	4 097	4 655
	比例	12.0%	88.0%	100.0%

一般而言，需求具有惯性，即先前的需求具有稳定性并会影响后续的选择，那么，在校寄宿的学生家长中，为什么仍然有 33.9%的家长不希望孩子在校寄宿呢？可以从寄宿学生的家长对学校寄宿环境的满意度找到答案。数据分析表明，对学校寄宿环境表示满意的学生家长占 64.7%，而表示不满意的学生家长占 35.3%。也许，正是对农村寄宿制学校环境的不满意才导致农村学生家长不希望孩子在校寄宿。

（八）家校距离与农村家庭对孩子住宿地点的需求

家校距离与农村家庭对孩子住宿地点的需求之间是否存在关系？将家校之间的距离划分为四个水平，分别是 1.5 千米以下、1.5~3 千米、3~5 千米及 5 千米以上，将"家校距离"与"家长对住宿地点需求"进行交互列联表分析，结果如表 6.9 所示：家校距离在 1.5 千米以下、1.5~3 千米、3~5 千米（不含 3 千米）及 5 千米以上的，家长希望孩子在校寄宿的比例分别占所在群体的 13.5%、28.1%、36.5%和 57.9%。可见，随着孩子上学距离的增加，农村家庭对孩子在校寄宿的需求随之增加，从这方面来说，在学校布局调整之后，通过建设寄宿制学校解决学生上学路程远的问题，确实不失为一个好办法。经卡方检验可知，孩子上学距离不同的家庭，在是否希望孩子在校寄宿这一问题上具有显著的差异性（$\chi^2 = 735.543$，$p = 0.000$）。

表 6.9　家校距离与农村家庭对孩子住宿地点的需求

家校距离		在校寄宿需求	非在校寄宿需求	合计
1.5 千米以下	频数	445	2 863	3 308
	比例	13.5%	86.5%	100.0%
1.5~3 千米	频数	345	883	1 228
	比例	28.1%	71.9%	100.0%
3~5 千米（不含 3 千米）	频数	252	439	691
	比例	36.5%	63.5%	100.0%
5 千米以上	频数	442	321	763
	比例	57.9%	42.1%	100.0%

第二节　影响农村家庭对孩子住宿地点需求的因素分析

在本章第一节，分析了农村家庭对孩子住宿地点需求的总体特征和不同家庭需求的差异性表现，结果表明，四分之一的农村家长希望孩子在校寄宿，但不同特征的农村家庭对孩子住宿地点的选择存在较大的差异。与整体特征分析相比，差异性分析前进了一步，对影响农村家庭对孩子住宿地点需求的可能因素有了直观的感受和基本的了解。然而，这种分析仅仅局限于对比例的描述，而没有对其进行统计检验，尚不清楚这些"差异"在统计学意义上是否存在。此外，前者是对两因素的相关性进行的考察，在考虑各因素之间可能存在的内在关系后，各因素是否以及在多大程度上影响着农村家庭对孩子住宿地点的决策行为，而下面的回归分析才能进一步从统计学意义上验证上述关系是否成立。

本节的内容安排如下：①根据研究目的、借鉴以往研究成果并遵从人们的常识判断，对影响农村家庭对孩子住宿地点需求的因素进行假设；②根据研究数据的类型选择模型并对变量进行操作化处理；③利用来自全国 10 省

（自治区）的大样本微观数据对影响农村家庭义务教育住宿地点需求的模型进行验证，得到回归结果并尝试对结果进行解释；④进行小结。

一、研究假说

根据研究的目的、借鉴以往的研究成果并遵从人们的常识判断，在农村家庭对孩子住宿地点需求的影响因素方面，本书提出以下研究假说。

（一）孩子相关特征可能影响农村家庭对孩子住宿地点的需求

孩子的相关特征包括，孩子就读学段、实际就读学校的位置、孩子实际住宿地点，这些特征通常是影响农村家长做出孩子住宿地点选择的考虑因素。可能的情况如下。

1. 孩子就读学段与对住宿地点的需求

已有研究关注到低龄（尤其是小学 1~3 年级）寄宿学生的学校适应问题，认为低龄寄宿学生消极适应现象突出[1]。按照此逻辑，低龄学生不适宜在校寄宿生活。在 2012 年《国务院办公厅关于规范农村义务教育学校布局调整的意见》中，关于学生就读年级与住宿地点安排方面有如下规定："农村小学 1 至 3 年级学生原则上不寄宿，就近走读上学；小学高年级学生以走读为主，确有需要的可以寄宿；初中学生根据实际可以走读或寄宿。"[2]可见，无论是既有研究还是国家的相关政策规定均不支持低龄寄宿，那么，对于孩子就读于不同学段的农村家长在孩子住宿地点的需求方面会有怎样的选择呢？从家长方面得到的信息可以丰富对寄宿制学校政策的认识。孩子年龄越大、就读年级越高，他们的生活自理能力越强，他们的父母可能越倾向于他们在校寄宿。由于年龄与就读年级的高度相关性（$r=0.890$，$p=0.000$），因此，仅将年级考虑在内。同时，将义务教育阶段的年级划分为 1~3 年级段、4~6 年级段和 7~9 年级段，以比较孩子就读于不同年级段的农村家庭对孩子住宿地点的需求。研究假设：

---

① 杨兆山，高鹏. 农村寄宿制学校低龄学生的适应问题与对策——基于中西部三省区的调查[J]. 现代教育管理，2012（7）：37-41.

② 国务院办公厅. 国务院办公厅关于规范农村义务教育学校布局调整的意见[EB/OL]. http://www.gov.cn/zwgk/2012-09/07/content_2218779.htm，2012-09-07.

与低学段的孩子相比，家长对高学段孩子在校寄宿的需求较高。

2. 孩子实际就读学校的位置与农村家庭对孩子住宿地点的需求

孩子实际就读学校的位置也可能是影响家长对孩子住宿地点的需求意愿的重要变量。因为在不同学校就读，家校距离可能存在差异。研究假设：

与孩子实际就读于农村学校的家庭相比，孩子实际就读于县镇学校的可能更倾向于选择在校寄宿。

3. 孩子的实际住宿地点可能影响到农村家庭对住宿地点的需求

需求偏好具有一定的惯性特征，即在一定程度上，人们的需求具有持续稳定性，在进行决策时倾向于维持他们过去的选择，仅当发生较大变故时才可能会改变。基于此，研究假设：

与孩子未在校寄宿的家庭相比，孩子实际在校住宿的家庭对孩子在校寄宿需求的影响为正。

（二）父母个人及家庭特征可能影响到农村家庭对孩子住宿地点需求

与父母相关的特征包括家长的性别、受教育程度；与家庭相关的特征主要包括家庭年收入、父母外出务工情况、家校距离。可能的情况如下。

1. 家长性别可能对孩子住宿地点的需求产生影响

受家庭传统角色分工的影响，女性家长"主内"的角色分工决定了她们历来担负着孩子的养育和照顾职能。因此，研究假设：

与女性家长相比，男性家长可能更倾向于让孩子在校寄宿。

2. 父母受教育程度可能对孩子住宿地点的需求产生影响

有研究发现，部分农村家长因为受教育程度低，无法有效地对孩子进行学业上的辅导和帮助，从而主动选择送孩子在校寄宿[1]。据此，研究假设：

受教育程度越低的家长越倾向于选择孩子在校寄宿。

---

① 刘欣. 农村中小学布局调整与寄宿制学校建设[J]. 教育与经济，2006（1）：30-32.

3. 家庭经济状况对孩子住宿地点需求的影响

在家庭教育决策研究中，家庭年收入是经常被用到的变量，其潜在意义是家庭教育决策存在经济约束。由于收入水平的差异，不同家庭对因孩子在校寄宿所带来的新增成本的感知水平存在较大差异。对于低收入家庭而言，哪怕是有限的成本增加都会对家庭生活带来较大的影响。按照这种逻辑推断，农村家庭，尤其是低收入的农村家庭对孩子在校寄宿的需求应低于高收入家庭。有研究发现，"对那些家庭经济条件不好的学生而言，寄宿是不可能的，为了上学，无论刮风下雨，他们只能选择走读"[1]。据此，研究假设：

家庭收入水平正向影响农村家庭对孩子在校寄宿的需求。

4. 父母外出务工情况对孩子住宿地点需求的影响

父母外出务工作用于孩子住宿地点需求的主要机制可能在于，它影响家庭功能——包括日常生活照料、情感慰藉、行为规范、经济支持——的正常实现。外出务工改变了家庭的结构，可能在一定时间内影响家庭一般功能的正常实现，从而影响家庭对孩子住宿地点的安排。有研究者提出，发展农村寄宿制学校被视为解决农村留守儿童问题的一剂良方[2]。在农村留守儿童问题受到举国关注时，各地纷纷将发展农村寄宿制学校作为解决留守儿童问题的一项重要举措，在此背景下，倡导建立农村寄宿制学校的呼声越来越高。也正因为如此，"加快农村寄宿制学校建设，优先满足留守儿童住宿需求"成为《国家中长期教育改革和发展规划纲要（2010—2020 年）》的一项重要的政策安排。李庆丰认为，父母外出务工对留守儿童的影响是全方位的，外出务工既增强了农村家庭的教育支付能力，同时又使家庭教育缺位，不利于孩子良好行为习惯的养成[3]。

笔者预测，外出务工可能在两个方面作用于农村家庭对孩子住宿地点的需求决策。其一，"费用正效应"。外出务工增加了农户的收入，使他们有更多的钱用于孩子在校寄宿的花费上；其二，"时间负效应"。父母外出务工使他们对子女教育的时间投入产生负面影响，这种影响更多地体现为减少

---

① 叶敬忠, 陆继霞, 孟祥丹. 不同社会行动者对农村中小学布局调整政策的回应[J]. 中国农村经济, 2009（11）: 87-96.

② 吕绍清. 中国农村留守儿童问题研究[J]. 中国妇运, 2006（6）: 19-25.

③ 李庆丰. 农村劳动力外出务工对"留守子女"发展的影响——来自湖南、河南、江西三地的调查报告[J]. 上海教育科研, 2002（9）: 25-28.

了对孩子作业的辅导时间。外出务工和非外出务工家庭在辅导作业时间及和孩子聊天、玩儿等绝对时间投入上存在显著差异，外出务工家庭比非外出务工家庭对子女这方面的时间投入要少。此外，家庭其他成员对孩子的时间投入也显著下降。总体而言，与非外出务工相比，外出务工家庭其他人员对孩子的时间投入将减少1.37个小时/周，其中辅导时间将减少0.51个小时/周[①]。因此，从时间的补偿这一角度考虑，研究假设，为加强对留守儿童的监管，外出务工的家庭可能会倾向于孩子在校寄宿。

此外，还考虑了外出务工类型对孩子住宿地点需求决策的影响。在问卷中设计了"父亲一人外出务工"、"母亲一人外出务工"、"父母均外出务工"及"父母都在家"四个选项。不同务工类型的家庭可能会对孩子住宿地点做出不同的安排。根据以上考虑，做出如下假设：

与父母都在家的家庭相比，父母外出务工的家庭，尤其是母亲外出务工的家庭，可能倾向于孩子在校寄宿。

5. 家校距离对孩子住宿地点需求的影响

Adler 和 Raab 发现，在苏格兰，孩子上学的路程是影响家长做出教育选择的重要考虑因素[②]。人们普遍认为，在农村中小学布局调整的背景下，学生上学的距离变远是农村地区大量举办寄宿制学校的重要原因，当然也应该是影响农村家庭为孩子选择住宿地点的重要因素。研究假设：

家校距离越远的农村家庭越可能倾向于孩子在校寄宿。

（三）家长认知态度可能影响农村家庭对孩子住宿地点的需求

态度影响行为的观点已经得到了广泛的认可。Fishbein 和 Ajzen 认为，所衡量的态度越明确，所找出的相关行为越具体，则两者之间高度相关的可能性就越大[③]。在农村家庭对孩子住宿地点的需求意愿这一问题上，价值判断体现在：其一，农户对"在农村地区办更多寄宿制学校的态度"；其二，

① 吕开宇. 外出务工家庭子女教育决策机制及其政策内涵——以甘肃农村为例[D]. 中国农业科学院农业经济与发展报告研究所，2006：68-71.

② Adler M，Raab G M. Exit choice and loyalty：the impact of parental choice on admissions to secondary schools in Edinburgh and Dundee[J]. Journal of Educational Policy，1988，3（2）：155-179.

③ Fishbein M，Ajzen I. Belief，Attitude，Intention an Behavior，an Introduction to Theory and Research[M]. Mass：Addison Wesley，1975：1-56.

农村家庭"想方设法让孩子接受更好教育的意愿";其三,农村家长希望孩子就读学校的位置。

1. 农户对"在农村地区办更多寄宿制学校"的态度与对孩子住宿地点的需求

农户对在农村地区办更多寄宿制学校的态度反映了农户对寄宿制学校的看法和评价,它属于一种心理因素。在行为经济学模型中,态度等心理因素是影响农户经济行为或决策的主要因素。农户对孩子住宿地点的需求意愿与对举办寄宿制学校的态度密切相关,积极的、正面的态度可以诱发农户对孩子在校寄宿的需求,消极的态度则会产生相反的效应。本书运用五点李克特量表对"农村地区办更多寄宿制学校"的态度进行测量。其中"非常支持"= 1;"比较支持"= 2;"不好说"= 3;"不同意"= 4;"很不支持"= 5。可见,数值越大,说明农村家庭对举办寄宿制学校的支持程度越低。研究假设。

对在农村地区举办更多寄宿制学校的支持态度越强烈的农户,越希望孩子在校寄宿。

2. "想方设法让孩子接受更好教育的意愿"与对孩子住宿地点的需求

有研究发现,各级政府通过举办寄宿制学校的方式相对集中办学,推动义务教育的普及,提高农村地区教育质量[①]。在农村中小学布局调整的背景下,较高质量的学校多是县镇学校,而对于家处"村里"的农户来说,如果要让孩子在县镇学校上学,家校距离的约束决定了孩子必须在校寄宿。研究假设:

希望孩子接受更好教育的意愿越强的农村家庭,越希望孩子在校寄宿。

3. 希望孩子就读学校的位置与对孩子住宿地点的需求

与希望孩子在农村学校就读相比,希望孩子在县镇学校就读可能导致家校距离较远。研究假设:

与希望孩子就读于农村学校的家庭相比,希望孩子就读于县镇学校的家庭可能更希望孩子在校寄宿。

---

① 杜育红. 农村寄宿制学校:成本构成的变化与相关的管理问题[J]. 人民教育,2006(23):9-10.

（四）非家庭的先赋条件可能影响农村家庭对孩子住宿地点的需求

社会科学研究的一个基本假设是：个体并非生活在真空中。换言之，个体的行为既受到与个体自身特征相关因素的影响，也受到个体生活于其中的环境的影响。在本书中，将环境因素称为非家庭的先赋条件，因为这些条件绝非以个体的意愿为转移。在本节，非家庭的先赋条件主要指区域变量和地理环境变量。其中，区域变量按东部、中部、西部三大区域划分，以东部地区为参照类；地理环境区分为山区、丘陵、平原和其他，以平原为参照类。

1. 家庭所在经济区域可能对孩子住宿地点的选择产生影响

通过对 2001~2010 年这十年间中央政府出台的涉及农村寄宿制学校的政策文本的梳理①，笔者发现，从政策对象上看，我国农村地区寄宿制学校可分为两类，即"被列入农村寄宿制学校建设工程的学校"（简称为"工程内"学校）和"未被列入农村寄宿制学校建设工程的学校"（简称为"工程外"学校）。"工程内"学校主要是"以 2002 年底西部地区尚未实现'两基'的372个县和新疆生产建设兵团的38个团场为主，包括纳入国家西部开发计划的部分中部省份的少数民族自治州和中部地区到目前尚未实现'两基'的县，兼顾中西部虽已实现'两基'但基础仍然薄弱的部分地区"的农村寄宿制学校。可见，"工程内"学校主要是西部地区，尤其是民族地区的农村寄宿制学校。东部、中部、西部三大区域寄宿制学校发展水平的差异，可能影响农户对孩子住宿地点的需求。由此，研究假设：

与东部地区的家庭相比，西部地区的农村家庭对孩子在校寄宿的需求最高，其次是中部地区的农户。

2. 家庭所处村庄的地理环境可能影响农户对孩子住宿地点的选择

不同地理环境意味着交通状况的差异，可能影响孩子的上学路程、上学时间及上学路途的安全度，进而影响家庭对孩子寄宿地点的需求。由此，研究假设：

与平原地区的家庭相比，山区、丘陵地区的农村家庭可能更倾向于孩子

---

① 戚建，叶庆娜. 现行农村寄宿制学校政策的分析及其改进[J]，中州学刊，2013（3）：82-87.

在校寄宿。

(五)农村中小学布局调整政策可能影响农村家庭对孩子住宿地点的需求

一般说来，政策因素对于农户行为会起到激励或约束的作用。本书的政策因素主要是始于 2001 年的农村中小学布局调整。在农村中小学布局调整的背景下，可能的情况是，经历了布局调整的地区学校覆盖范围变大，学生上学距离变远。因此，研究假设：

与未经历学校布局调整地区的家庭相比，那些经历了学校布局调整地区的农村家庭对孩子在学校寄宿的需求更高。

二、实证模型构建和变量定义

(一)实证模型构建

在经验研究过程中，很难真正洞察农户对孩子住宿地点的需求决策的过程，但是却能得到其决策的结果。通过第一节的分析，可以得知，72.0%的农村家长希望孩子"住家里"，25.6%的农村家长希望孩子"住学校宿舍"，1.3%的农村家长希望"在校外租房陪读"，1.1%的农村家长希望孩子"住亲戚家"或选择其他住处。单独对"住家里""住学校宿舍""在校外租房陪读"等住宿形式的分析并不是本书的目的，我们的目的在于，国家大力提倡并投巨资予以支持的、地方政府附和并极力推进的农村寄宿制学校究竟得到了哪些家庭的支持，是否符合政策的初衷。

对某个家长而言，他的某个孩子（如果该家庭有多个孩子的话）在接受义务教育期间的主要住宿地点只有一个，要么在家住，要么在校寄宿，要么选择诸如租房、住亲戚家等方式，因此，对于每个家长而言，只能选取一个住宿地点而放弃其他（至少在理论上是这样）。为了分析的简便性，更重要的是研究目的的需要，将农村家庭对孩子义务教育就读期间住宿地点的需求分为两种，如果家长选择了"住学校宿舍"，则说明该家庭有在校寄宿的需求，如果选择其他项，则没有在校寄宿的需求，将前者赋值为"1"，后者赋值为"0"。可见，与分析农村家庭义务教育城乡需求的研究方法相类似，农村家庭对孩子义务教育就读期间住宿地点的需求的研究同样可使用 Logistic 回归模型，因为该方法适合于因变量为二元品质的变量，即因变量

取值为"0"或"1"的情形。Logistic 回归模型的表达式为

$$\ln\left[P/(1-P)\right] = \beta_0 + \beta_1 X_1 + \beta_2 X_2 + \beta_3 X_3 + \cdots + \beta_n X_n + \varepsilon \qquad (6.1)$$

式中，P 是事件发生的概率；$1-P$ 是该事件不发生的概率；$P/(1-P)$ 是事件发生与不发生的概率之比，简称"事件发生比"（odds ratio）；$\ln\left[P/(1-P)\right]$ 为事件发生比的对数形式。

公式右边是多元线性回归方程的一部分。Logistic 回归方程不能直接解释自变量变化对事件发生概率的影响大小，但可以分析各变量对 $\ln\left[P/(1-P)\right]$ 的影响，因此，通过将概率 P 转换形式，从而成功地建立起事件发生概率与各自变量的影响之间的联系；β_0 是截距，β_i 是回归系数，表示在控制其他所有解释变量的情况下，某自变量 X_i 变动 1 个单位，将引起 $\ln\left[P/(1-P)\right]$ 增加或减少 β_i 个单位，即自变量 X_i 变动 1 个单位，对事件发生比的自然对数值的变化量的影响程度。回归系数不仅有大小之分，也有方向之别：当回归系数为正时，事件发生的概率将增加；当回归系数为负时，事件发生的概率将减小。$X_1, X_2, \cdots, X_n$ 是解释变量，ε 是误差项。应用 Logistic 回归模型分析农村家庭义务教育住宿地点需求时，有如下模型：

$$\ln\left[P/(1-P)\right] = f\left(X_{\mathrm{C}}, X_{\mathrm{F}}, X_{\mathrm{ATT}}, X_{\mathrm{ENV}}, X_{\mathrm{p}}\right) \qquad (6.2)$$

式中，P 表示农村家庭希望孩子"在校寄宿"的概率，$1-P$ 表示农村家庭"非在校寄宿"的概率；X_{C} 是与孩子相关的特征；X_{F} 是父母个人及家庭的相关特征；X_{ATT} 是农村家长对学校、教育的态度；X_{ENV} 是非家庭的先赋条件；X_{p} 是农村中小学布局调整政策。

具体而言，在解释变量方面，有孩子相关特征、父母个人及家庭特征、家长认知态度、非家庭的先赋条件以及政策因素。这些变量又可细分为 15 个二级变量，分别是：孩子就读年级（grade，简写为 gra）、孩子实际就读学校位置（real location，简写为 loc_1）、孩子实际住宿地点（real accommodation，简写为 rac）、家长性别（gender，简写为 gen）、家长受教育程度（education，简写为 edu）、家长职业（job）、家庭年收入（annual income，简写为 inc）、父母外出务工情况（dagong，简写为 dg）、家校距离（home-school distance，简写为 dis）、希望孩子接受更好教育的意愿（better education desire，des）、家长希望孩子就读的位置（demand location，简写为 loc_2）、对举办寄宿制学校的态度（the attitude of construction of boarding schools，简写为 boa）、家庭所在经济区域（regions，简写为 reg）、家庭所处

村庄的地理环境（geographical environment，简写为 env）、农村中小学布局调整政策（policy，简写为 pol）。

在将变量细分之后，Logistic 回归模型可以具体化为

$$
\begin{aligned}
\ln\left[P/(1-P)\right] = {} & \beta_0 + \beta_1 \text{gra} + \beta_2 \text{loc}_1 + \beta_3 \text{rac} + \beta_4 \text{gen} + \beta_5 \text{edu} \\
& + \beta_6 \text{job} + \beta_7 \text{inc} + \beta_8 \text{dg} + \beta_9 \text{dis} + \beta_{10} \text{des} + \beta_{11} \text{loc}_2 \qquad (6.3) \\
& + \beta_{12} \text{boa} + \beta_{13} \text{reg} + \beta_{14} \text{env} + \beta_{15} \text{pol} + \varepsilon
\end{aligned}
$$

以上是建立的农村家庭对孩子住宿地点需求的决策模型，冀图通过数据检验与实证分析，来揭示影响农村家庭义务教育住宿地点需求的因素，从而能够在相关政策安排上有所改进。本模型便于把对农村家庭住宿地点的需求的研究进一步量化，在实证分析中检验理论框架对实际情况的拟合程度和应用性。

（二）变量说明

在本节的实证研究中，需要将所涉及的重要变量进行如下处理，以达到处理后的变量符合所选模型的要求。

1. 因变量

本部分的因变量为农村家庭对孩子义务教育就读期间住宿地点的需求意愿。在问卷中，通过家长对"您希望孩子在哪里住宿"这一问题的回答来获取农村家庭对住宿地点需求意愿的信息。基于研究的需要，将农村家庭受教育地点的需求意愿分为两种类型——在校寄宿需求和非在校寄宿需求，前者是指家长希望孩子住学校宿舍，后者是指家长希望孩子住家里、在校外租房陪读、住亲戚家以及选择其他住宿类型。将"在校寄宿需求"赋值为"1"，将"非在校寄宿需求"赋值为"0"。

2. 自变量

根据相关研究和对需求影响因素的一般性认识，结合本研究的需要，本书认为，孩子相关特征、父母个人及家庭特征、家长认知态度、非家庭的先赋条件及农村中小学布局调整政策等都可能影响农村家庭对孩子住宿地点的需求。此外，对各自变量在回归方程中系数的符号做出假设。具体的变量、赋值说明及各自变量对因变量的可能影响方向见表 6.10。

表 6.10　影响农村家庭对孩子住宿地点的需求因素的变量赋值及说明

变量名	代码	定义及赋值	预期方向
因变量	y	希望子女在哪里住宿？学校=1，非学校=0	
解释变量			
1. 子女相关特征			
就读学段（参照组：1~3年级）	X_1	4~6年级=1，否则=0 7~9年级=1，否则=0	+
实际就读位置	X_2	县镇=1，农村=0	+
实际住宿地点	X_3	在校寄宿=1，非在校寄宿=0	+
2. 父母个人及家庭特征			
性别	X_4	男=1，女=0	+
受教育程度（参照组：小学及以下）	X_5	初中=1，否则=0 高中（中专）=1，否则=0 大专及以上=1，否则=0	+
职业	X_6	非农民=1，农民=0	−
家庭年收入（参照组：5 000元以下）	X_7	5 000~15 000元=1，否则=0 15 001~30 000元=1，否则=0 30 000元以上=1，否则=0	+
外出务工情况（参照组：父母都在家）	X_8	父亲外出务工=1，否则=0 母亲外出务工=1，否则=0 父母均外出务工=1，否则=0	+
家校距离（参照组：1.5千米以下）	X_9	1.5~3千米=1，否则=0 3~5千米（不含3千米）=1，否则=0 5千米以上=1，否则=0	+
3. 家长认知态度			
接受更好教育的意愿	X_{10}	非常强烈=1，比较强烈=2，不强烈=3	−
家长希望孩子就读位置	X_{11}	县镇=1，农村=0	+
对举办寄宿制学校的态度	X_{12}	非常支持=1，比较支持=2，不好说=3，不支持=4，很不支持=5	−
4. 非家庭的先赋条件			
家庭所在经济区域（参照组：西部地区）	X_{13}	中部=1，否则=0 东部=1，否则=0	+
家庭所处村庄的地理环境（参照组：平原）	X_{14}	山区=1，否则=0 丘陵=1，否则=0 其他地理类型=1，否则=0	+
5. 政策因素	X_{15}	当地是否经历学校布局调整？是=1，否=0	+

注："+"代表正向影响；"−"代表负向影响

三、模型回归结果及解释

当评价回归模型时，其标准通常有：①整体模型是否可行？我们是否有信心认为所选自变量与因变量相关，而这种相关性是出乎预期的偶然巧合或是随机的样本变异？如果相关，强度有多大？②如果整体模型是可行的，每个自变量的重要性如何？因此，在接下来，需要对模型进行整体的评估，以确定整体模型是否可行。如果整体模型是可行的，则需要知道每个自变量对因变量的重要性如何，不仅要将实证研究的数据结果呈现出来，同时还要借助实地访谈和他人的研究对实证结果进行试探性的解释。正如有研究者所提出的："当拟合测量提供了一些信息时，它仅是部分的信息，因此必须放在激发该分析的理论背景、过去的研究以及考察的模型的参数估计的环境中进行考量。"①需要说明的是，对回归结果的解释可能是诸多解释中的一种，并不具有唯一性。

如表 6.11 所示，从回归的总体结果来看，模型似然比卡方检验值为3 855.147，回归方程在 5%的显著性水平上通过了检验，反映模型拟合优度的 Nagelkerke R^2 值也达到了 0.447。此外，混淆矩阵表明，模型的总体正确率为 83.2%。这些数据说明，方程总体拟合效果较好，所选变量能够达到对农户家庭住宿地点需求解释的要求。

表 6.11　影响农村家庭住宿地点的需求因素的回归分析

解释变量	因变量：$\ln\left[P_B/(1-P_B)\right]$					
	β	S.E	Wals	df	Sig.	Exp(β)
孩子就读 4~6 年级	−0.086	0.123	0.496	1	0.481	0.917
孩子就读 7~9 年级	0.222	0.126	3.115	1	0.078	1.249
实际就读县镇学校	−0.087	0.093	0.857	1	0.355	0.917
实际在校住宿	2.131	0.095	505.040	1	0.000	8.420
家长性别	0.154	0.088	3.114	1	0.078	1.167
父母受教育程度：初中	−0.292	0.102	8.266	1	0.004	0.747
父母受教育程度：高中（中专）	0.095	0.134	0.503	1	0.478	1.100
父母受教育程度：大专及以上	−0.232	0.228	1.035	1	0.309	0.793
家长职业：非农民	0.058	0.119	0.236	1	0.627	1.060
家庭年收入 5 000~15 000 元	−0.285	0.099	8.268	1	0.004	0.752
家庭年收入 15 001~30 000 元	−0.408	0.135	9.069	1	0.003	0.665
家庭年收入 30 000 元以上	−0.545	0.307	3.154	1	0.076	0.580
父亲一人外出务工	−0.228	0.095	5.796	1	0.016	0.796
母亲一人外出务工	0.179	0.203	0.771	1	0.380	1.196

---

　　① 转引自：奥康奈尔 A A. 定序因变量的 Logistic 回归模型[M]. 赵亮员译. 上海：格致出版社，2012：30.

续表

解释变量	因变量：$\ln\left[P_{\mathrm{B}}/(1-P_{\mathrm{B}})\right]$					
	β	S.E	Wals	df	Sig.	$\mathrm{Exp}(\beta)$
父母均外出务工	0.156	0.125	1.560	1	0.212	1.168
家校距离：1.5~3 千米	0.424	0.107	15.819	1	0.000	1.528
家校距离：3~5 千米（不含 3 千米）	0.471	0.131	12.923	1	0.000	1.601
家校距离 5 千米以上	0.950	0.128	55.417	1	0.000	2.584
对孩子接受更好教育的意愿	0.007	0.075	0.010	1	0.921	1.007
希望孩子就读县镇学校	0.752	0.125	36.065	1	0.000	2.121
对举办寄宿制学校的态度	−0.581	0.044	173.947	1	0.000	0.559
家庭所在经济区域：东部	−0.270	0.148	3.319	1	0.068	0.764
家庭所在经济区域：中部	−0.829	0.117	49.895	1	0.000	0.436
家庭所处村庄的地理环境：山区	−0.427	0.108	15.587	1	0.000	0.653
家庭所处村庄的地理环境：丘陵	−0.339	0.168	4.064	1	0.044	0.713
家庭所处村庄的地理环境：其他	−0.228	0.149	2.343	1	0.126	0.796
经历学校布局调整	−0.120	0.085	1.999	1	0.157	0.887
常量	−0.287	0.251	1.310	1	0.252	0.751
−2 倍对数似然值	3 855.147					
Cox & Snell R^2	0.304					
Nagelkerke R^2	0.447					

注：P_{B} 为农村家庭希望孩子在学校寄宿的概率，其中 B 是 Boarding in School 的缩写

（一）孩子相关特征与农村家庭对孩子住宿地点的需求

1. 孩子就读学段对农村家庭对孩子住宿地点需求的影响不显著

笔者的假设是，孩子就读学段与家长对孩子在校寄宿的决策应该具有明显的年龄效应，因为一般而言，年龄越大、就读年级越高的孩子，家长希望其在校寄宿的可能性越大。然而，实证回归结果表明，与孩子就读小学 1~3 年级的家庭相比，孩子就读 4~6 年级的家庭更不倾向于孩子在校寄宿，但影响不显著；孩子就读初中的家庭希望孩子在校寄宿的可能性更大，但影响同样不显著。这是一些很有意义的发现。对这些现象进行更令人信服的解释无疑还需要做进一步的研究。

2. 孩子实际就读学校的位置对农村家庭对孩子住宿地点的需求的影响不显著

由回归结果可知，与孩子就读于农村学校的家庭相比，孩子实际就读于

县镇学校的家庭对孩子在校寄宿的需求的影响为负，但这种影响并不显著。可见，实际就读学校的位置并非影响农村家庭在校寄宿的需求的重要因素。

3. 孩子实际在校寄宿对孩子在校寄宿的需求有显著的正向影响

从回归结果来看，孩子实际在校住宿的家庭希望孩子在校寄宿的发生比是孩子实际未在校寄宿家庭的发生比的8.42倍。可见，是否希望孩子在校寄宿的需求与孩子实际在校寄宿与否之间具有一定的惯性，即相对于孩子非在校寄宿的家庭，孩子实际在校寄宿的家庭希望孩子在校寄宿的概率更高。对于这种情况，可能的解释是：一方面，需求惯性使之然；另一方面，在实际在校寄宿的学生中，相当一部分是"刚性的"在校寄宿需求者，其他住宿地点的替代性较差或选择其他住宿地点的成本较高。

（二）父母个人及家庭特征与农村家庭对孩子住宿地点的需求

1. 家长性别对农村家庭对孩子住宿地点的需求的影响不显著

我们经常认为，在家庭内部存在"男主外，女主内"的角色分工模式，在这种分工模式下，和女性相比，男性可能并不擅长对孩子的日常照顾，因此也就更可能希望孩子在校寄宿。本书的模型支持这一观点。然而，家长性别对孩子在校寄宿需求的影响未通过0.05统计检验水平。这可能是因为，农村家庭对孩子住宿地点的需求是一种常见的需求，不会因决策者性别的差异而有所不同。

2. 父母受教育程度在总体上显著影响农村家庭对孩子住宿地点的需求

与受教育程度为"小学及以下"的家长相比，受教育程度为"初中"和"大专及以上"的家长更不希望孩子在校寄宿，前者通过了0.01统计检验水平；受教育程度为"高中"者希望孩子在校寄宿，但影响并不显著。可见，父母受教育程度与农户对孩子住宿地点的需求之间并不存在单向的线性关系，分析结果并不支持目前学术界流行的观点和社会舆论——家长因为受教育程度低、无法对孩子进行学业方面的指导，从而希望孩子在校寄宿。分析结果与流行观点相悖的主要原因可能是，既有研究多是个案研究，个案研究可能因其特殊性而更容易引起学者、社会和政府部门的关注，也有助于探寻影响儿童福利的深层机制，但其研究结果的代表性较差。本书使用的是10省（自治区）的调研数据，较之个案研究，代表性更强，与个案研究的分析结论有不完全一致之处也是可能的。

3. 家长职业对农村家庭对孩子住宿地点的需求的影响不显著

与职业为农民的家长相比，非农就业的家长更希望孩子在校寄宿，然而影响并不显著。这一结论与王远伟的发现具有相似性：父母从事的具体工作种类（如农业、养殖业、商业工作）对学生是否寄宿上学未见到有明显影响[①]。

4. 家庭年收入显著负向影响农村家庭对孩子住宿地点的需求

实证回归结果表明，农村家庭对孩子在校寄宿需求的影响方面存在明显的收入负效应。换言之，低收入家庭对孩子在校寄宿的需求要高于高收入家庭。这一结论与笔者的假设相悖，但与王远伟的研究结论相似，他发现，"学生家庭经济状况会影响学生是否寄宿上学的选择，且呈现为经济条件越好的学生选择寄宿上学的可能性越小"[②]。这一有意思的发现驱使笔者将原因的寻找置于现实教育场景和既有研究中。

通过对家长的访谈，笔者发现：①低收入家庭多是那些位置偏远、家校距离较远的家庭，孩子在校寄宿，可减少上学途中的奔波，并且增加孩子在校学习的时间。②低收入家庭之所以希望孩子在校寄宿，是因为与其他住宿形式相比住家里除外，在校寄宿的成本较低。经济条件越差者，选择其他住宿类型——如校外租房、非家庭成员代为监管的概率越小，因为与这些住宿类型相比，在校寄宿的成本最低。有研究发现，寄宿生一年的资料费、生活费、交通费及其他费用大约需要 1 000 元，而家长"陪读"的费用将达到 2 000 元左右[③]。笔者在山西、陕西、湖北等地的实地调查也支持了该结论，租房陪读家庭每年花在孩子教育方面的费用基本在 3 500 元以上；而在湖北恩施调研中发现了"托教"现象[④]，托教的家庭每年需支付给教师 3 500~4 000 元的费用（包括孩子在教师家住宿的生活费及学习辅导费，不

---

① 王远伟. 中小学寄宿制引致的差异现象对寄宿学校与寄宿生的影响研究[R]. 北京师范大学博士后出站报告，2011.

② 表征学生家庭经济情况的"家里有几部手机""家里有无摩托车""居住住房是否是土坯房"，参见：王远伟. 中小学寄宿制引致的差异现象对寄宿学校与寄宿生的影响研究[R]. 北京师范大学博士后出站报告，2011.

③ 谢治菊，刘洋. 边远贫困山区农村寄宿制学校建设研究——基于贵州省黔东南州"两山"地区的实证调查[J]. 中国教育学刊，2012（8）：9-13.

④ 有研究者将孩子寄养在教师家里的行为称作"托教"。"托教"具有"托养、寄养"和"教育"双层意义，且"教育"意义远远大于"寄养"。参见：庞翠明. 谁来照看孩子——从"托教"中探析流动人口子女家庭教育的困惑和需求[J]. 社会，2004（4）：17-20.

包括孩子购买生活用品的费用），除此之外，每逢过年、过节，托教的家庭会额外送礼物或衣物给教师。可见，在非家庭住宿地点的选择中，在校寄宿相对而言符合成本最小化原则，因此，对于受经济约束影响较大的家庭而言，希望孩子在校寄宿是一种经济理性的选择。

5. 父母外出务工情况对孩子在校寄宿需求的影响显著

与"父母都在家"的家庭相比，"父亲一人外出务工"的家庭对选择孩子在校寄宿呈现出显著的负向影响。可能的解释是，对于父亲一人外出务工的家庭而言，在家的母亲可以提供必要的日常生活照料、情感呵护和心理支持。因此，不倾向于孩子在校寄宿；"母亲一人外出务工"和"父母均外出务工"正向影响孩子在校寄宿需求，但不显著。可能的解释是：我国传统的性别分工是男主外，女主内，男性挣钱养家，而女性则在家中相夫教子。在人口流动常态化的今天，农村女性走出家庭，走出农村，走进城市，一改传统社会定位附加在女性身上的"家庭内部劳作者"角色。若母亲外出务工、父亲留守，传统的性别角色功能发生转换，父亲需要承担母亲的家庭角色，母亲则担负养家糊口的任务，但父亲对角色的互换可能并不适应，未必能胜任新角色，从而更希望孩子在校寄宿。尤其是对于父母均外出务工的家庭，父亲的离场可能导致子女缺乏足够的学业辅导和行为监管，而母亲的离场可能致使子女缺乏必要的日常生活照料、情感呵护和心理支持，父母亲同时离场可能造成子女多方面的需求得不到应有的满足。因此，外出打工的父母为了能够专心在外打工的同时对孩子做出更好的安排，选择在校寄宿，将生活和教育的监管责任转移到学校及教师身上。

6. 家校距离对孩子在校寄宿需求有显著的正向影响

从表 6.11 可以看出，孩子上学距离对农村家庭在校寄宿需求的影响在 0.001 的水平上具有显著影响，且符号为正。这与前文假设相一致，即家校距离[1]越远的家庭，越希望孩子在校寄宿，这与其他研究者的发现相一致。谢治菊和刘洋的调查表明，贵州山区某班的 39 名学生中，有 24 名学生在校寄宿，住校的学生家校距离约 5 小时和 4 小时的路程[2]。王远伟的研究表

---

[1] 我们以家庭和学校之间的"物理距离"（即上学路程）作为家校距离的衡量指标，有的研究者以花费在上学路上（单程）的时间作为家校距离的衡量指标。

[2] 谢治菊，刘洋. 边远贫困山区农村寄宿制学校建设研究——基于贵州省黔东南州"两山"地区的实证调查[J]. 中国教育学刊，2012（8）：9-13.

明，寄宿生平均家校距离是走读生的 2.9 倍[1]。在访谈中，有家长曾开玩笑说："上完小学六年级，长征二万五千里"，由此可见，举办寄宿制学校确实是解决学生上学路程远、上学时间长的重要举措。

（三）家长认知态度与农村家庭对孩子住宿地点的需求

1. 农村家庭对孩子接受更好教育的意愿对孩子在校寄宿需求的影响不显著

有研究者认为，各级政府通过举办寄宿制学校的方式相对集中办学，推动义务教育的普及，提高农村地区的教育质量[2]。研究假设，对孩子接受更好教育的意愿愈强烈的家庭，可能愈希望孩子在校寄宿，因为寄宿制学校的教育质量和办学条件可能高于非寄宿学校。然而实证回归的结果并不支持本书的假设。可能的解释是，与非寄宿制学校相比，有些寄宿制学校的教育质量并不高。在经历了农村中小学布局调整之后，在短时期内，农村地区出现了大量的寄宿制学校（包括寄宿制教学点），部分寄宿制学校可能是"仓促上马"的结果，其与被撤并的学校相比并不具有较大的质量优势，也并未按照国家规定的标准配备必备的寄宿条件，而只是进行简单的改造，例如，在过剩的教室里放几张床，教室即刻变成简易宿舍。笔者在河南、内蒙古、湖北、山西、陕西等地的实地调查及对家长的访谈均证明了这一点。

2. 农村家庭希望就读学校的位置显著影响农村家庭对孩子住宿地点的需求

由回归结果可知，农村家庭希望就读于县镇学校这一变量对孩子在校寄宿有显著的正向影响。对于这点，较容易理解，因为家长希望孩子在远离家的县镇学校上学即意味着他们能接受孩子在校寄宿。

3. 农村家庭对举办寄宿制学校的态度对孩子住宿地点的需求有着非常显著的影响

从回归模型结果来看，农户对"在农村地区举办寄宿制学校的态度"这一变量的统计检验在 0.01 的水平上显著，且回归系数为负。这说明在其他条件不变的情况下，农户对举办寄宿制学校的态度越积极，对寄宿制越认可，其对孩子在校寄宿的需求意愿也就越强烈。这与笔者的理论预期也是保持一致的。

---

[1] 王远伟. 中小学寄宿制引致的差异现象对寄宿学校与寄宿生的影响研究[R]. 北京师范大学博士后出站报告，2011.

[2] 杜育红. 农村寄宿制学校：成本构成的变化与相关的管理问题[J]. 人民教育，2006（23）：9-10.

（四）非家庭的先赋条件与农村家庭对孩子住宿地点的需求

1. 家庭所在经济区域对农村家庭对孩子住宿地点的需求的影响显著

位处东部、中部、西部三大区域的家庭对孩子住宿地点的需求呈现出差异性。与西部地区的家庭相比，东部和中部地区的家庭对孩子在校寄宿的需求不强烈。理由可能正如本书所预期的那样。董世华对我国农村寄宿制学校的推进进程进行了考察，农村寄宿制学校的发展主要是从西部（尤其是民族地区）地区逐渐向中部地区推进、并向东部地区渗透[1]。

2. 地处山区的家庭更不希望孩子在校寄宿

回归结果表明，家庭所处村庄的地理环境对农村家庭住宿地点需求的总体影响是显著的，且系数为负。这意味着，与平原地区的家庭相比，山区、丘陵及其他地理环境的农村家庭对孩子在校寄宿需求不高；更有意思的是，位处山区、丘陵及其他地理环境这三种地形的家庭对孩子在校寄宿的需求依次降低，这与笔者的假设相悖，也与相关部门的判断相悖。例如，教育部在《农村寄宿制学校建设工程问答汇总》中提到，在一些高山、高原、高寒及牧区、半农半牧区和荒漠地区，有 80% 左右的初中生、50% 左右的小学生需要寄宿[2]，显示出地理环境越恶劣的地区对寄宿制学校的需求越强烈。该研究结论比较有意思，但是要做出令人信服的解释还需要进一步的研究。

（五）农村中小学布局调整政策与农村家庭对孩子住宿地点的需求

在本书中，政策因素是指始于 2001 年的在农村地区大规模开展的农村中小学布局调整。有研究者认为，近年来，农村新增加的寄宿制学校是伴随农村地区中小学布局调整政策的实施而出现的[3]。笔者感兴趣的是，农村中小学布局调整政策是否是农村家庭义务教育就读期间住宿地点需求的诱导性因素？回归结果（表 6.11）表明，与未经历学校布局调整地区的家庭相比，经历了学校布局调整地区的家庭对孩子在校寄宿需求的影响并不显著。这与笔者的假设并不一致。可能的解释是，尽管经历了学校布局调整的地区的孩

---

① 董世华. 我国农村寄宿制学校问题研究[D]. 华中师范大学博士学位论文，2012.

② 教育部. 农村寄宿制学校建设工程问答汇总[EB/OL]. http://www.moe.gov.cn/publicfiles/business/htmlfiles/moe/moe_1065/200508/11205.html，2005-08-11.

③ 杜育红. 农村寄宿制学校：成本构成的变化与相关的管理问题[J]. 人民教育，2006（23）：9-10.

子上学距离变远，但农村家长仍然不放心将孩子放在学校寄宿，尤其是对于小学低年级的学生更是如此。此外，还可以从农村家长对寄宿制学校的评价中找到答案。数据分析表明，55.4%的农村学生家长认为寄宿制学校的"伙食不好"，该原因在所有不满意的原因中排第一位；学生家长不满意的第二大原因是"床位拥挤"，46.8%的农村学生家长选择了此项；此外，"卫生状况差""人多吵闹""课余生活单调"也是学生家长对农村寄宿制学校不满意的原因所在，分别有三成的学生家长对之表示不满意。正是因为这些不满意，即便是在学校布局调整之后，农村家长也不愿让孩子在校寄宿。

需要指出的是，本书使用的是横向数据，故文章的分析结果存在这类数据分析固有的局限。在一定程度上，农村家庭对孩子住宿地点的需求是一个动态的过程：今天希望孩子在校寄宿的家庭可能明天不希望孩子在校寄宿；同样，今天不希望孩子在校寄宿的家庭可能因为某种变故明天又希望孩子在校寄宿。例如，某位学生可能在学校寄宿，但由于他不能适应集体生活，一段时间后，家长可能会改寄宿为走读或在校外租房子陪读。正如调研中所发现的，很多走读生都有过寄宿的经历一样。农村家庭对孩子住宿地点的需求会随着时间、环境等因素的变化而改变。本书对农村家庭在校/非在校寄宿需求的区分基于一个具体的时点（家长接受问卷调查时的情况），而未能考虑其潜在的动态特征，从而可能影响数据之间因果关系的推断。

第三节　小结与建议

一、本章小结

（一）两成农村家庭希望孩子在校寄宿

从总体上看，25.6%的农村家庭希望孩子在校寄宿，高于孩子实际在校住宿 1.6 个百分点。此外，10.4%的农村家庭将"学校没有地方住宿"作为当前孩子上学的主要困难。由此可见，发展农村寄宿制学校既是解决农村中小学布局调整后出现的上学路程远等相关问题的需要，同时也是顺应农村家庭义务教育住宿地点需求的现实需要。

（二）影响农村家庭对孩子住宿地点需求的因素

孩子的实际住宿地点显著影响农村家庭对孩子义务教育就读期间住宿地点的需求意愿。研究发现，与孩子非在校寄宿相比，孩子实际在校住宿的农村家庭对孩子在校寄宿的需求意愿较强。

家庭年收入显著负向影响农村家庭寄宿制学校的需求，即年收入越高的家庭，对孩子在校寄宿的需求较低，而年收入较低的家庭却对孩子在校寄宿的需求相对偏高。由此可知，尽管在校寄宿可能增加农村家庭的教育开支，但是与其他几种非家庭住寄宿方式相比，在校寄宿因相对成本较低而成为低收入家庭对孩子住宿地点的一种替代选择。

家校距离显著正向影响农村家庭在校寄宿需求。与既有的研究相似，家校距离越远的家庭希望孩子在校寄宿的可能性越大。可见，发展寄宿制学校是解决农村中小学布局调整后学生上学路程变远的重要举措。

农村家庭对县镇学校的偏好显著影响他们对在校寄宿的需求。与希望孩子在农村学校就读的家庭相比，那些希望孩子就读于县镇学校的家庭对孩子在校寄宿的需求较高。由此可见，发展寄宿制学校和发展县镇学校在一定程度上有重合之处。

家庭所在经济区域和所处地理环境显著影响农村家庭在校寄宿需求。与西部地区的家庭相比，中部和东部地区的家庭对孩子在校寄宿的需求较低；地理环境显著影响农村家庭在校寄宿需求。与平原地区的家庭相比，居住在山区的家庭对孩子在校寄宿的需求最低，其次是丘陵地区的家庭。

二、建议

集中举办寄宿制学校是农村中小学布局调整中解决学生上学路程远的重要举措，也是在人口流动成为常态化的背景下，解决留守儿童监管问题的重要举措，因此，寄宿制学校是农村学校发展的方向。2018 年 4 月 25 日，国务院办公厅印发了《关于全面加强乡村小规模学校和乡镇寄宿制学校建设的指导意见》。在党中央和国务院的高度重视、教育部门的积极推进下，地方政府高度重视寄宿制学校的建设。寄宿制学校是一个相对特殊的学校教育环境，除学校教育职责外，寄宿制学校同时还承担家庭教育与社会教育的职责。可以说，寄宿制学校是学校、家庭、社会教育功能的"三位一体"。数据分析表明，三分之一的农村家长对寄宿制学校所提供的基本服务及基础设施、设备并不满意，因此，针对适合寄宿年龄的学生，要按国家农村寄宿制学校建设标准，建设好每一所寄宿制学校、完善基础设施、提高服务水平将是农村寄宿制学校发展需重点关注的方面。

（一）严控小学低龄寄宿

小学低龄（1~3 年级）是一个特殊的年龄段。邬志辉认为6～9岁的儿童具有独特的年龄特征[①]。具体表现在：①小学低龄学生身体上处于重要的发育期，这要求在膳食营养上注意搭配，讲究营养的均衡，而研究发现，农村寄宿制学校寄宿生的膳食营养状况较差，不利于低龄学生的身体发育[②]；②小学低龄学生在情感上处于对父母的依恋期。在中小学生心理成熟、性格养成的过程中，家长能起到教师、同伴不可替代的作用，学生年龄越小，家庭教育的作用越重要，将对孩子的一生产生影响。而长时期与父母亲的分离易造成亲子关系的疏离，从而不利于良好亲子关系的形成；③小学低龄学生生活自理能力较差，缺乏诸如叠被、洗衣、洗澡等技能，在多地的调查中发现，有的低龄寄宿生甚至会因为恐惧在校寄宿而出现神经性的肚疼、厌食、大小便失禁、沉默寡言等生理及心理问题，这将不利于他们健康成长；④在心理发展，低龄学生上对熟悉的家庭和社区环境具有较强的依赖性，然而在校寄宿使低龄学生与他们熟悉的环境相疏离，不利于他们社会性的养成和对家庭及社区的情感的培养。

以上分析表明，小学 1~3 年级等低年级学生非常不适合在校寄宿。这也和本书中孩子就读小学 1~3 年级的家庭对在校寄宿的需求不高相吻合。对于已经实行小学低龄寄宿且群众反对激烈、辍学严重的地区和学校，可根据当地群众意愿和当地实际情况，按照就近入学的原则适度保留、恢复并积极建设村小或教学点，使小学低龄学生能够就业入学，在家住宿。同时，可将小学 1～3 年级的教学点与村办幼儿园相结合，确保农村幼儿就近入园。

---

① 邬志辉. 中国农村学校布局调整标准问题探讨[J]. 东北师范大学学报（哲学社会科学版），2010（5）：140-149.

② 胡传双，於荣. 农村寄宿制小学影响学生发展的问题与对策[J]. 当代青年研究，2009（8）：13，79-81.

（二）加强寄宿制学校新增人员的配置

1. 明确新增人员配置标准

寄宿制学校是一种相对特殊的环境。学生不仅在学校学习，同时也在学校生活，学校相应地由教学功能区转变为教学和生活功能社区。这种学校功能的转变，需要学校对学生的生活、饮食、安全保障等诸多方面全盘考虑。因此，与非寄宿制学校不同的是，寄宿制学校的正常运转需要增加生活教师、食堂炊事员和保安等人员。根据实地调查中对校长、教师等人的访谈，建议按照小学 1∶50、初中 1∶80 的标准配置生活教师，按照 1∶80 的标准配备炊事员，按照 1∶200 的标准配备保安，按照国家规定的编制标准配备校医、心理教师和司机（针对安排校车的学校）等，并严格按照国家相关资质规定公开招聘，择优录用；对生活教师、炊事员、保安等服务性教师实施专项培训计划，可建立国家、省和市县三级培训体系，定期对他们进行培训；鼓励学校通过校本课程方式开展寄宿生心理、教育、管理等课题研究，县级教育行政部门要搭建平台，让生活教师等交流开展儿童关爱、家庭式教育的新经验，促进寄宿学生健康成长。

2. 多样化安排新增人员的安置方式

在宏观政策导向上，《国务院办公厅转发中央编办、教育部、财政部关于制定中小学教职工编制标准意见的通知》（国办发〔2001〕74 号）明确提出"中小学校的管理工作尽可能由教师兼职，后勤服务工作应逐步实行社会化。"2014 年，中央编办、教育部、财政部印发《关于统一城乡中小学教职工编制标准的通知》，明确提出"深化后勤改革，加大政府购买服务力度"。通知中要求："各地要按照中央改进政府提供公共服务方式、加大购买服务力度有关要求，继续深化中小学校后勤服务社会化改革，逐步压缩非教学人员编制。"此外，"对适合社会力量提供的工勤和教学辅助等服务，鼓励探索采取政府购买服务方式，纳入当地政府购买服务指导目录，所需资金要通过合理渠道和方式妥善解决。"以这些政策文件为引导，通过多种方式，妥善解决新增人员的安置。

在微观实践层面，地方政府和学校可采取按职分类的形式解决农村寄宿制学校新增人员的安排问题，将新增岗位按性质划分为不同类型，对不同类型的工作，在人员的配置上采取差异化的方式。在此过程中，地方政府及相关职能部门要发挥积极引导和中介桥梁作用，以确保农村寄宿制学校始终将主要精力放在教育教学工作上。

（1）对于学校食堂工作人员的安排。根据 2012 年教育部制定的《农村义务教育学校食堂管理暂行办法》要求，学校食堂一般应由学校自主经营，统一管理，不得对外承包。已承包的，合同期满，立即收回；合同期未满的，给予一定的过渡期，由学校收回管理。而且明确要求，学校食堂应以改善学生营养、增强学生身体素质、促进学生健康成长为宗旨，坚持"公益性""非营利性"的原则。在人员招聘方面，按照"省定标准、县级聘用、学校使用"的原则进行。地方政府应为学校食堂配备数量足够的合格工作人员并妥善落实人员工资及福利，组织专业培训。从业人员不足的，应优先从富余教师中转岗，也可以采取购买公益性岗位的方式从社会公开招聘。

（2）对于专业性较强、有准入门槛要求、风险较大的岗位，如医务人员，可由县级政府部门统筹，通过公开招标的方式，以政府购买服务、政府统一监管标准、政府托底风险的方式来安排解决。因为实际上，农村中小学并不具有独立的法人资格及地位，难以享有并行使相应的合同权益。

（3）对于非市场营利性、又难以借用其他资源的工作，如生活教师或生活保育员，可以通过两个渠道予以解决：①充分利用教育系统内的资源，由那些年龄较大、教学质量较差、经培训难以提高的教师转岗担任；②按一定要求和标准，聘用校外有爱心、有责任意识、有能力的人员担任。需要强调的是，无论是通过哪种渠道配置此类工作人员，对学生的爱心和对工作的责任心是人员招募时应坚守的最重要的标准。

（三）加大对寄宿制学校的财政投入

1. 进一步完善寄宿制学校的经费投入制度

（1）将农村寄宿制学校建设经费纳入我国义务教育经费投入的财政保障体系中，对贫困地区、民族地区、边远落后山区实行寄宿制学校建设专项资金补贴，考虑到中部地区寄宿制学校的重要性及寄宿制学校发展的尴尬，建议将中部地区符合"农村寄宿制学校建设工程"（简称"工程"）条件的纳入"工程"，以提高学校的保障水平。

（2）在学校公用经费的分配方面，应突破惯常的以"在校生数"为主要标准的分配方式，考虑寄宿制学校的特殊需求，探索以"加权法"或"额外成本补偿法"为内容的寄宿制学校生均成本拨款方式，以保证因学生在校寄宿而产生的水电费、供暖费等新增成本的来源。

方法一：加权法。采用加权法的目的在于保证公用经费分配、使用的财权和学校担负的职责的公平性。"加权学生数"和"加权时间数"是两种常用的加权方法。与一般意义上的将单个个体学生简单加总相区别，不同学生所实际消耗的教育经费存在差异，这是"加权学生数"的出发点。"对那些人均教育成本高于一般水平的学生，在计算他们的实际人数时，应赋予额外的权重"[①]。以加权学生数作为公用经费的分配标准时，除考虑不同年级的差异性需要外，更应关注不同类型学校，如寄宿制学校和非寄宿制学校的差异性需要。需要注意的是，对于非完全寄宿学校而言，在公用经费分配时，需要区分寄宿生和非寄宿生，对于非寄宿生公用经费的分配，要与同地区、同类型非寄宿制学校的生均水平等同。"加权学生数"是对当前简单地以在校生数作为公用经费分配标准的改进，而如何科学合理地确定不同学校、不同类型学生的权重是其应用的主要困难；另一种加权方法是"加权时间数"，即在分配公用经费时，以学生实际在校时间为标准进行加权。对于寄宿制学校而言，因学生在校时间长、所需消费的资源较多而应被赋予额外的权重。然而，这种方法的难点在于如何合理地确定学生在校时间的单位成本。

方法二：额外成本补偿法。这是对寄宿制学校超出一定水平的教育成本进行补偿的方法。按照这种方法，寄宿制学校可得到双重教育拨款。第一种拨款，根据当前基本的拨款公式，即按照在校生数拨付一般意义的公用经费。这是一种通用的拨款方式，符合教育财政横向公平的原则。第二种拨款，根据寄宿制学校的额外实际需要（相对于非寄宿制学校而言），通过额外成本补偿方式为寄宿制学校提供成本，这是一种专项的拨款方式，符合教育财政纵向公平的原则。而无论是哪一种援助，学校所得到的公用经费都必须用于确保教育教学的开展和后勤服务的改善，而不能用于其他非公用经费所规定使用的范围。

2. 完善寄宿生补助制度

进一步明确寄宿生生活费补贴标准并适度提高金额。可以借鉴澳大利亚的做法，将寄宿生补贴细分为"基本寄宿补贴"和"额外寄宿补贴"，以规

---

① 转引自：金 L A，斯旺森 A D，斯威特兰 S R. 教育财政——效率、公平与绩效[M]. 曹淑江，等译. 北京：中国人民大学出版社，2010：199.

范寄宿补贴标准，提高困难家庭学生的补助，避免"一刀切"式的寄宿生补助分配模式。在补助标准的确定上，"基本寄宿补贴"可依照家校距离进行拨付，而"额外寄宿补贴"则专门指向收入偏低家庭的学生。以 2006 年新南威尔士州为例，调整后的家庭应纳税所得额（adjusted family taxable income）低于 46 625 澳元的家庭方可申请享受"额外寄宿补贴"[①]；建立"教育低保制度"，对家庭经济困难学生在生活费、交通费和住宿用品费等方面实施减免政策。

（四）加强寄宿制学校的标准化建设

除了被列入"农村寄宿制学校建设工程"的学校外，绝大多数农村寄宿制学校呈现出"简单扩充"的特点[②]。为保证寄宿生在校寄宿安全，促进寄宿制学校的长效发展，加强农村寄宿制学校的标准化建设尤为必要。寄宿制学校标准化建设主要包括学习设施建设和生活设施建设两部分。学习设施建设除了保证正常的学校教学之外，还要考虑寄宿制学校学生在校时间长的特殊性，要设置一定的学生课余学习设施，如建立大型的可供学生在课余学习、娱乐的公共活动室；生活设施建设标准主要体现在食堂、宿舍以及其他生活辅助设施方面。食堂建设可以参考《农村普通中小学校建设标准》（建标〔2008〕159 号）、《学校食堂与学生集体用餐卫生管理规定》（教育部、卫生部令第 14 号）、《餐饮业和集体用餐配送单位卫生规范》（卫监督发〔2005〕260 号）等相关文件，但最重要的是结合当地实际情况，因地制宜地确定生均的餐位大小及费用标准；宿舍的建设在参照国家相关政策规定的前提下，要参考当地的经济条件和生活水平，确定合理的生均住宿面积、床位标准；凡寄宿制学校均要建设浴池、开水房等必要的生活设施，并保证以上设施的正常使用；地方教育行政部门要组织专门机构对寄宿制学校进行检查验收，并遵循"先建后用"的原则交付使用。对于不具备使用标准而仓促使用的，要向教育行政负责人追究问责，造成重大事故的，要追究相关人员的刑事责任；要为寄宿制学校配备暖气、风扇或空调（针对南方地区）、洗衣机、锅炉、标准化炊具、标准学生床、晾衣架、电话、电视机等

---

①　转引自：卢海弘，史春梦. 农村寄宿学生补贴政策比较研究——以澳大利亚等国为例[J]. 教育发展研究，2008（19）：46-50，61.

②　杨润勇. 关于中部地区农村中小学寄宿制学校的调查与思考[J]. 教育理论与实践，2009（8）：32-36.

日常生活设备。

（五）建立健全学校管理制度

1. 合理安排寄宿生作息制度，丰富寄宿生在校的学习与生活

根据青少年学生的身体和心理发育特点，科学制定寄宿生的作息时间，保证学生体育锻炼时间、睡眠时间、学习时间的平衡；开展符合青少年儿童身心特点的有益于学生健康成长的校园活动，丰富寄宿生的课余生活；避免寄宿生因在校时间增多而进行应试教育的行为。

2. 完善公共安全管理制度，及时消除安全隐患

（1）严格执行义务教育阶段学校后勤服务的相关管理制度，重点加强对寄宿生饮食安全的监督与管理，完善食品原材料定点采购、集中采购等具体实施办法。

（2）加强寄宿制学校的交通管理。寄宿制学校交通问题要纳入地方政府总体规划，合理安排家校距离较远学生的上下学交通方式。使用公共交通方式的地区要在学校上下学的集中时间和地点加强交通管制，有条件的地区可设置学生交通专线；严禁使用不符合安全标准的车辆接送学生，严禁超载运送学生，对于低龄儿童乘坐校车的要配备专职的监护或保护人员；对自主接送学生上下学的家长要加强安全教育；实行校车接送学生上下学的地区，地方政府要加强道路建设、燃油管理和司机资格准入，并确保校车日常运转的经费充足并及时提供；建立家长和公交车、校车无缝对接的安全管理机制。

（3）加强寄宿制学校的校园安全保卫工作，防止社会不法分子进入校园寻衅滋事，对学生造成伤害。

3. 建立寄宿生心理干预制度，重视寄宿生的心理咨询与辅导

以心理健康教育活动课作为主渠道，对学生进行集体心理教育和辅导；建立"寄宿生心理发展档案"，设立"心理健康咨询室"，鼓励青年教师学习心理学知识，利用晚自习等业余时间定期开展心理健康辅导或集体性的心理训练游戏，注意及时发现和诊治寄宿生出现的心理问题，帮助他们解决心理上的困惑，促进他们身心的健康成长。

4. 探索多形式多渠道的家-校联系制度，促进信息沟通

农村寄宿制学校应尽可能地为寄宿生与家长创造交流的条件，保证"亲情电话"畅通，有条件的地方可开通"亲情网络"。同时，寄宿生的生活老师、班主任老师等应通过定期实地家访、定期电话家访等形式与家长沟通，通过家校联合共同帮助寄宿生克服学习、生活、心理上的困难，培养良好的学习与生活习惯，为寄宿生的健康成长提供良好的氛围。例如，湖北省自2011 年开始了"课外访万家"活动，要求每位教师深入学生家中，和家长一起探讨促进学生更好发展的路径。

第七章　农村家庭义务教育需求：
小规模学校偏好

2001 年以来，农村小规模学校被大量撤并，从而引发了人们对小规模学校的担心和质疑。2012 年国务院《关于规范农村义务教育学校布局调整的意见》颁布，我国农村教育进入了"后撤点并校时代"，农村小规模学校数量有所回升，以村小和教学点为主体的小规模学校再次成为农村地区学校的主要存在形态①。2017 年底，全国有农村小规模学校 10.7 万所，在校生有384.7 万人②。短短十几年的时间内，农村小规模学校经历了被撤并和被恢复两种截然不同的政策对待。有研究者将农村小规模学校称作"农村教育的最后一公里"、农村教育的"神经末梢"③，可见农村小规模学校在农村教育中的地位之重要。有研究发现，2015 年农村小规模学校的学生转出率为8.63%④，农村小规模学校的质量堪忧。那么，在这种背景下，农村小规模学校是否还有存在的必要和发展的空间？要回答这一问题，就需要对农村小规模学校最重要的利益相关者的农村家庭的需求进行分析。研究农村家庭小规模学校需求时，下列问题是必需被关注的：哪些农村家庭对农村小规模学校有需求？农村家庭对小规模学校的需求程度如何，在不同的阶段这种需求有何表现？如何认识农村家庭小规模学校需求，它是一种低质量的需求吗？

---

① 周晔. 农村小规模学校教师队伍专业水平结构的问题与对策——基于甘肃省 X 县的调研[J]. 教育研究，2017（3）：147-153.

② 人民日报. 全力打赢农村"两类学校"建设攻坚战[EB/OL]. http://www.moe.gov.cn/jyb_xwfb/s5148/201808/t20180820_345610.html，2018-08-20.

③ 刘善槐，王爽，武芳. 我国农村小规模学校教师队伍建设研究[J].教育研究，2017（9）：106-115.

④ 凡勇昆，常雪. "走不掉的一代"：关注乡村小规模学校中的边缘性群体[J]. 教育发展研究，2017（Z2）：57-62.

它是一种不值得被珍视的需求吗？

　　新一轮农村中小学布局调整是通过撤并农村小规模学校而展开的。自此之后，关于小规模学校的讨论成为学界的一个中心话题。这些讨论集中体现在小规模学校的价值[①]、农村小规模学校发展的困境[②]、小规模学校困境产生的原因[③]、促进农村小规模学校发展的对策建议[④]及对国外小规模学校发展的经验借鉴和政策启示[⑤]等方面。此外，还有研究者对农村小规模学校的未来进行预测，认为在一定时期内，在某些偏远的农村地区，农村小规模学校仍将继续存在，并且仍将是实施义务教育的重要组织形式[⑥]。可见，目前关于农村小规模学校的研究已经产生了丰富的研究成果，这些成果是了解小规模学校生存现状、洞悉小规模学校面临的问题、探究小规模学校问题产生原因、预测小规模学校发展态势的坚实基础。然而，既有关于农村小规模学校的研究忽略了"对象关照性"，即缺乏对利益相关者的考虑——撤并小规模学校时是否考虑到农村家庭的需求？农村家庭是否对小规模学校有需求？农村家庭对小规模学校的需求到底是一种怎样的需求？

　　倘若没有确定农村家庭是否存在对小规模学校的需求，不确定哪些家庭希望孩子就读于小规模学校，那么，分析小规模学校的价值、揭露存在的问题、探讨问题产生的原因、提出促进小规模学校发展的对策建议以及冀图"他山之石，可以攻玉"的国外经验借鉴的意义等相关的研究在其现实价值上就会大打折扣。同时，重视农村学校改革和农村小规模学校最直接的利益相关者——农村家庭对农村小规模学校的需求，是科学推进农村学校布局调整工作的重要基础，也影响到各级教育主管部门对农村未来教育发展政策

---

　　① 孙来勤，秦玉友. "后普九"时代农村小学教学点边缘化境遇和发展思路[J]. 当代教育科学，2010（8）：3-6.

　　② 赵丹，吴宏超. 农村教学点的现状、困境及对策分析[J]. 教育与经济，2007（3）：61-65；郭清扬，赵丹. 义务教育新机制下农村教学点的问题及对策[J]. 华中师范大学学报（人文社会科学版），2009，48（6）：115-121.

　　③ 秦玉友. 农村小规模学校教育质量困境与破解思路[J]. 中国教育学刊，2010（3）：1-4.

　　④ 范先佐，郭清扬，赵丹. 义务教育均衡发展与农村教学点的建设[J]. 教育研究，2011（9）：34-40；雷万鹏，张雪艳. 论农村小规模学校的分类发展政策[J]. 教育研究与实验，2011（6）：7-11.

　　⑤ 崔东植，邬志辉. 韩国农村小规模学校合并政策评析[J]. 教育发展研究，2010（10）：58-63；贾建国. 美国农村小规模学校运动及其对我国的启示[J]. 外国教育研究，2010（4）：74-78；付卫东，董世华. 当前美国支持小规模学校的重要举措及对我国的启示[J]. 外国中小学教育，2011（7）：40-43.

　　⑥ 郭清扬，赵丹. 义务教育新机制下农村教学点的问题及对策[J]. 华中师范大学学报（人文社会科学版），2009，48（6）：115-121；杨润勇. 中部农村地区教学点：谁来管，谁在教——以江西赣南地区某县为例[J]. 中小学管理，2009（9）：15-18.

的制定。因此，本章重点关注农村小规模学校的需求主体，以及在不同的阶段农村家庭对小规模学校需求的程度，并对农村家庭小规模学校需求的性质进行讨论。

需要交代的是，与第四、五、六章的数据主要来自"家长卷"不同的是，本章的资料主要来自于笔者在田野调研中对农村家长的访谈，另外还借用了"教师卷""县市信息表"中的信息。

第一节　农村小规模学校的需求主体及需求程度

一、农村小规模学校的需求主体

根据国际和国内研究经验[①]及我国农村教育发展实际，在本书中，农村小规模学校是指分布在经济落后、交通不便、人口密度小的农村地区，包括农村教学点、不完全小学和在校生数少于 100 人的完全小学等学校类型。

对于农村家庭而言，他们既可以为孩子选择农村小规模学校，也可以选择农村合并校、镇小，甚至是县城小学。在田野调查中笔者发现，近年来，为子女选择县城学校上学的农村家庭逐年增多。从理论上讲，在学校布局调整之后，农村家庭对义务教育学校的选择空间不是缩小了，而是扩大了。然而，实际的情况是，不同类型的家庭追求不同的教育机会。在众多的教育选择中，部分家庭放弃那些被大多数人认为是较高质量的学校，而将"选票"投向农村小规模学校，即使在小规模学校已经被关闭的情况下依然如此。那么，哪些类型的家庭对农村小规模学校有强烈的需求呢？这种需求是如何表现出来的？以下的分析资料均来自笔者的实地调研。

（一）农村弱势群体家庭

在一个社会中，弱者的存在是不争的事实，无论以什么样的标准对社会成员进行分层，弱者都是相对而客观存在的。王思斌认为，弱势群体是由于存在某些障碍或缺乏经济、政治和社会机会，而在社会上处于不利地

---

① 雷万鹏，张雪艳. 论农村小规模学校的分类发展政策[J]. 教育研究与实验，2011（6）：7-11.

位的人群①。按照学者们的一致看法，在当前形势下，我国最大的弱势群体是农民②。将农民作为弱势群体，是相对于社会的其他群体而言的，实际上，农民群体并非铁板一块，其内部存在着较大的分化，即总体上农民在我国社会中居于弱势地位，但不同个体的社会经济地位存在差异，并非所有的农民都属于弱势群体的范畴。

根据弱势群体的成因，人们习惯于将弱势群体划分为三种类别：生理性弱势群体、社会性弱势群体和自然性弱势群体。生理性弱势群体是因生理原因所致，社会性弱势群体主要是由社会因素所致，自然性弱势群体是由自然条件恶劣和自然灾害造成的。因循这种分类模式，笔者将农村弱势群体家庭划分为生理性弱势家庭——由老年人、残疾人抚养子女的低劳动能力家庭及孩子就读小学低年级（1~3 年级）的家庭；社会性弱势家庭—— 主要指贫困家庭、多子女家庭；自然性弱势家庭—— 主要指边远、交通极为不便地区的家庭。

1. 生理性弱势家庭与小规模学校需求

在本书中，生理性弱势家庭主要指由老年人、残疾人抚养子女的低劳动能力家庭及孩子就读小学低年级（1~3 年级）的家庭。前一类生理性弱势家庭是任何社会中都存在的不幸者，这类家庭并不会随着时间的推移而在境况上变得更好（除非得到外来的帮助）。例如，山西省 S 县某教学点的 9 名在校生中，2 名学生父母双亡，由体弱多病的祖父母抚养，还有 1 名学生的母亲患有精神性疾病，父亲不知去向，他和母亲寄居在外祖父母家里。这 3 名学生所在的家庭即是第一类生理性弱势家庭。

后一类生理性弱势家庭的弱势具有相对性，且随着时间的推移，这种弱势的特征可能会消除，如随着孩子年龄的增长，他们的生活自理能力也相应提高，家长可以相对放心地让孩子就读于县镇学校或在校寄宿。相对而言，子女年龄小、就读年级低的农村家庭更希望孩子就近在小规模学校就读，以方便家庭提供更好的生活照顾。湖北省 B 县 Z 村 7 组有一个女村民，丈夫外出务工，她留守在家，一个人耕种田地并照顾孩子，她严重晕车，就连摩托车都无法乘坐。她的孩子在镇小读书，每次送孩子上学，都要带着孩子从家徒步走到镇上，约 30 千米的路程，要走将近一天的时间。她迫切希望村小能够恢复，让孩子在村小上学，"这样大人和孩子都轻松点，尤其是下大

① 王思斌. 社会转型中的弱势群体[J]. 中国党政干部论坛，2002（3）：18-21.

② 陆学艺. 当代中国社会结构变迁研究[M]. 北京：社会科学文献出版社，2001：44.

雨、大雪少受点罪，有时候河里涨水不敢（淌水）过河"。

2. 社会性弱势家庭与小规模学校需求

陈成文认为，社会性弱势群体主要是指在社会性资源的分配上具有经济利益的贫困性、生活质量的低层次和承受力的脆弱性的特殊社会群体[①]。主要包括贫困家庭和多子女家庭，他们因为经济条件的限制而导致教育选择能力受限。国际经验表明，小规模学校为低收入家庭子女服务，在我国同样如此。截至 2012 年 3 月，山西省 S 县共保留了 20 个教学点，L 教学点便是其中之一。该教学点共有 9 名在校生，其中，3 名学生来自同一个家庭，笔者对她们的父亲进行了访谈。他说在农村没有儿子是一件极没面子的事，会遭到其他村民的嘲笑，被人看不起。因此，为了"延续香火"，他家连续生了5 个女儿，其中，大女儿读初中一年级，最小的女儿两岁左右。他说，在家种地只能保证最低的温饱水平，家里的主要收入来自他外出打工。但是，由于孩子小，再加上他妻子有眼疾（高度近视，但是怕人笑话，没戴眼镜），他只能在农闲时到 S 县城或相邻县城打零工，与到大城市务工相比，就近务工的收入较低。他大女儿在镇上读初中，所需开支包括生活费、学习用品费等各种费用，每年合计需要 2 000 元左右，这笔费用占他家年收入的四分之一左右。出于经济成本的考虑，二女儿、三女儿和四女儿就在村小上学（大女儿也是在村小毕业后进入镇初中就读的）。这位家长告诉笔者，如果将该教学点撤并，他的三个孩子需要转到其他学校就读，因为家校之间的距离变远，孩子上下学途中的交通成为问题，只能选择在校寄宿，最糟糕的情况是，家里可能因无法负担上学的交通成本和住校生活成本以及孩子上下学的接送而可能会让孩子选择辍学。

资源稀释理论是西方社会学用来解释青少年教育机会获得和教育质量差异关系的一个常见理论。该理论将家庭视为一个基本的社会单位，家庭资源的分配方式、每个子女获得资源的多少均取决于家庭财富总量和家庭结构构成。在一定时期内，家庭资源总量是定值，每个孩子获得家庭资源的多寡取决于家庭结构，而孩子的数量是家庭结构的最重要特征，家庭内孩子数量越多，每个孩子可以获得的资源数量越有限。贫困家庭在每个时段的社会分层结构中均属于弱势群体。那么，对于农村经济贫困的多子女家庭而言，位处

---

① 陈成文. 社会弱者论[M]. 北京：时事出版社，2000：27-29.

农村、家庭贫困本来就使孩子在资源的获得方面处于不利地位，而多子女更是进一步强化了这种不利的现实。正如姜荣华所言，"这些最需要关注的人，也许不是最贫困，却显得更贫困"①。

另外，在实地调研中，笔者还发现，乡村小规模学校聚集了较大比例的留守儿童，同时还有单亲儿童、父母离异儿童、残障儿童等特殊群体。基于家庭在经济、文化和社会资本上的劣势，这些孩子无法像其他孩子那样进入城镇学校就读，实现向城市流动，只能被迫选择距家较近的小规模学校就读。正如有研究者所言，他们（即在小规模学校就读的学生）是被无奈剩下、被社会遗忘、处于社会边缘的"走不掉的一代"②。

3. 自然性弱势家庭与小规模学校需求

自然性弱势家庭多位于偏远、交通不便的山区、丘陵、库区等地区。我国地理环境复杂多样，其中，山地、丘陵和平原的面积分别占 33%、10% 和 12%。在不同的地理环境下，学生上学的交通方便程度存在较大差异。贾勇宏和曾新通过事后多重比较分析发现，山区和丘陵地区学生的上学交通不便程度显著高于平原组和其他组③。笔者的实地调研也证明了这点。湖北省 B 县的地貌可用"崇山峻岭、峡谷深沟"进行概括，在该县进行调研时，一位学生家长告诉笔者，他所在村的教学点于 2008 年被撤掉，根据"上面的安排"，他的孩子转到距该村 10 千米之遥的另一村庄学校（教学点）就读，两村之间没有公共交通，仅有一辆私人面包车通行。每个周末孩子回家时，7 个座位的面包车挤十几个学生。而且当地交通条件较差，公路只通到原村小，面包车将孩子送到原村小就不再前行了，孩子到家还需要步行 3 千米多的山间小路。有一次，他的孩子因没挤上车，只能徒步回家，到家时已是晚上 8 点多，孩子累得筋疲力尽，连话都不愿讲。另一个村民的孩子有一次在面包车上被挤伤了，司机只买了一个创可贴给小孩后就不管不问了。正是基于上学路上的安全考虑，部分家长宁愿舍弃可能被认为是"高质量"的学校，也愿意让孩子在"低质量"的村小、教学点等小规模学校就近读书。毕竟，与希望孩子能享受到优质教育机会

---

① 姜荣华. 农村学校布局调整：农民选择与农民认同[J]. 东北师大学报（哲学社会科学版），2010（5）：162-166.

② 凡勇昆，常雪. "走不掉的一代"：关注乡村小规模学校中的边缘性群体[J]. 教育发展研究，2017（Z2）：51-56.

③ 贾勇宏，曾新. 农村中小学布局调整对教育起点公平的负面影响——基于全国 9 省（区）的调查[J]. 华中师范大学学报（人文社会科学版），2012（3）：143-153.

相比，家长更希望孩子能够安全、方便地求学。

2012 年 3 月，笔者随教育部专家调研团队赴山西 S 县调研，亲身感受到山区孩子上学的艰辛。S 县山大谷深、沟壑成群，尽管村与村之间的主干道已由水泥路连通，但是次干道和支路仍然是最原始的泥巴路，即使是作为主干道的水泥路，有些地方依然陡峭狭窄，两车并排成行困难，笔者目睹了一辆载重货车和一辆小面包车因错车不及而险些酿成交通事故，令人胆战心惊。同行的东北师范大学的邬志辉教授不禁感叹："我们坐着这么好的车，仅坐这么一趟就感觉晕车、不适、害怕，而这里的孩子每周都要来回两次，他们坐的可能还是超载车、农用车或摩托车，安全状况可想而知。"

需要注意的是，本书以弱势成因为标准将弱势家庭划分为三类，分类的出发点是为了讨论的方便，尽管三者之间有交叉，但是不容忽视的是，这三种类型的农村弱势家庭的共同点是因贫困而导致的选择能力减弱，希望孩子在小规模学校就读是不得已的选择，同时也是最好的安排。因此，毫不夸张地说，那些对农村小规模学校需求最强烈的家庭是最缺乏教育选择的家庭。由于聚集着农村最贫困、最弱势和特殊家庭的学生，小规模学校的存在不仅对于来自贫困社区或社会经济地位较低家庭的学生是有价值的[①]，而且小规模学校的发展对于阻断贫困的代际传递具有极为重要的社会意义。

（二）其他对农村小规模学校有需求的家庭

除了因客观原因迫使孩子必须在小规模学校接受教育外，还有其他家庭同样希望孩子就读于小规模学校，主要有两种类型，分别是对教育不重视的家庭和对小规模学校表示认同的家庭。

1. 对教育不重视的家庭与小规模学校需求

少数农村家长由于受教育程度、思想观念的束缚，只对关系到眼前利益的现实需求感兴趣，而对孩子受教育这一事务重视不够。他们认为，与到其他学校上学相比，孩子到距家较近的小规模学校读书的经济成本最低。从成本与收益的角度分析，成本是在购买产品或服务时即需付出的，具有即时性，而收益则是在未来获得的，具有滞后性、不确定性，尤其是教育收益的滞后性更为显著。尽管地方政府在学校撤并时极力宣传的思想是撤并后的学

① Friedkin N E, Necochea J. School system size and performance: a contingency perspective[J]. Educational Evaluation and Policy Analysis, 1988, 10（3）: 237-249.

校教育质量更好，学生可以获得更好的教育服务，但对于这种教育收益，少数家长并不认同。他们认为，孩子只要能认识一些基本字①，会进行简单的数学运算就足够了，付出太大代价去追求所谓的优质教育是得不偿失的。在湖北省 B 县的调查中，笔者访谈到一位小包工头，他主要承包高速公路的小工程，他吸 20 多元一包的烟，但是在女儿选择学校的问题上，他却一再强调是因为"缺钱"才希望孩子在村小（教学点）就读。在该个案上，与其说是家长对小规模学校的眷恋与认同，不如说是家长基于"省钱"的目的及对教育的不重视。

2. 对农村小规模学校表示认同的家庭与对小规模学校的需求

对于地方政府而言，撤并农村小规模学校的最主要原因是小规模学校难以令人满意的教育质量。教育行政官员在接受笔者及课题组其他成员的访谈时，一遍又一遍地强调，农村家长将"小规模"作为衰退的象征，将小规模学校看作薄弱学校或濒临消失的学校，因此，撤并小规模学校是对农村家长自主选择的反映。然而，部分农村家长认为撤并小规模学校的做法实属偏激之举。

农村家长对小规模学校可能有三种水平的满意度：①小规模学校难以达到农村家长对教育的预期，他们对小规模学校表示不满意。例如，家长希望小规模学校能够开设国家课程计划所要求的所有课程，然而受限于师资数量和结构，小规模学校却无法达到家长的这种预期，那么家长可能会改变对小规模学校的态度，或者将孩子转到其他学校就读，也可能让孩子继续在该学校就读，他们继续抱怨对学校的不满。②如果小规模学校的表现能够满足家长的教育预期，那么，农村家长将对小规模学校感到满意，并希望孩子在小规模学校就读。③如果小规模学校的表现超出了家长的预期，如与周边学校相比，小规模学校的学生成绩至少不差，或者小规模学校的教师对学生更加负责，或者小规模学校的教师与家长保持良好的关系，那么家长对小规模学校的满意度更高，进而希望孩子就读于这样的学校。对于后两种满意度的家长而言，他们对农村小规模学校的认同度较高。在接受访谈时，后两类家长既会追溯历史，举例说本村的小规模学校（教学点）曾培养出多少大学生、富商巨贾和农村精英，他们也会列举小规模学校的教学成绩，认为孩子就近

---

① 有受访者表示，只要孩子会写自己的名字就行；还有受访者表示，孩子（多为女孩）只要能认得"男""女"即可，这样孩子在城市打工就不会因走错厕所闹笑话。

在小规模学校上学更有利于孩子成绩的提高，因为家长更有可能了解学校的校长、教师，更有可能获悉孩子的进步。朴素的语言，却和学术研究的结论如出一辙。正如 Ornstein 所指出的，小规模小学的学业成绩较高的原因可能是由于小规模学校通常被认为是同质邻里的一部分，甚至是中心，这一邻里包括父母及较高的学校-社区关系。学生在学校能感受到父母的压力，在家里能感觉到教师的期望。小的、同质性的社区经常在学校和公民活动方面进行交流和合作①。

在那些对小规模学校表示认同的家长看来，县镇学校不是优质教育的象征，而农村小规模学校也不应该是劣质教育的代名词，学校位于何处、学校规模大小等并不是学校质量高低的决定因素。当笔者提出，小规模学校教师的学历往往没有县镇学校教师高，小规模学校的部分老师非公办，甚至没有教师资格证时，部分农村家长承认这是事实，但他们认为："对于小学教育而言，老师学历的高低并不能说明什么，以前（小规模学校）的老师都是民办老师，初中毕业的、高中毕业的都有，最高的学历就是中专，但并不妨碍他们成为好老师。为什么呢？关键是他们负责，教学态度好。老师学历高，但如果他们没有责任心，学生成绩也好不到哪里去。"这一点与吕开宇等进行的实证研究的结论具有相似性：在逻辑上，大专以上学历的教师人数比例越高，教师的素质越好，孩子的成绩越好。然而，与预期相反，实证结果表明，大专以上教师的比例对孩子学习成绩——无论是数学成绩还是语文成绩——均产生了显著的负向影响。吕开宇所作的解释是，"如果说教师教学效果可以看作是教师个人水平和个人努力程度的函数，那么高素质的教师将能保证教育水平，但却无法保证教师个人是否做出了努力"②。正是因为对小规模学校教育质量的认同，农村家长希望孩子就读于小规模学校，而对于小规模学校因"被低质"而被撤并的行为，他们感到不解和气愤。

通过以上分析可知，对农村小规模学校存在需求的家庭也是一个多元的群体，但是以社会弱势家庭为主，与优势家庭相比，社会弱势家庭希望孩子就读于农村小规模学校的可能性更大。农村弱势家庭尽管有不同的成

---

① Ornstein A C. School district and school size: overview and outlook[J]. The High School Journal, 1993（4）: 240-244.

② 吕开宇. 外出务工家庭子女教育决策机制及其政策内涵——以甘肃农村为例[R]. 中国农业科学院农业经济与发展报告研究所博士后出站报告，2006.

因，但其共同特点是，缺少将孩子送到县镇学校甚至其他农村学校读书的资本和实力。邬志辉认为，农村小规模学校集中着贫困程度较深、无力进城上学、处于社会"后 20%"的弱势人群家庭子女，是阻断贫困代际传递的核心目标人群[①]。

李强根据利益关系将人群划分为中心群体和边缘群体，越靠近中心区域的群体越容易获得资源，而越处于边缘区域的群体获得资源的能力越弱[②]。与城市人口相比，农村人口属于边缘群体；与一般的农村家庭相比，处于弱势地位的农村家庭更处于边缘，他们不仅获得资源的能力弱，且他们的利益更易受损。所以，农村小规模学校的存在，是保障农村弱势家庭子女义务教育受教育权的重要屏障。如果不顾及这部分群体的教育需求而强行关闭农村小规模学校，那么，这部分人群的教育利益将受到严重伤害。

二、农村家庭对小规模学校的需求程度分析

通过前面的分析，可以清楚地得知部分农村家庭对小规模学校存在的需求，并且希望孩子能够就近在小规模学校就读。那么，接下来的问题是：农村家庭对小规模学校的需求程度如何？笔者认为，农村家庭对小规模学校的需求程度有两种表现方式：其一，由需求主体直接进行"强烈""不强烈"等有关需求程度的评价，对需求表达"强烈"的，对小规模学校的需求程度更高；其二，需求程度可以间接地由需求主体在不同状态下对农村小规模学校的态度、行为反映出来。这两种方法各具优点，第一种方式操作简单易行，然而，第二种方式更能具体深刻地刻画农村家庭对小规模学校的需求程度。因此，本书采用了第二种方式，将其置于具体的故事情节中，将不同阶段、不同状态下农村家庭对小规模学校的态度、行为比较充分和生动地展现出来。本部分试图采用人类学的研究方法进行微观层面的考察，对于调查中的所见所闻进行细致的描述、分析和解释。需要说明的是，"每一个解释都是暂时的、相对的，解释永远不会停止，也永远不会完满"[③]。

---

① 邬志辉. 全力打赢农村"两类学校"建设攻坚战[EB/OL]. http://www.moe.gov.cn/jyb_xwfb/s5148/201808/t20180820_345610.html，2018-08-20.

② 李强. 改革开放 30 年来中国社会分层结构的变迁[J]. 北京社会科学，2008（5）：47-60.

③ 鞠玉翠. 筹划与困窘：一位"教育博士"教师的故事[C]//丁钢. 中国教育：研究与评论（第 6 辑）. 北京：教育科学出版社，2004：232.

（一）小规模学校撤并时：阻止撤校

尽管各地教育行政部门在政府工作文件、各种工作报告以及接受访谈时均理直气壮地宣称，当地在进行农村中小学撤并前曾广泛征求村民的意见。然而，有研究者指出：农村中小学布局的调整在很大程度上是行政主导下的政府行为，是政府主导的自上而下的"强制性制度变迁"[1]。笔者及所在课题组对全国 10 省（自治区）的调研数据显示，在学校撤并前，表示"被征求过意见"的家长仅占有效样本的 20.6%，而另外近八成的家长则明确表示"未被征求过意见"[2]。华中师范大学范先佐教授带领的研究团队对湖北、河南等 6 省（自治区）的调查同样发现，在农村中小学撤并的决策中，农村家长的参与度较低[3]。在很多地区，为了阻止村民因学校撤并闹事，农村中小学校撤并成了"突击"行为，往往是在学生放假或者新学期开学前家长突然被告知学校被撤了，撤并学校的学生被安置到其他学校就读。尽管政府会宣称"被安置的学校"往往比被撤并的学校在师资、综合教育质量、办学条件等方面占有优势，但遭遇学校撤并的突然袭击，很多农村家长感到不理解和愤怒。

农村家庭小规模学校需求对孩子个人及农村家庭无疑具有重大的意义。一般而言，这种需求是以个体化的形式存在的，当这种需求的满足由于学校撤并而被切断时，农村家长首先会通过抱怨、谩骂、指责等个体的方式加以应对。虽然这些原子般的、个体化的分散的应对方式并未发出高昂的声音，但却是一种潜在的巨大的力量，具有强大的震撼力。因为一旦这种抱怨越积越多，就会导致原本呈原子化分散的个体化的农村家庭为了阻止自身利益的流失，会团结起来，用组织化的形式向政府施加压力。斯科特认为，农民很少进行集体的斗争，"如果斗争是公开的，那就极少是集体性的，而如果斗争是集体性的，它们就极可以公开。两者相遇几乎等同于'意外事件'，结果通常是不了了之，并且作乱者会在黑暗或匿名的掩护之下逃离，消失在'老百姓'的保护层中"[4]。农民对小规模学校撤并的集体抗争在各地频频出现，只是规模和程度的差异。例如，湖北省 B 县 Z 村村民曾经经历过因阻

① 贾勇宏. 农村学校布局调整过程中的利益冲突与协调[J]. 教育发展研究，2008（7）：66-69.
② 叶庆娜. 农村中小学布局调整的评价：家长视角[J]. 教育发展研究，2012（24）：14-18.
③ 贾勇宏. 农村学校布局调整过程中的利益冲突与协调[J]. 教育发展研究，2008（7）：66-69.
④ 斯科特 J C. 弱者的武器[M]. 郑广怀，张敏，何江穗译. 南京：译林出版社，2011：294.

止村小被撤而上访的事件，在该事件中，许某是带头人，他是一个小包工头，常年组织当地村民外出修高速公路。"带头人"许某向笔者讲述了"护校运动"的经过。

"2008 年，我的小孩（6 岁）在本村小学（Z 村村小）上 1 年级，当时学校还有 20 多个孩子。有一天，镇上突然通知说要撤掉学校（Z 村村小），将学校的学生分别安排到 H 村村小和 D 完小就读。如果走公路，我们村到 H 村和 D 村大约 20～30 里。家长们认为，孩子无论是到 H 村小还是到 D 完小上学，都太远了；如果走近路，中间有几条大沟大河，没有桥，下大雨就过不去了。再加上我们（这里）是山区，交通条件不好，山对面的两个人可以喊话，但是要见面需要走上半天。（对于撤校）家长们很生气，意见非常大。这些孩子都还小，家长又要干活、打工，（如果）孩子转到其他学校上学，几十里路怎么办？你想想，村里还有二十几个学生在村小读书，镇上也不向老百姓征求一下意见就突然要把学校撤了，家长当然生气了。我领头，20 多个村民参与，多次到镇政府找一位姓 Q 的镇长，要求保留 Z 村村小的 1～2 年级。Q 镇长给我们讲大道理，说我们村太偏远了，学生不多，也调不到老师来。我不相信他的话，我认为是我们村在镇上没（能）人，普通老百姓又说不上话，学校才被撤了。我当时提出，只要将村小保留下来，22 户老百姓自愿出点钱请老师来教，但 Q 镇长并没有表态。后来，也就不了了之了，眼睁睁地看着学校变空了。"

对家长集体维护农村小规模学校、阻止学校撤并的个案进行仔细分析，可概括出如下特征。

（1）从目的来看，农村家长对自身的角色定位极为明晰，他们深知政府①已经确定的小规模学校被撤并的决策不可能改变，但还是可以通过抱怨、上访等方式得到宣泄与适度的安慰，从而寄希望于将利益损失降至最低。该个案的后续结果是，在 Z 村村民与 Q 镇长就 Z 村村小的撤留问题进行多次交涉后，Z 村村小仍然被撤掉，但为了平息家长的愤怒情绪，以免造成更大的不良事件，镇政府决定暂时保留距 Z 村 10 里之遥的 J 村小（教学点）。

---

① 在调查中发现，为数不少的农民将所有的具有一定权限的管理部门，如县教育局、乡教育站等，都称为"政府"，所以，在农村，"政府"是一个涵盖范围极广的概念。

（2）从过程来看，政府（官员）与农民之间的互动以普遍的不合作为特征。在不对称的权力关系中，农民群体由于其相对弱势地位，很难进行有效的抗争。

（3）从结果来看，非正式斗争的结果并未令参与者感到满意。与H村小和D完小相比，J村小距Z村的距离相对较近（5千米），然而，Z村村民仍然不满意，原因在于：①J村与Z村相距5千米左右，两村之间无公共交通工具，孩子上学的交通问题成为一个难题，尤其是对于那些父母在外务工的家庭而言更是如此；②由于无公共交通工具，家长又无法保证每天能够接送孩子上学，为保证孩子能正常受教育，家长只能选择让孩子在校寄宿，然而，对于学校简陋的寄宿条件，家长表示强烈不满；③与Z村村小相比，J村村小的教学质量并无任何优势（只有1名已退休的教师被临时聘用）。到最后，那些原本希望孩子能够就读Z村村小而上访的家长群体内部出现了分化，一部分将孩子送到J村村小、H村小、D完小就读，另一部分则将孩子送到镇中心小学陪读。

（4）从影响来看，尽管护校运动的胜利不甚明显，但是在该过程中，农村家长为了抗拒他们所遭受到的教育边缘化处境，以主动姿态维护自己最低限度的利益，这说明农村家长"以主动的行动者而非屈从式主体的方式，在各种社会范畴间穿梭往来"①。

（二）小规模学校撤并后：自愿复校

当得知小规模学校被列入撤并名单或即将被撤并时，农村家长的反应可能是抱怨、谩骂，甚至是谨慎地集体上访，以图使列入撤并范围的学校得以保留。然而他们的心愿最终未必能达成，小规模学校仍可能被撤并。在学校被撤并后，那些最关心子女教育的家庭及经济资本相对充裕的家庭很可能最先把孩子转到县镇学校去，尽管他们的孩子并不比其他孩子更聪颖，但他们将受到更多的鼓励去念书并有着更有利的家庭支持。其他家庭也尽可能地对子女接受教育做了相对最好的安排。在这种背景下，是否可以说农村家庭就放弃了对小规模学校的选择、没有小规模学校需求了呢？其实不然。在学校被撤并后，即使孩子到其他学校就读，部分家长仍然希望孩子就读于小规模

---

① 转引自：陈坚. 弱者的"韧武器"：农村教育场域中身体技术的运作逻辑[J]. 东北师大学报（哲学社会科学版），2012（6）：192-196.

学校，寄希望于被撤并的学校重新恢复正常的教学秩序。

湖北省 B 县 Z 村肖姓村民[①]谈到："学校（Z 村村小）撤并时，没有征求老百姓的意见。作为学生家长，我对学校撤并意见非常大，（认为撤并学校）这是错误的决定，给老百姓造成了很大的经济负担，这种负担对选择陪读、委托老师代管的家庭来说是无法承受的，家长不能出去找工作，只能在家带小孩。我估计，在村小撤并后，仅 Z 村的家长因照顾小孩无法外出打工，一年要损失四五十万元。

我强烈希望恢复 Z 村村小（教学点）。很多人都认为教学点的教学质量差，我不这样认为。我觉得，村小的老师只要有责任心，对孩子负责一些，教学质量根本不会比镇小差。我相信，只要恢复村教学点，老百姓大部分会选择送子女在村里就近上学。没有老师来任教？这根本不是个问题，这只是上面撤并村小的借口，这样农民到镇上去租房居住，镇上有多余房屋的居民可以收房租。如果没有正式的老师来，我们可以自己请，有孩子上学的人家每家一年出 1 500 元，10 家就是 15 000 元，政府补贴点水电费，完全可以请代课老师来任教。我希望最好是聘请 18~20 岁的、高中或中专毕业、没结婚又有爱心的代课老师，这样的老师容易把心放在教学上。

我不认同镇小比村小教学质量高的说法，我听别人说，这次期末考试，全镇第一名的学生不是镇小的，而是来自（某）村小。（在）镇小读书的孩子太多了，老师管不好。打个比方说，就像农民养猪一样，猪养多了，就长不好。另外，现在镇小的个别老师看重家长送礼的多少，如果不给老师送礼，（孩子）就得不到关照。比如老师开家长会说过，座位一律每两周轮换一次，可实际上没给老师送过礼的，一直没被换到前面坐过。"

无独有偶。对 Z 村村委主任向某的访谈发现，他同样支持恢复小规模学校。作为村主任，他见多识广。在 1998 年以前向某一直在 Z 村村小做民办教师。他介绍了 Z 村的情况，该村户籍人口有 1 000 余人，共 8 个村民小组，平均80%以上的家庭至少有一个劳动力外出务工，其中3、4、7组有半数以上家庭举家在外。目前，村内仅有 24 个小学适龄儿童，其中，1 人在 J

---

① 2012 年 7 月 20 日上午 B 县沿渡河镇 Z 村村民访谈，他儿子现在 7 岁，6 岁时送到沿渡河镇小学上学，因家庭距离集镇有 20 千米山路，女性家长外出打工，男性家长在家种地，没有人在镇上照顾孩子，只能选择将孩子送到镇小一名老师家里委托照顾。每年需要支付 7 000 元托管费。老师主要负责照顾孩子吃饭、住宿，帮助孩子洗衣服，并辅导学习。

村小就读，6 人在 D 村小就读，剩下的全部在镇中心小学上学，由家长陪读或在老师家托管；15 个初中适龄学生，14 人在镇初中就读，1 人从镇初中转到县城中学就读。

向某说："村里的教学点必须要恢复，村里没学校了，只能到镇小或更远的村级完小上学，加重了农村家庭的教育负担。我认为，村里办教学点，采取小班上课，在识字教育方面，教学质量甚至可以超过镇小；村小不需要寄宿，（学生）每天上下学步行回家就是很好的锻炼身体的形式，并且在家住，学生之间不容易出现相互感染的传染病。其实，恢复村教学点并不难，只要能解决老师编制，是有老师愿意来工作的，因为现在村级公路都修成水泥路了，直接通到村小，交通条件比以前好多了。教学点只办学前班和 1～2 年级。按 20 人一个老师的生师比，恢复 Z 村村小基本上只需要一个教师。我希望在原来的 Z 村村小的地点，把土房推倒，盖几间平房，有几间像样的教室。至于电脑等现代化教学设备及体育器材等，作为村级教学点，不敢奢望。"

小规模学校被撤并后，家长希望学校重新开办，这并非新鲜事，在田野调查中，还发现了诸多这样的案例。例如，山西省 S 县 L 镇某学校 8 年级学生高姓同学，读小学时村小被关闭，她和妹妹不得不到距家 35 千米之遥的学校上学，高同学的父亲在一次接送她们上学的路上发生了严重的交通事故，至今瘫痪在床。事故发生后，当地村民以此事为由，强烈主张恢复村小。在村民的强烈要求下，被撤并的村小重新恢复办学。然而，不到一年，学校再次被关闭。

在小规模学校被撤并后，虽然家长都为子女的教育进行了恰当的安排，但仍然有家长希望孩子就读于小规模学校，并通过多种努力力图恢复小规模学校，这些做法不得不引起思考：为什么政府部门认为的"差"学校反而受到部分农户的青睐？小规模学校是否因为"差"而被撤并？什么才是评判学校优差的科学而恰当的标准？

（三）小规模学校保留后：团结护校

在农村中小学布局调整中，一些小规模学校因其特殊性而有幸得以保留，然而，无论是教育行政部门、学校校长、教师，还是普通学生家长，都清楚地知道这些得以保留的学校只是权宜之计的"过渡校"，并非会永久保留，若遭遇生源不足或者地方教育部门教育规划的改变等变故，这些小规模学校可能随时处于被撤并的境地。于是，这些得以暂时保留的小规模学校所覆盖的村民、学生家长时刻提防着学校的"安危"，以防学校突遭撤并的"厄运"，将学校的存留当作一项极为重要的公共事务。

2012年3月，笔者所在的调研组到陕西省S县Y镇D教学点进行调研，这是一所有21名在校生的教学点，涵盖学前班、小学一年级和二年级。学校仅有一名50岁左右的女老师，她同时兼任老师和校长。该教学点采取复式教学，两个学段、三个年级的21名学生集中在同一间教室内上课。由于是山区，该村户与户之间居住非常分散。当天，调研组到达学校时时至中午，但是听到有调研组到学校的消息，家长们纷纷放下手中的饭碗，奔走相告，不大一会儿，17名学生家长匆忙赶到学校。实际上，在21名学生中，有兄妹、姐弟，所以，17名家长到校即意味着该校所有孩子的父/母（或者其他监护人）均来到学校。还没等调研组成员对他们咨询相关问题，有学生家长便主动向调研组成员诉说农户的收入情况："村里能出去打工的都出去了，只有出不去的才在家里种地，我们这里靠天收，种地不挣钱。"有学生家长说："村里的娃能到镇上上学的都去了，只有出不去的才在村小上。"有家长介绍孩子到镇上上学的不利因素，"我们这里的交通不太好，虽然主干道修了马路，但是绝大多数道路还是土路，没有公交车，娃到镇上上学不方便着呢"。另有村民向调研组成员不停地夸赞该教学点唯一的教师，"H老师是小学高级老师，学生的考试成绩每次在镇上名列前茅"，"H老师对娃非常好，娃冬天上厕所裤子脱不下来，H老师帮忙……H老师对咱的娃就像对她自己的娃一样"。他们还假想了如果孩子到镇上学校读书的情境："镇上学校班里那么多娃，老师咋管得过来？"图7.1为D教学点的学生、家长及教师合影。

图7.1　D教学点的学生、家长及教师合影

　　家长们通过向调研组成员诉说当地落后的经济情况、不利的交通状况以及夸赞 H 老师是如何爱岗敬业,如何耐心地对待每一个孩子,来委婉地表达几层意思:①结合当地的客观情况,保留该村教学点非常必要,尤其对于低收入家庭而言更是如此;②H 老师是一位称职的优秀教师,该教学点的教学质量有保障,村民对此较满意,从教学质量出发,该教学点同样应该保留下来;③农村家长们明白,该村教学点是否得以保留,其关键并不在于当地村民对教学点是否存在需求,也不在于教学点的教学质量是否合格,而在于"上面"的决策,"上面说哪个学校留就哪个学校留,说哪个撤就得撤"。

　　在多次的农村教育调查中,家长们多把调研人员当成农村调查的记者或者政府工作人员,当调研人员说明身份,强调并非记者或政府人员,而是进行农村教育问题的调研人员,有的家长会显得很失望,在他们看来,只有记者才能为他们代言,只有政府工作人员能帮他们解决问题;但更多的家长则不想深究"记者"与"调研员"身份的异同,在大多数情况下,他们会说"反正你是大地方来的,比我们见过世面,也比我们说话管用,你一定要向上面反映一下我们这里的情况……"处于边缘地位的人总是把外来的人当作能帮他们伸张正义、满足他们诉求的"救星"。而实际上,作为研究者而言,尽管具有了解民情、表达民意的良好愿望,但却不具备帮民众直接解决问题的能力。所以,研究者面对着别人的期待,却只能把这种期待传递下去。研究者关注的问题如若得到社会的广泛关注,尤其是引起媒体的关注,并推进社会公共事务的解决,这也算是研究者对社会问题的一种贡献吧。

　　本节对农村小规模学校撤并时、撤并后及学校得以保留三种状态下农村家庭对小规模学校需求的表现形式进行了描述,尽管每种状态下农村家庭的行为有较大的差异,但是其共性在于,农村家长以各种途径,诸如通过上访、请愿、自愿复校、寻求他人的帮助等途径以追求孩子在小规模学校就近上学的权利。在表达农村小规模学校的需求时,尽管有些农村家长的言辞或激烈,或夸张,但总体而言,他们对于农村小规模学校的期待和建议还是比较理性和务实的,他们的价值诉求可以为政府进一步明确政策调整方向提供参考。

第二节　讨　　论

本章第一节的分析表明，部分农村家庭希望孩子就读于小规模学校，这部分家庭多属于农村社会弱势群体。从这个意义上来讲，小规模学校是满足农村弱势家庭子女接受义务教育的最重要途径。因此，从农村家庭教育需求的角度出发，有必要对现行的主流思想和相关教育政策进行系统的反思。

一、农村家庭小规模学校需求：是否等于低质量需求

在农村中小学布局调整中，首当其冲被撤并的就是那些位于村落的教学点、完小等小规模学校，政府（尤其是地方政府）给出的撤并理由基于"这些小规模学校教学质量低""小规模学校老师不负责任""孩子在这里上学会误了前程"……尽管理由种种，但概括起来，撤并小规模学校的理由就是小规模学校是"薄弱学校""差学校"的代名词，地方政府通过撤并小规模学校，切断学生在这些"差学校"就读的路径，以避免他们受到低质量教育的伤害。

政府撤并小规模学校的出发点是善意的，该出发点好则好矣，美则美矣。然而，小规模学校是否等同于低质量的学校？换言之，农村家庭小规模学校需求是否等于低质量教育需求？当人们戴着"有色眼镜"审视小规模学校时，它们俨然就是最差的学校。费孝通先生曾经告诫人们："对形势或情况的不准确的阐述或分析，无论是由于故意的过错或出于无知，对这个群体都是有害的，它可能导致令人失望的后果。"[①]就农村小规模学校而言，对其现状判断的失误对教育行政部门影响不大，还有可能减轻他们的管理负担；对小规模学校的教师影响也不太大，他们或留在小规模学校任教，或者也可以到其他学校任教；然而，小规模学校的撤并对于其服务对象——学生及其家庭则有着最直接的影响。

---

① 费孝通. 江村经济——中国农民的生活[M]. 北京：商务印书馆，2003：22.

古德莱得曾说过："了解学校是改进学校的先决条件。"[①]那么，当对农村小规模学校进行大刀阔斧的撤并之前，应该首先了解它们。毋庸置疑的是，农村小规模学校在基础设施建设、公用经费保障、师资配置等方面与较大规模的农村合并校及乡镇学校存在较大的差距，更不要说与县城学校之间的差距了。这些外显的、可以用指标衡量的诸多方面的差异无疑凸显出农村小规模学校的劣势。在实地调研中发现，教学点普遍缺乏音乐、体育、美术课的教具和设备，学校没有图书室，除课本之外，学生几乎没有课外书可读。然而，笔者认为，对于农村小规模学校是否等同于低质量学校这一问题，简单的价值判断并不能令人信服，必须建立在扎实的研究论证的基础之上。

（一）他山之石

国外学者对学校规模问题进行了长期的研究，因此，全景式地对国外学者的既有研究进行回顾、梳理，对于促进我国学校规模问题的研究，客观认识并合理评价布局调整对学校规模的影响，对当前理解小规模学校无疑具有重要意义。

规模是学校层面的变量，也是学校改革的一个重要方面。尽管衡量学校效用的可操作性指标有很多，公众依然认为，学校最应该对学生的成绩负责[②]。因此，国际社会评价学校改革成效的一个非常重要的标准是看它对学生成绩的提高程度。正因为此，国外学者关于学校改革成效的研究文献中，将学校规模与学生成绩相联系的已屡见不鲜。在所搜集到的有关学校规模与学生学业成绩的相关研究文献中，针对小学阶段的研究占比甚小。Ready 和 Lee 关于学校规模影响的研究文献综述认为，美国学者对学校规模的关注往往集中于高中学校[③]。然而，尽管此类研究的文献有限，但仍可从其中找寻到共性。

Wendling 和 Cohen 的研究发现，当控制了学生的社会经济地位这一变量（他们以两个指标进行测量——贫困线以下的百分比和学生家长的教育年限

① 古德莱得 J I. 一个称作学校的地方[M]. 苏智欣，胡玲，陈建华译. 上海：华东师范大学出版社，2007：19.

② Bossert S. School effects [C]//Boyan N. The Handbook of Research on Educational Administration. New York：Longman，1988：341-354.

③ Ready D D, Lee V E. Optimal context size in elementary schools：disentangling the effects of class size and school size[J]. Brookings Papers on Education Policy，2006（9）：99-135.

中位数）之后，学校规模与小学三年级学生阅读及数学成绩之间呈负相关。在这项研究中，低学业成绩的小学校均学生数为 776 人，而高学业成绩的小学校均学生数为 447 人[①]。

Eberts 等对 287 个规模不等的小学——最小规模的学校不足 200 人，最大规模的学校超过 800 人的研究发现，控制了学生、教师、校长、学校氛围等特征，规模较小的小学的学业成绩较高[②]。Eberts 等的另一项研究再一次证实了该结论[③]。

Ready 和 Lee 的研究显示，同样是小学一年级的学生，然而，无论是读写能力还是数学的学习，大规模学校（注册人数超过 800 人）均劣于小规模学校。此外，该研究还表明，在大规模的小学中，大班额的可能性更大，这就意味着部分学生要承受来自大规模学校及其大规模班级的双重不利因素的影响。他们估测，与进入小规模学校和小规模班级的学生相比，那些同时进入大规模学校和大规模班级的学生，在小学一年级结束时要落后 1.5 个月。假如该双重影响维持下去，对学生的学习会非常不利[④]。

Cotton 对 31 项优秀的关于学校规模影响的研究评述中，关于学校规模和学生成绩的关系，他发现："一半的研究认为大规模学校和小规模学校不存在区别；另有一半研究认为小规模学校更具优势；然而，却没有一项研究证明大规模学校在学生成绩方面占优势。"据此，他得出的结论是："我们可以有把握地说，在学业成绩方面，小规模学校至少相当于——往往优于——大规模学校。"[⑤]该评论可以代表当前美国关于学校规模研究的主流声音。

对于小规模小学学生学业成绩较高的原因，Ornstein 认为，这可能是由于小规模学校通常被认为是同质邻里的一部分，甚至是中心。这一邻里包括父母及较高的学校-社区关系。学生在学校能感受到来自父母的压力，在家

① Wendling W W, Cohen J. Education resources and student achievement: good news for schools[J]. Journal of Education Finance, 1981（7）：44-63.

② Eberts R W, Kehoe E, Stone J A. The effects of school size on student outcomes[J]. Eugene, OR: Oregon University.（ERIC Document Reproduction Service No. ED 245 382）.1984.

③ Eberts R W, Schwartz E K, Stone J A. School reform, school size and student achievement[J]. Economics Review, 1990, 26（2）：2-15.

④ Ready D D, Lee V E. Optimal context size in elementary schools: disentangling the effects of class size and school size[J]. Brookings Papers on Education Policy, 2006（9）：99-135.

⑤ Cotton K. School size, school climate, and student performance[EB/OL]. https://www.docin.com/p-1972792253.html，2013-01-08.

里能感觉到教师的期望①。

尽管美国学者对学校规模与小学生学业成绩关系的研究文献数量有限，然而，几乎所有的研究都倾向于支持这一结论：学校规模与小学生学业成绩负相关。一般而言，学校规模越大，小学生学业成绩越低；学校规模越小，小学生学业成绩越高。

（二）本土经验

国外文献对小规模学校与教育质量之间积极关系的认识较一致，而我国学者关于小规模学校教育质量的实证研究不仅数量少，而且尚未对"小规模"与"教育质量"之间的相关性达成共识。

1. 小规模学校是低质量的学校

吕国光通过对中西部 80 多个乡镇农村教学点和中心小学师资状况的对比发现，农村教学点的师资状况不容乐观，具体表现在：①农村教学点的教师年龄偏大，平均年龄为 41.2 岁，平均年龄高于中心小学教师 9.1 岁。②农村教学点的教师学历达标率低。教学点教师学历达标率为 48.5%，而中心小学教师学历达标率为 89.9%，前者低于后者 41.4 个百分点。③教学点的优秀教师比例低。以县级以上骨干教师为例，教学点和中心小学县级以上骨干教师的比例分别为 4.8% 和 12.2%，前者低于后者 7.4 个百分点。④教学点的代课教师比例高。农村教学点和中心小学代课教师的比例分别为 34.8% 和 8.4%，前者高于后者 26.4 个百分点②。刘善槐和史宁中对西南某县的调查表明，农村小规模学校在学生学业成绩方面存在诸多问题：不仅表现在学生的语文与数学成绩显著偏低于大中规模学校的学生，还表现在各学科发展的不均衡，数学学科偏弱；此外，小规模学校学生的语文知识应用能力以及数学的各层次能力显著较弱，等等③。

2. 小规模学校不是低质量的代名词

赵丹和吴宏超对我国西部某县的实证研究发现，无论是学生学业成绩还

---

① Ornstein A C. School district and school size: overview and outlook[J]. The High School Journal, 1993, 76（4）: 240-244.

② 吕国光. 中西部农村小学布局调整及教学点师资调查[J]. 教育与经济, 2008（3）: 19-22.

③ 刘善槐，史宁中. 农村小规模学校学生学业成绩问题研究——以西南某县为例[J]. 中国教育学刊, 2011（4）: 17-20.

是作业完成率，教学点学生均优于中心学校学生。在学习成绩的 5 个等级中，学习成绩为"上等"的学生中，教学点和中心小学的学生分别占 78.80% 和 21.20%；在学习成绩为"中上等"学生中，教学点学生和中心学校所占比例分别是 67.10% 和 32.90%；而在学习成绩为"中下等"和"下等"的学生中，中心学校学生所占比例高于教学点学生；从作业的完成情况看，教学点和中心学校"总能完成"的学生比例分别为 63.60% 和 36.40%；而在"有时不能完成"和"经常不能完成"的学生中，中心学校学生所占比例高于教学点学生[1]。该研究的意义在于，除了以"学业成绩"这一终结性指标衡量教育质量外，还将"完成作业的情况"这一有关学习习惯的过程性指标引入研究之中。王嘉毅和李颖对西部地区农村义务教育阶段学校教学质量的研究发现，在中心小学、村小、教学点这三种类型的学校中，教学点的学生语文成绩的合格率低于中心小学而高于村小；教学点数学成绩的合格率高于中心小学，而略低于村小[2]。赵丹和曾新的另一项采用不同数据的研究发现，学校规模对数学、语文成绩的合格率具有显著的负影响，对辍学率具有显著的正影响[3]。

（三）本书的发现

本书同样对农村小规模学校的教育质量进行了考察，这种考察不是基于教学点的客观办学条件，如对教师的职称、教学设施设备、办学经费等的考察，而是由教师对教学点的课程开设、教师素质及整体教学质量进行主观的评价。笔者认为，农村教师作为农村教育的实际参与者，他们对教学点诸方面的评价要更符合实际。选择以上三个指标的原因在于，课程是教学点教学工作的依托；教师是教学点教学工作的实施者，教师的素质制约着教师教育教学工作的开展；教学质量是学校教育质量中最核心的层次。

需要注意的是，为了避免在教学点工作的教师"自我表扬"及基于自利的动机而过度夸大教学点优势的现象发生，应将作为教学点的内部人——那些在教学点工作的教师从教师总数据中过滤掉，而由同地区的非教学点的教师对教学点的课程、教师素质、教学质量等方面进行评价。这样操作具有可

---

① 赵丹，吴宏超. "一千米"、"半小时"：农村教学点撤并的政策期待——以对西部某县的实证研究为基础[J]. 中小学管理，2011（11）：20-23.

② 王嘉毅，李颖. 西部地区农村学校义务教育教学质量研究[J]. 教育研究，2008（2）：21-32.

③ 赵丹，曾新. 义务教育均衡发展背景下农村学校规模对教育质量的影响[J]. 现代教育管理，2015（3）：26-30.

行性，理由在于：①同在一个地区工作，非小规模学校的老师熟悉小规模学校的相关情况，且因非内部人不存在利益纠葛，因此评价会相对客观；②同一地区（如同一乡镇）为了激励教师的工作积极性，会进行学校之间的横向比较，每年都会基于相同试卷的测试（如期中考试或期末考试）的联考，且测试的结果会在区域范围内通报，因此，非小规模学校的教师在对小规模学校情况进行评价时，是有据可依的。

1. 小规模学校的课程开设

为了测度小规模学校的课程开设情况，设计了"相对其他学校，教学点难以按规定开齐开足课程"①体项，有"非常不同意"、"不同意"、"不确定"、"同意"和"非常同意"5个选项，由非教学点的教师做出回答。从统计结果来看（表 7.1），尽管对"教学点难以开齐开足课程"表示认同者过半，即分别有 46.8%和 11.0%的教师选择了"同意"和"非常同意"，但仍有超过两成的教师对此表示"非常不同意"和"不同意"，即人们通常认为的"教学点难以开齐开足课程"这一事实可能并不符合部分教学点的实际。例如，囿于常识，人们经常认为教学点因师资不足而只能保证基本课程（如语文、数学）的开设，而难以保证英语、音乐等课程的开设，但是笔者在实地调研中发现，不少地方以及不少教学点正在积极努力创造条件保证课程的开设。例如，山西省 S 县 D 镇中心学校为保证其覆盖的 D 教学点和临近的 M 教学点英语课程的开设，以每月 800 元的工资聘用毕业于山西师范大学的一位教师；陕西省 S 县 Y 镇 D 教学点尽管是一师一校，但该校唯一的 H 老师为学前班、小学一年级、小学二年级的学生开设了体育课、音乐课。因此，在对待教学点的问题上，不能将之作为铁板一块而进行"一刀切"式的处理。

表 7.1　非教学点教师对"教学点难以开齐开足课程"的认识

选项	频数	百分比	有效百分比	累积百分比
非常不同意	484	4.3%	4.4%	4.4%
不同意	1 959	17.2%	17.8%	22.2%
不确定	2 192	19.3%	20.0%	42.2%

---

① 我们依据惯常的人们对于教学点的认识，突出教学点的消极性，从否定的方面设计相关的题目，如教学点课程难以开齐开足、教学点教师素质低、教学点教学质量低等，如果评价者对否定的题目做出否定的评价，那他们就不会认同我们的观点，即他们对教学点持肯定而非否定的态度。

续表

选项	频数	百分比	有效百分比	累积百分比
同意	5 145	45.2%	46.8%	89.0%
非常同意	1 208	10.6%	11.0%	100.0%
合计	10 988	96.6%	100.0%	

资料来源：基于对"教师卷"的分析

2. 小规模学校的教师素质

为测度小规模学校教师的综合素质，课题组在问卷中设置了"相对其他学校，教学点教师素质普遍不高"这一题目，同样有 5 个选项，由非教学点的教师做出响应。分析发现（表 7.2），四成的教师做出了"非常不同意"和"不同意"的回答，而对此表示"同意"和"非常同意"的占 28.4%，此外，31.1%的教师对此"不确定"。即在教学点师资素质方面，正面评价优于负面评价，教学点师资并非低质量的代名词。

表 7.2　非教学点教师对"教学点的教师素质不高"的认识

选项	频数	百分比	有效百分比	累积百分比
非常不同意	833	7.3%	7.6%	7.6%
不同意	3 604	31.7%	32.9%	40.5%
不确定	3 410	30.0%	31.1%	71.6%
同意	2 642	23.2%	24.1%	95.7%
非常同意	478	4.2%	4.3%	100.0%
合计	10 967	96.4%	100.0%	

资料来源：基于对"教师卷"的分析

3. 小规模学校的教学质量

农村小规模学校的整体教学质量如何呢？问卷设置了"相对其他学校，教学点的教学质量较差"这一题目，由非教学点的教师进行评价。分析发现（表 7.3），四成的教师对此表示质疑，分别有 7.3%和 33.4%的教师表示"非常不同意"和"不同意"，对教学点的教学质量差表示认同的教师占 28.5%，此外，30.8%的非教学点教师表示"不确定"。

表 7.3　非教学点教师对"教学点的教学质量低下"的认识

选项	频数	百分比	有效百分比	累积百分比
非常不同意	805	7.1%	7.3%	7.3%
不同意	3 654	32.1%	33.4%	40.7%
不确定	3 366	29.6%	30.8%	71.5%

选项	频数	百分比	有效百分比	累积百分比
同意	2 656	23.3%	24.3%	95.8%
非常同意	463	4.1%	4.2%	100.0%
合计	10 944	96.2%	100.0%	

资料来源：基于对"教师卷"的分析

通过非教学点教师对教学点的课程开设、师资素质及整体教学质量的主观评价，可以清楚地获悉，小规模学校并没有平素想象的那么糟糕，小规模办学，并不必然导致教育质量的低下。教学点作为一种灵活的教学组织形式，并非低质量教育的代名词。本书以及他人的研究致使我们思考，就像许多人所倡导的那样，小规模学校自身内在地具有有价值的特征。或许正如 Hammond 所言："学校规模起作用的主要方式是它为学习创造了更多的可能条件，这些条件既不必然存在于小规模学校，也不必然存在于大规模学校。"[1]

此外，对家长的访谈发现，家长认为，学校教学质量的高低虽然与教师的学历、职称有关，但关系不强，与这些外在的条件相比，教师的责任心和敬业精神才是最关键的，诚如欧文斯在论述有效学校所应具备的因素时所言，"（有效）学校最重要的特点是教师和其他员工的态度和行为，而不是诸如图书馆规模、学校的历史等物质条件"[2]。因此，不能带有偏见地将小规模学校视为低质量学校，更不能将农村家庭的小规模学校需求与低质量需求相挂钩。

二、农村家庭小规模学校需求：是否值得珍视

农村小规模学校将会面临何种政策安排？在"县市信息表"中对"下一阶段地方围绕学校布局调整工作比较迫切的任务"进行了估计，其中包括对教学点和小规模学校的安排，分析发现（表 7.4），对于"进一步撤并教学点和村小，实行集中化、规模化办学"，在对该问题做出明确回应的

---

[1] Darling-Hammond L，Ross P，Milliken M. High school size，organization，and content：what matters for student success?[J]. Brookings Papers on Education Policy，2006/2007（9）：163-203.

[2] 欧文斯·R G. 教育组织行为学[M]. 第 7 版. 窦卫霖，温建平，王越译. 上海：华东师范大学出版社，2001：167.

594 个县市样本中，尽管有三分之一给出了否定的答案，但仍有三分之二的县（市）教育行政部门的负责人将之作为下一阶段地方围绕学校的布局调整工作中比较迫切的任务。在实地调研中发现，有的县市强烈排斥小规模学校，认为"小即差"。更有甚者，一些地区将关闭小规模学校视为政府的重要"政绩"，并在地方教育规划中明确表达"到……时间（或在某一时间范围内），确保撤并××所小规模学校"为目标，小规模学校俨然成为地方教育发展的桎梏和提高地方教育发展的重要阻力。在某些地方政府主管部门看来，既然小规模学校是一种低质量的教育，那么农村家庭对小规模学校的需求也是不应该的，"至少是不理智的"。因此，在没有广泛争取民众意见的前提下，以强力的方式大规模地撤并了小规模学校。然而，部分村民和学生家长似乎对地方政府和教育行政部门的这一政策安排"并不领情"。在实地调研中，有些主管教育工作的副县长以及教育局的主要负责人抱怨："我们是为了他们（老百姓）的利益考虑，希望他们的孩子能接受到更好的教育，他们不但不理解，反倒骂我们，还到处闹事，上访……"他们满腹委屈，而实质上，不考虑民众的需求而打着"为民做主"的旗号的行为可能不是真正的"为民做主"，也无法真正做到"为民做主"，他们的行为是代表社会整体和长远利益的国家意志（还有甚者是长官意志）对民众个人偏好的强行干预。

表 7.4　教育行政部门对"进一步撤并教学点和村小"的认识

选项	频数	百分比	有效百分比	累积百分比
否	201	31.0%	33.8%	33.8%
是	393	60.6%	66.2%	100.0%
合计	594	91.6%	100.0%	

资料来源：基于对"县市信息表"的分析

地方政府和教育行政部门将自己认同的"高质量学校标准"推及民众群体中，在这种标准的参照下，小规模学校需求在很大程度上被看作一种不值得被珍视的需求，希望孩子就读于小规模学校就被当作一种不明智、非理性的行为。然而，当判断一种行为是否合乎理性时，其标准不能从外部人那里寻找，而必须从行动者自身的角度来对行为本身进行理解，因为只有当事人最清楚自己的处境和利益所系，最懂得什么是自己需要的，什么是自己不需要的，正如 Coleman 所言："理性行动是为达到一定目的而通过人际交往或社会交换所表现出来的社会性行动，这种行动需要理性地考虑（或计算）对其目的有影响的各种因素。但是，判断'理性'与'非理性'不能以局外人的标准，而是要用行动者的眼光来衡量。"①换言之，局外人认为行动者的行动不够合理或非理性，并非行动者本人的意愿表达，而唯有通过行动者的眼光衡量，才能做出对他们的行动合理与否的判断。

湖北省 B 县 Z 村二组村民吴某（女）②，育有一儿一女，前夫病亡，改嫁后又育有一儿，家中还有一位老人，全家主要经济收入来自耕种的近 10 亩土地、养猪，年均收入约 1 万元。其最小的儿子已经 5 岁多了，仍然没有接受任何学前教育，在接受访谈时她这样讲："我们这个年龄的都在外面打工，我是实在没有办法啊，出不去。老的、小的都指望我们养活。最小的儿子从小就是在我干活的田头长大的，现在村里没有学校了，要上学只能送到镇上上幼儿园，我们村里好多（家庭）都是没办法（才）送到镇上的幼儿园。我们这是山区，离镇上 50 多里山路，只能在镇上租房子，一年得两三千元，我家租不起啊。就算租了房子，我总要去照顾到他上小学二三年级才能让他放心住校吧，那我们家里的地谁帮忙种呢（后得知其丈夫因盗窃被捕入狱）？我们一家人吃什么喝什么呢？大儿子学习成绩好，在县里上高中，真的供不起啊！而且我们家的老大从小也是在村里上的学，后来到镇上上初中，一直成绩很好，靠自己努力考上了县一中的公费，我不明白为什么要把村里的学校撤掉。明年老三就 6 岁了，肯定是该上小学了，听说现在很多小学的知识在幼儿园就教了，我们老三还是文盲，到镇上上小学，学得到什么呢？老师只怕也看不起我们……"

对于那些希望孩子就读于农村小规模学校的家庭而言，对他们行为的理解应该回归到他们自身，而非官方的或者来自其他渠道的标准。如果从农村家庭的视角出发，站在他们的角度考虑问题，那么，他们的行为就是合理的，即使在大多数人看来小规模学校是那样缺乏吸引力。实际上，家长关于孩子在哪所学校接受教育的决定是在综合考虑了家庭经济状况、孩子相关特征、对学校质量的评价等因素的基础上做出的。与其他学校相比，当家庭主要的教育需求能在小规模学校得到满足时，小规模学校自然就成为他们的首

① Coleman J S. Foundation of Social Theory[M]. Boston：The Belknap Press of Harvard University Press，1990：20.

② 该个案来自 2017 年 12 月访谈资料。

选。对于农村弱势家庭而言，小规模学校需求，才是最值得珍视的需求，才是最需要满足的需求。

在中国，任何一项教育改革若要顺利推进并达到预定目标，必须同时仰仗"官方"与"民间"两种力量，二者不可或缺。其中，官方力量对教育改革进行着全方位、全过程、高强度的控制；民间力量就是通常所讲的民意，"民意"不仅是教育改革有效开展的前提和"合法依据"，更是制约教育改革成败的一道难违的"天命"。如果官方无视民意，不及时顺应民意进行教育改革，将可能使教育陷入发展滞后的困境，甚至成为严重的社会问题；同样，如果官方在无视民意、不征求民意的情况下贸然发动教育改革，那么教育改革将缺失民心和民众的支持，并可能导致教育发展走上原本不应走的弯路。如果将撤并小规模学校看作一项旨在促进农村学校发展、提高农村学校教育质量的重大改革，这项意在"惠民"之改革却并未受到民众，尤其是弱势群体的普遍欢迎。其原因在于，未能全面准确地把握对于改革的民间意愿，缺乏对农村社会现实的深刻洞察，对我国教育现状复杂性的考虑不够，未能得到民众的广泛支持和积极参与。

三、政府责任：教育保底和教育促优如何兼顾

追求"有质量的教育公平"成为当前教育研究与教育实践的重点。维纳雅阁·奇纳帕曾信心满满地说："在见证了教育系统表现的几个特例之后，根据我早期在联合国教科文组织负责教育质量项目时对它们所做的评估，我敢说，全民优质教育绝不是一个神话，而是一个事实。"[①]然而，他同时也承认："保障所有人享有优质教育的权利仍然是 21 世纪我们面临的巨大挑战之一。"[①]需求的压力最后往往都落到政府方面，因而需要在组织方面进行选择。

绝大多数农村家庭都对优质教育充满期待，但是小部分农村家庭却更热衷于能满足他们基本需求的小规模学校的获得。教育需求是合理的需求，是民生问题的重要组成部分。"种种需求反映了种种正当的期待，它们都与教

---

① 奇纳帕 V. 教育改革：仍然在公平与质量之间权衡吗？[J]. 谷小燕译. 比较教育研究，2012（2）：18-25.

育的基本使命相符。"①对于农村义务教育的供给而言，政府究竟是优先提供一部分优质的教育服务，还是优先保障义务教育的底线供给？从政府的意愿来看，通过撤并农村小规模学校，将有限的教育经费集中到得以保留的农村学校，并集中发展县镇学校，以提供一部分优质的义务教育，其初衷是确保更多的农村孩子能够获得优质的教育资源，这种出发点并没有什么不妥。然而，这种美好的愿望可能对那些原本处于弱势地位的农村家庭的底线需求造成冲击。

联合国教科文组织曾指出，"教育系统的首要目标，应是减少来自社会边缘和处境不利阶层的儿童在社会上易受伤害的程度，以便打破贫困和排斥现象的恶性循环"②，而撤并小规模学校却是在"为了最大多数人的最大幸福"的口号下对社会弱势者受教育权的剥夺，因为原初的弱势群体在"为了他们利益"的教育改革中进一步被弱势化，境况因教育机会的缺失而雪上加霜。有研究者认为，面对教育这种公共产品，行动的逻辑不能以"经济人"的理性作为假设，而应该体现出对待公共事务的切实关怀，应该有效协调强势利益与弱势利益之间的矛盾，体现出政策执行中的价值取向、温暖程度③。

第三节　小结与建议

一、本章小结

（一）农村弱势家庭偏爱小规模学校

尽管教育城镇化需求是当前农村家庭的主导需求，在县镇集中办学是县域教育发展的主流趋势，但是仍然有部分农村家庭对农村小规模学校表达出强烈的偏好。不可否认的是，小规模学校需求是农村家庭义务教育需求的组成部分，但它是一种极为特殊的教育需求，因此，需要格外关注。对农村小规模学校表达偏好的家庭多是农村弱势群体，包括生理性弱势家庭（如老弱

① 联合国教科文组织总部中文科. 教育——财富蕴藏其中[M]. 北京：教育科学出版社, 1996：150.
② 联合国教科文组织总部中文科. 教育——财富蕴藏其中[M]. 北京：教育科学出版社, 1996：129.
③ 姜荣华. 农村学校布局调整：农民选择与农民认同[J]. 东北师大学报（哲学社会科学版）, 2010（5）：162-166.

病残的家庭、孩子就读低学段的家庭）、社会性弱势家庭（如经济贫困和多子女的家庭）、自然性弱势家庭（如位处偏远落后山区的家庭）。此外，对子女教育不重视的家庭及对小规模学校办学质量认同度较高的家庭也是农村小规模学校的坚定支持者。

（二）农村家庭小规模学校需求的表现

农村家庭对小规模学校的需求并不是一成不变的。在不同的阶段，农村家庭对小规模学校表现出不同的态度。在小规模学校面临撤并时，部分农村家长团结起来，通过上访等形式力图阻止撤校；在小规模学校撤并后，部分农村家庭通过自聘教师，并通过偶发事件，冀图恢复小规模学校；在小规模学校得以保留后，面对难以预测的学校前景，部分农村家长团结护校。农村家长在用自己微弱的力量，力求维持其最基本的教育需求。

综上所述，农村家庭的义务教育的需求是多样化的，这种多样化是不同情境与角色的人的差异化表现，"需求的多样性又反映了不同的需求层次与形式，这种差异是有序的，是按需求的程度对人生存发展的重要性来排列的"[①]。

二、高度重视农村小规模学校的发展

教学点、村小等小规模学校多位于偏远、交通不便地区，那些希望孩子在这些小规模学校上学的多来自农村社会中的老弱病残等社会弱势家庭，他们缺乏将孩子送进县城、乡镇学校的能力，而农村小规模学校是农村弱势群体家庭的子女低成本、最方便地接受初等教育的最基本形式，因此受到农村弱势群体家庭的追求和偏爱。教育公平是社会最后的机会公平，办好必要的教学点等小规模学校，努力提高小规模学校的教育教学质量，是一项体现社会公平正义的民生工程。

关于我国农村小规模学校发展问题，《国家中长期教育改革和发展规划纲要（2010—2020）》明确要求办好必要的教学点，方便学生就近入学。《关于全面加强乡村小规模学校和乡镇寄宿制学校建设的指导意见》明确提出，到 2020 年，基本补齐小规模学校与乡镇寄宿制学校的短板，

---

① 罗永泰，卢政营. 需求解析与隐性需求的界定[J]. 南开管理评论，2006（3）：22-27.

进一步振兴乡村教育，基本实现县域内城乡义务教育一体化发展。可见，在国家层面已明确认识到农村小规模学校的独特价值。但农村小规模学校的发展面临舆论、经费、师资等方面的困境，后续政策应在这些方面予以倾斜。

（一）分类对待不同类型的农村小规模学校

对农村小规模学校认识的差异将影响到不同的政策定位。应当看到，农村小规模学校并非铁板一块，而是存在较大分化的群体，不能笼统地将"农村小规模学校"作为"低质量教育"的代名词，更不能将所有的农村小规模学校予以撤并。在对待小规模学校的去留时，雷万鹏和张雪艳根据小规模学校的生存现状（包括师资状况、年级数、生源数、课程开设、距离相邻校的距离、服务范围、生源流动）、村民对学校教育质量的评价、师资支持等因素将农村小规模学校划分为"必要型"、"过渡型"和"撤并型"几种类型。"必要型"小规模学校的特点是，学校教育质量高，社区认同度高；"过渡型"小规模学校的基本特点是，学校教育质量较差、生源不稳定；"撤并型"小规模学校的基本特点是，学校教学质量差、社区认同度低、生源锐减、交通相对便利，临近学校有较强的接收能力。他们提出应根据小规模学校的类型归属，区别对待不同类型的农村小规模学校，实施差异性的政策对待[①]。上述研究对解决农村小规模学校的"撤留"问题提供了一条明晰的思路，对此，笔者表示非常赞同，但笔者认为，在甄别上述几类小规模学校时，农村家庭的教育需求不仅理应考虑在内，而且在各判别指标中应占较大的权重。理由在于，农村小规模学校的服务对象是当地村民及其子女，因此在判断小规模学校去留时，农村家庭作为最重要的利益相关者，他们的意见应该作为最重要的参考准则，否则，在该问题的决策上将可能失去"重要相关者"的意见，影响决策的民主性和公信力。

需要指出的是，雷万鹏和张雪艳将"村民对学校教育质量的评价"作为农村小规模学校去留的依据，这种设计关照到村民的价值，其潜台词是，如果村民对小规模学校教育质量的评价较高，则该学校应予以保留，而如果相反，则小规模学校应毫无商量地予以撤并。然而，在调研中发现，尽管有村民对当地小规模学校表示出极大的不满，如抱怨学校课程开设不完整、教师

---

① 雷万鹏，张雪艳. 论农村小规模学校的分类发展政策[J]. 教育研究与实验，2011（6）：7-11.

教学能力较低、学校硬件设施设备极为有限及学校整体教育质量较差等，但是他们对孩子能在这样的学校上学的需求依然强烈，虽然其中不乏家庭经济状况差和对子女教育质量不重视者，但更多的农村家长是从就近上学对孩子身心健康发展的角度做出安排。因此，对于某所小规模学校而言，如果当地民众对孩子在小规模学校接受教育的需求较高，那么，不应该违背民意而强行将小规模学校撤并。先将学校保留下来，接下来的问题才是如何对质量较差的小规模学校进行改造和提升。

（二）着力实施"农村小规模学校发展"工程

在国外，对于学校规模与教育质量之间关系的争议较大。公众认为，学校最应该为学生的学业成绩负责[①]。因此，社会评价学校改革成效的重要指标之一就是看改革是否有助于学生学业成绩的提高。长期以来，着力于"学校规模"的变动是国外学校改革的一个重要方面。正因为如此，考察学校规模对学生成绩的影响的研究成为国外研究者研究学校改革成效的重要组成部分。在国外（至少在美国），"小规模"不仅不是低质量学校的象征，而且可能是高质量教育的代名词，"小的就是好的"已成为一种主流观点。

当然，我国农村地区的小规模学校与国外的小规模学校不可相提并论，无论从学校成因还是价值追求上都有显著的区别。前者的形成多是因非人为的先赋条件所致，如人口分散、交通不便等因素，是自发形成的；而后者多是经人为"设计"而成，更多地出于学生身心健康发展的考虑，尤其是为那些来自社会不利阶层、处于危险境地的儿童创造更加适合于他们成长的环境，对小规模学校是自觉、主动的选择，它是对理想教育质量的追求。因此，我国同样可以通过实施"农村小规模学校发展"工程，提升小规模学校的教育质量，促进小规模学校的健康发展。

目前学术界对小规模学校教育质量的诸多讨论在一定程度上忽略了这样一个前提性的问题：我国农村地区的小规模学校教育质量差是学校规模小本身造成的，还是因为小规模学校没有办好造成的？如果是前者，那么小规模学校则没有改进的价值，但目前尚不能证明小规模与教育质量差之间存在必然的因果关系；如果是后者，则需要在小规模学校的改进和质量

---

① Bossert S. School effects [C]//Boyan N. The Handbook of Research on Educational Administration. White Plains：Longman，1988：341-354.

提升上下功夫。

1. 提高农村小规模学校生均拨款权重，扩大小规模学校用钱自主权

2010 年 11 月，财政部提出："为解决农村小学教学点运转困难等问题，对不足 100 人的农村小学、教学点按 100 人核定公用经费补助资金。"[1]该举措旨在提高农村小规模学校的拨款权重，增加其经费投入，保证学校的正常运转。因此，应严格落实不足 100 人的学校按 100 人的标准拨付生均公用经费的政策，并足额拨付到校。在提高农村地区生均公用经费标准时，小规模学校生均公用经费提高的比例要高于其他学校，尤其是对于农村小规模寄宿学校。

在调研中发现，农村小规模学校的公用经费并未足额拨付到教学点——公用经费主要由中心小学统筹、集中管理，教学点的教师缺乏经费自主支配权。更有甚者，在某些地区出现了以体育器械等实物形式充抵小规模学校公用经费的现象。因此，应理顺乡镇中心小学与农村小规模学校之间的财政体制关系，本着"一切有利于小规模学校发展"的原则，以小规模学校名义拨付的公用经费要专款专用，并建立小规模学校财务独立账目。

2. 解决农村小规模学校师资问题，提升小规模学校的教育质量

教师是教学的第一资源。农村小规模学校教育质量的提高，关键在于教师。因此，应广开渠道，采取各种途径，全力保障长期保留的农村小规模学校教师"进得来""留得住""教得好"。

（1）适当从严放宽编制，有效解决有志于从事农村教育事业的年轻教师"进得来"的问题。因地制宜地探索小规模学校师资编制的地方化标准，尤其是对于农村小规模寄宿学校，在师资配置上应考虑教师上课和照顾学生生活的双重需要。小规模学校师资补充渠道，可以和"特岗教师"计划、"免费师范生"政策联系起来，在这两项计划和政策的实施中为农村小规模学校单列指标，开辟教师补充的"绿色通道"。

（2）全力解决小规模学校教师"留得住"的问题[2]。在教师收入水平

---

[1] 新华网. 中央财政新增 105 亿元支持农村义务教育[EB/OL]. http://news.xinhuanet.com/politics/2010-11/18/c_12791401.htm, 2010-11-18.

[2] 在本书中，"留得住"并非是让农村小规模学校教师永久地留在小规模学校任教而不流动，"留得住"是相对于"流动性"较大而言的，小规模学校教师"留得住"是保证学生教育的连续性和小规模学校发展的前提。

的制定和福利待遇的发放方面，应突出差异性，尤其是着力提高农村小规模学校教师收入水平和福利待遇，保证农村小规模学校在薪资方面更具吸引力，建议农村小规模学校教师工资要高于所在地县镇学校同等条件教师工资的 20%；在小规模学校教师的招聘中，虽然要突出招聘工作的公平性和择优录取的原则，但应重视小规模学校教师的本地化、乡土化，因为多次的农村小规模学校的调查表明，那些愿意留在小规模学校任教的多是本乡、本土的教师；实行小规模学校教师职称单列评审制度，并在高级职称指标的拨放上向小规模学校教师倾斜。

（3）创新师范教育，加强教师培训，解决小规模学校教师"教得好"的问题。一方面，从源头出发，在小规模学校教师培养的过程中加入"复式教学"的内容和方法教育，可采取与免费师范生培养"双导师制"的类似做法，由师范学院教师和小规模学校优秀教师共同培养小规模学校的未来师资，探索行之有效的"复式教学"方法，使小规模学校的"准师资"在复式教学理论和实践上得以同时提高，以便其在师范毕业后能很快适应小规模学校的教学工作。另一方面，加强对小规模学校教师的培训，提高在职教师的教学水平。正如国际大会对偏远单一教师学校师资问题提出的："考虑到单一教师学校与外界的隔绝，那么教师的培训甚至比其他学校教师的培训更为必要。"[①]建议在教师"国培计划"中设立"农村小规模学校教师专项"，并提高农村小规模学校教师的培训经费标准；在培训内容上应针对农村小规模学校的现实需要，强化复式教学和远程教育培训，通过培训，要使小规模学校教师理解复式教学的实质与实施特点、原则、要求，既能有效地进行复式教学，又要能够掌握远程教育技术，全面提高农村教师的教育信息素养水平，以实现优质教育资源的共享。

3. 教育资源共享，促进农村小规模学校与其他学校的交流与合作

教育资源共享，是指人力、物力、财力教育资源同时在几所学校共同分享和使用。教育资源共享的模式可用如下简图表示。

图 7.2 是农村地区学校之间教育资源共享的简单可视图。在该图中，椭圆形的大小既代表学校的规模，也可代表学校拥有的教育教学资源的多少。由图 7.2 可知，中心学校不仅规模最大，而且资源最丰富，完小的规模

---

① 联合国教科文组织. 全球教育发展的历史轨迹——国际教育大会 60 年建议书[M]. 北京：教育科学出版社，1999：248.

及资源次之，而小规模学校不仅最小，而且拥有的教育资源最有限。实线单向箭头由中心学校出发指向完小和小规模学校，代表中心学校向这些学校输出优质教育资源，既包括交流的师资，也包括图书、仪器、设备等物质资源，同时还有中心学校代为管理和统筹的学校经费。中心学校要发挥管理和指导作用，统筹安排课程，组织巡回教学，开展连片教研，推动教学资源共享，提高村小学和教学点的教学质量；虚线双向箭头将小规模学校与小规模学校、小规模学校与完小、完小与完小之间联结起来，表示这些学校之间也可以共享教育资源。例如，笔者在山西省 S 县的调查中发现，L 镇中心学校以每月 800 元的工资聘用英语代课教师（山西师范大学毕业生）1 名，由该教师为 L 镇中心学校管理的 D 教学点和临近的 M 教学点开展英语巡回教学，保证了小学三年级以上学生英语课程的开设，同时也节约了单校聘用英语教师的高成本。

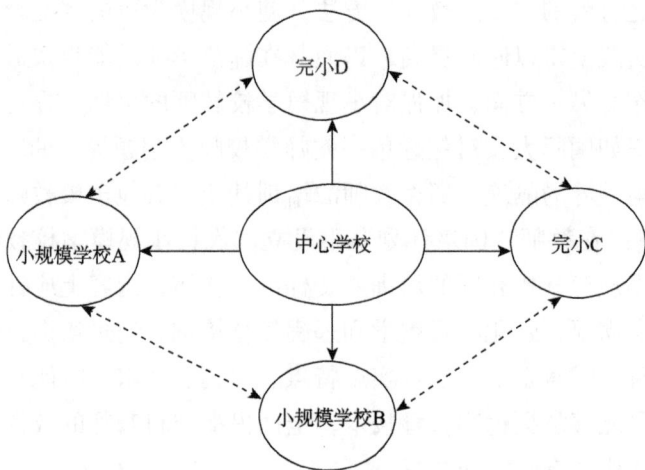

图 7.2　不同农村学校教育资源共享的可视图

（三）"小学穿靴"，实施"小幼一体化"发展

面对农村义务教育阶段生源逐渐减少而农村家庭对幼儿教育需求日益强烈的现状，应加强小学教育和幼儿教育的资源共享，通过"小学穿靴"的方式，将幼儿教育和小学教育（尤其是小学低年级）集中在同一个校园内进行，实施"小幼一体化"办学模式，确保小学低年级学生能够就近入学、适龄幼儿就近入园。"小幼一体化"模式既可以解决农村小学教育资源闲置的困境，又可以解决农村幼儿教育资源新建的难题，因此，对于农村地区而

言，这是一个不错的发展思路。然而，在"小幼一体化"模式推行的过程中，应该注意到幼儿教育和小学教育的严格差异，探索适合农村地区幼儿身心健康发展需要的教育教学形式，在课程设置和教学组织安排上着力凸显幼儿特点，切勿走上幼儿教育"小学化"之路。